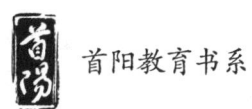
首阳教育书系

# 专业引领 思政铸魂
## ——内蒙古师范大学课程思政案例精选

王 利 主编

陕西师范大学出版总社 西安

图书代号　　JY24N2551SY

**图书在版编目（CIP）数据**

专业引领　思政铸魂：内蒙古师范大学课程思政案例精选 / 王利主编. -- 西安：陕西师范大学出版总社有限公司，2024.12. -- ISBN 978-7-5695-4929-4

Ⅰ.G651

中国国家版本馆CIP数据核字第2024VW7039号

## 专业引领　思政铸魂
### ——内蒙古师范大学课程思政案例精选
ZHUANYE YINLING SIZHENG ZHUHUN
——NEIMENGGU SHIFAN DAXUE KECHENG SIZHENG ANLI JINGXUAN

王　利　主编

| | |
|---|---|
| 出 版 人 | 刘东风 |
| 出版统筹 | 杨　沁 |
| 责任编辑 | 王元凯　刘梦楠 |
| 责任校对 | 张秦胤 |
| 封面设计 | 李梦瑶 |
| 出版发行 | 陕西师范大学出版总社 |
| | （西安市长安南路199号　邮编710062） |
| 网　　址 | http://www.snupg.com |
| 印　　刷 | 西安报业传媒集团 |
| 开　　本 | 787 mm×1092 mm　1/16 |
| 印　　张 | 19.5 |
| 字　　数 | 374千 |
| 版　　次 | 2024年12月第1版 |
| 印　　次 | 2024年12月第1次印刷 |
| 书　　号 | ISBN 978-7-5695-4929-4 |
| 定　　价 | 98.00元 |

读者使用时若发现印装质量问题，请与本社联系、调换。
电话：（029）85308697

# 编委会名单

**主　编**　王　利
**副主编**　侯欣舒　乌　恩　吕　璐
**编　委**（按姓名拼音排序）
　　　　　阿荣娜　陈　贝　陈　攀　董　茜　额尔德尼其其格
　　　　　郭　沁　郭秀娟　姜洪涛　李杰源　吕清琦　李玉峰
　　　　　李艳玲　刘正鼎　孟芳旭　齐凌云　邱忠堂　陶格斯
　　　　　王　考　乌　黎　王睿志　王晓丽　徐俊文　谢继武
　　　　　杨晓峰　杨蕴丽　杨中浩　周丹丹　张瑞霞　张　珏

# 序言
## PREFACE

习近平总书记在全国教育大会上强调:"我们要建成的教育强国,是中国特色社会主义教育强国,应当具有强大的思政引领力、人才竞争力、科技支撑力、民生保障力、社会协同力、国际影响力。"其中,思政引领力居于首位,是推进教育强国建设的重中之重。

强化学校思政引领力的关键在于加强思想政治教育及课程思政的影响力。作为"大思政"体系的重要组成部分,课程思政强调深入挖掘各专业课程中的思政元素与育人功能,确保思想政治教育贯穿专业课程教学的全过程,实现价值塑造、知识传授与能力培养的有机结合。

内蒙古师范大学历来高度重视课程思政建设,为强化教师的课程思政意识和能力,设立了系列课程思政研究专项,并在前期以课程为依托的典型案例成果基础上,积极探索以专业为引领的育人路径,深入挖掘提炼各专业核心课程所蕴含的思政要素和育人功能,将思想政治教育贯穿人才培养体系的全过程,充分发挥专业课教师的德育作用,全力培养德智体美劳全面发展的新时代人才。

各专业负责人和通识教育课程负责人以《高等学校课程思政建设指导纲要》为指导,结合学校各专业教育和通识教育实际,积极申报课程思政案例并开展研究和教学实践。学校择优遴选29项具有典型性、示范性、创新性的成果集结成册。

本书共分为两部分。第一部分为"通识教育类课程思政案例",包含高等数学、大学英语、艺术类等通识教育类课程的 4 个思政案例；第二部分为"专业核心课程思政案例"，示范建设教育学、汉语言文学、地理科学、科学教育等专业核心课程的思政案例库。

"事必有法，然后可成"。将各专业和通识教育课程教学团队关于课程思政建设的研究和思考总结、汇编，形成一本教师课程思政教学案例教材和参考用书，意在启迪思想、开拓视野，为学校课程思政建设发展提供借鉴和参考。相信随着理论研究和实践探索的深入，会有更多、更优秀的成果产生，推动学校教育教学工作迈上新的台阶。

"始生之芽，其色尚浅"。由于编者识见浅陋、术亦寡精，恐有错漏之处，恳请各位业内同仁及细心读者批评指正，以促进学校课程思政建设，提高人才培养质量。

2024 年 12 月 20 日

# 目 录 CONTENTS

## 通识教育类课程思政案例

高等数学（通识教育类课程）课程思政案例……………数学科学学院　徐俊文　002

大学英语公共课课程思政案例……………………………外国语学院　齐凌云　014

钢琴音乐欣赏（通识艺术类课程）课程思政案例…………音乐学院　乌　黎　020

环境设计（通识教育类课程）课程思政案例………………设计学院　郭　沁　026

## 专业核心课程思政案例

教育学专业教师教育类课程思政案例……………………教育学院　陶格斯　036

民族学专业核心课程思政案例………………………民族学人类学学院　李玉峰　048

汉语言文学专业核心课程思政案例………………文学院　陈　贝　吴玉英　赵子贤　058

广播电视编导专业（职业师范类）核心课程思政案例

………………………………………………新闻传播学院　额尔德尼其其格　069

哲学专业核心课程思政案例………………………………马克思主义学院　邱忠堂　078

| 经济学专业核心课程思政案例 | 经济管理学院 | 杨蕴丽 | 088 |
| --- | --- | --- | --- |

政治学与行政学专业课程思政案例……………………政府管理学院 杨中浩 103

旅游人类学（专业选修课程）课程思政案例……………旅游学院 阿荣娜 109

民航企业管理课程思政建设探索与实践…………………旅游学院 刘正鼎 119

民航服务礼仪课程思政建设探索与实践案例……………旅游学院 孟芳旭 130

电子信息工程专业核心课程思政案例………物理与电子信息学院 张 珏 142

化学专业核心课程思政案例………………………………………………………
………化学与环境科学学院 王晓丽 王莎莎 启黎明 刘 丹 常 迎 152

地理科学专业核心课程思政案例…………………………地理科学学院 姜洪涛 167

土地资源管理专业核心课程思政案例……………………地理科学学院 王 考 177

地理科学专业核心课程思政案例…………………………地理科学学院 周丹丹 188

城乡规划专业"课程思政"育人体系的构建……………地理科学学院 董 茜 200

数据科学与大数据技术专业核心课程思政案例…计算机科学技术学院 李艳玲 214

心理学专业核心课程思政案例库…………………………心理学院 杨晓峰 220

音乐学专业曲式与作品分析课程思政案例………………音乐学院 李杰源 231

视觉传达设计专业核心课程思政案例……………………设计学院 郭秀娟 238

服装与服饰设计专业核心课程思政案例…………………设计学院 张瑞霞 246

融"思政"于科技艺术创作实践研究……………………设计学院 谢继武 254

产品设计专业课程思政教学建设与探索…………………设计学院 陈 攀 265

"定格动画"专业核心课程思政案例……………………设计学院 王睿志 273

科学教育专业核心课程思政案例………………科学技术史研究院 吕清琦 288

# 通识教育类课程
## 思政案例

# 高等数学（通识教育类课程）课程思政案例

**数学科学学院　徐俊文**[①]

项目名称：公共高等数学课程思政元素梳理　　项目号：2023kcszzx23861

## 一、课程简介

长期以来，高等数学课程一直是我校理工、经济专业一门必修的重要基础课程和工具课程，选课学生每个学期在2000人到3000人之间。在我校已获批的国家一流专业建设点中有8个需要开设高等数学课程。高等数学不仅为这些专业学生后续课程学习和解决实际问题提供了必不可少的数学基础知识和数学思想方法，也为培养学生的思维能力、分析解决问题能力和自学能力以及为学生形成良好的学习方法提供了有效的途径。

内蒙古师范大学高等数学课程的师资来自内蒙古师范大学数学科学学院，为适应新时代的发展要求，2018年，学院在原大学数学教研室基础上，成立数学科学学院公共数学教研部。

内蒙古师范大学数学学科是内蒙古自治区一流拔尖学科，数学与应用数学专业是首批国家级一流建设点，拥有数学与应用数学专业教育部虚拟教研室、无穷维哈密顿系统及其算法应用教育部重点实验室、内蒙古应用数学中心、中蒙数学中心等优质教学科研平台，是高等数学课程的坚强后盾。

---

[①] 徐俊文，内蒙古师范大学数学科学学院副教授。主要从事最优化理论与算法研究、计算数学和公共数学的教学工作。讲授数学分析、数值分析、高等数学、线性代数等课程。

## 二、课程目标支撑毕业要求指标点情况

### （一）高等数学总的课程目标

课程目标1　掌握高等数学要求的函数极限、连续、导数、微分及不定积分、定积分、定积分的应用、微分方程、空间解析几何、向量代数、多元函数微分法及其应用、重积分、曲线曲面积分和无穷级数的基本概念，能够较全面地理解高等数学知识体系的基本思想和方法。

课程目标2　掌握高等数学要求的函数极限、连续、导数、微分及不定积分、定积分、定积分的应用、微分方程、空间解析几何、向量代数、多元函数微分法及其应用、重积分、曲线曲面积分和无穷级数的基本计算方法，培养数学运算能力。能够使用基本计算方法计算相关的数学问题。

课程目标3　掌握高等数学要求的函数极限、连续、导数、微分及不定积分、定积分、定积分的应用、微分方程、空间解析几何、向量代数、多元函数微分法及其应用、重积分、曲线曲面积分和无穷级数的基本原理，培养抽象思维能力、逻辑思维能力、空间想象能力。能够使用基本原理、严谨的数学语言证明相关数学问题。

课程目标4　培养利用高等数学知识进行分析问题和解决问题的能力，体会和领悟高等数学的应用价值，能用微积分的视角观察世界，培养反思及自主学习的能力。通过学习高等数学，具备一定的数学建模能力。

课程目标5　能充分挖掘课程的思政元素，在教育实践中将知识学习、能力发展与品德养成相融、相济、相依。在潜移默化中坚定理想信念、厚植爱国主义情怀、树立辩证唯物主义世界观，形成认真、勤奋、高效的学习精神和良好的学风。

### （二）课程目标对毕业要求指标点的支撑情况

公共数学课程属于公共课程性质，全校各专业的培养方案不同，课程目标对毕业指标点的支撑内涵需具体专业具体分析。

（1）物理学专业（师范）培养方案要求，高等数学（一、二）是专业必修课程，是学位课，也是专业核心课程。高支撑毕业指标点3.3，即学科素养中知识整合部分，指标点3.3在培养方案中表述为理解物理学科与数学、化学等学科领域的相关性，具有对实际物理问题进行多学科分析与探究的能力，进行合理的教学安排，熟悉教育教学各个环节的工作，了解物理学科与技术、社会、环境等方面的紧密联系。

（2）计算机科学与技术专业（师范）培养方案要求，高等数学（一、二）是公共必修课程。高支撑毕业指标点有3.1、3.2、3.3。指标点3.1在培养方案中表述为具备完整的计算机学科知识体系，理解掌握计算机硬件系统、结构化和面向对象编程、数据结构和算法设计分析、软件工程、数据库、操作系统、计算机网络、人工智能等基础知识、基本原理和方法。指标点3.2表述为具有提升计算思维的意识及运用能力，能综合运用移动设备、虚拟现实、大数据、人工智能等软硬件工具平台以及本学科的知识解决学习、工作中遇到的信息化问题，并能在设计环节中体现创新意识。指标点3.3表述为了解本学科与数学、物理、历史人文等相关学科和社会实践的联系，能初步运用学习科学的相关知识形成信息科技/信息技术的教学知识；初步具有一专多能的知识结构。

（3）地理科学专业（师范）培养方案要求，高等数学（一、二）是公共必修课程。高支撑毕业指标点3.2在培养方案中表述为能理解地理学与数学、信息科学、生物科学、教育学、心理学、哲学等相关学科的内在联系，具备文学、历史学、社会学等人文科学的基本知识并理解其与地理科学之间的关系，认识到地理学与人口资源环境等社会生产生活实际问题之间的关系。

（4）化学专业（师范）培养方案要求，高等数学（一、二）是公共必修课程。高支撑毕业指标点有3.1、3.3。指标点3.1在培养方案中表述为系统扎实地掌握学科的基本知识、基本原理，能够跟踪国内外学科前沿知识；了解化学学科与其他交叉学科的相互关系，能整合相关知识，完善知识结构。指标点3.3表述为能从综合视角出发认识本学科与社会实践的联系，运用本学科知识解决现实问题。

（5）生物科学专业（师范）培养方案要求，高等数学（一、二）是公共必修课程。高支撑毕业指标点3.3在培养方案中表述为理解生物学科与数学、物理、化学、人文、社科等其他学科专业领域的相关性，具有从非生物学科的角度审视和理解生物学科专业知识的意识和能力。

（6）教育技术学专业（师范）培养方案要求，高等数学（一、二）是公共必修课程。高支撑毕业指标点有3.1、3.2。指标点3.1在培养方案中表述为掌握专业能力，系统扎实地掌握教育技术学科和信息技术学科的基本知识、基本原理，具有信息化过程和资源设计与开发的能力，为信息技术教学和教育信息化建设奠定坚实基础。指标点3.2表述为优化知识结构，了解教育技术学科的发展历史、前沿动态以及与其他相关学科的相互关系，能整合相关知识，优化知识结构。

## 三、公共高等数学课程思政元素梳理

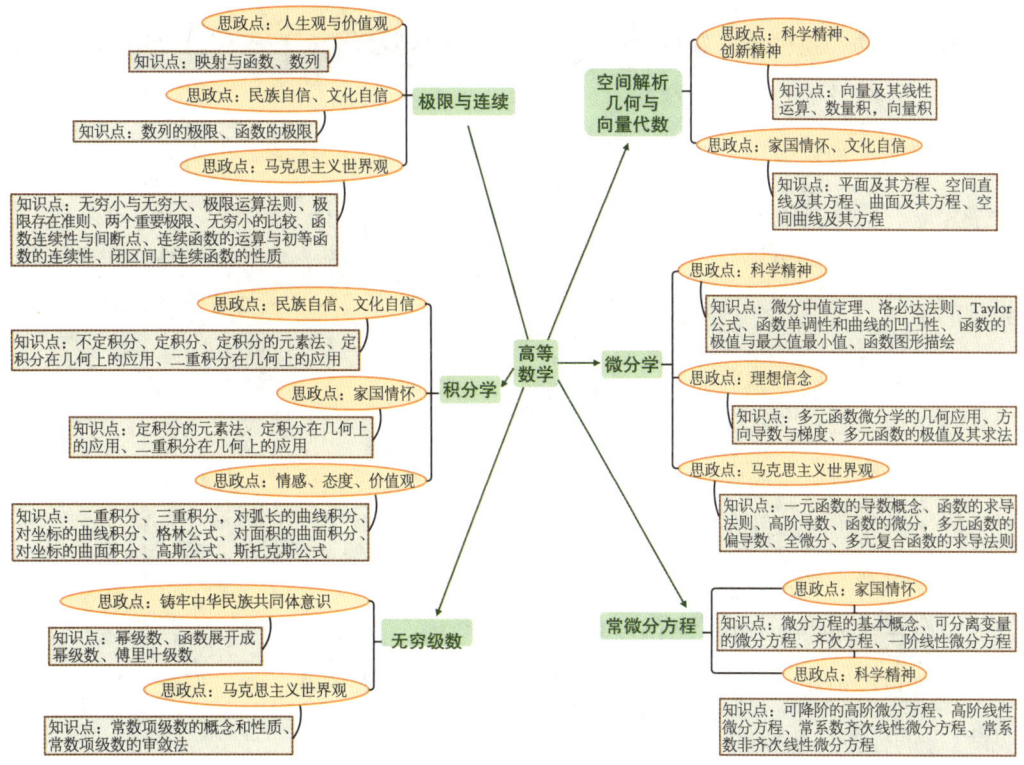

公共高等数学课程思政元素梳理

内蒙古师范大学高等数学课程的思政总目标是充分挖掘课程的思政元素，在教育实践中将知识学习、能力发展与品德养成相融相济相依。在潜移默化中坚定理想信念、厚植爱国主义情怀、树立辩证唯物主义世界观。养成认真、勤奋、高效的学习精神和良好的学风。思政案例建设中，把高等数学课程内容分为六部分，围绕课程思政的目标，从教学内容、教学方法、思政元素、思政教学设计和案例分析五个方面进行了梳理。

### （一）极限与连续部分的思政梳理

◆ 教学主要内容

包括映射与函数、数列的极限、函数的极限、无穷小与无穷大、极限运算法则、极限存在准则、两个重要极限、无穷小的比较、函数连续性与间断点、连续函数的运算与初等函数的连续性、闭区间上连续函数的性质。

◆ **教学方法**

探究法：通过几何画板，动态演示刘徽的割圆术，经历画图、观察、猜想、思考等数学活动，能根据图像数形结合地分析探究极限概念，在潜移默化中厚植爱国主义情怀，增强文化自信。

欣赏法：创设情境，通过展示树叶的排列、向日葵的花瓣、兔子的繁殖，体验客观事物的真善美，培养正确的态度、兴趣、理想和审美能力。

归纳法：归纳概括有限与无限、近似与精确的辩证统一，坚定对马克思主义世界观的认同。

◆ **思政元素**

（1）人生观与价值观

（2）民族自信、文化自信

（3）马克思主义世界观

◆ **思政教学内容设计**

（1）在数列的教学中，举例说明斐波那契数列。

（2）可提前布置"查阅我国古代数学家刘徽的学术成就，并在课堂讨论中发表见解。"的任务，教师重点引入两个例子：

①引入刘徽的割圆术——"割之弥细，所失弥少，割之又割，以至于不可割，则与圆同体而无所失矣。"并与古希腊的"穷竭法"作比较；介绍圆周率。

②引入《庄子·天下》中的"一尺之锤，日取其半，万世不竭"。

（3）在极限的运算中，引领学生体会有限与无限的联系，引申到马克思主义的世界观中量变与质变的思想。

◆ **案例分析**

（1）美在数学中无处不在，斐波那契数列就是一个典型的例子，可以举例树叶的排列、向日葵的花瓣、兔子的繁殖等等，还可让学生自己寻找身边的例子。这样，学生在学习数学知识的同时，体会到数学与现实生活中美的密切联系，产生对学习数学知识的强烈求知欲，增强学习兴趣。

（2）极限的概念奠定了高等数学课程的基础，通过古代极限思想的描述，不仅可激发学生的学习兴趣，还可坚定学生们的文化自信和对中华文化的认同。

（3）极限的运算提供了高等数学研究的工具，极限是研究变量的无限变化趋势的，是人们从有限理解无限的基本方法，从哲学上讲，是客观世界从量变到质变过程的一种反映。高等数学中连续、导数、积分、级数等都是建立在极限的基础上的，认识极限是思维的一次突破。

### （二）微分学部分的思政梳理

◆ **教学主要内容**

包括一元函数的导数概念、函数的求导法则、高阶导数、函数的微分、隐函数及由参数方程所确定的函数的导数、微分中值定理、洛必达法则、Taylor 公式、函数单调性和曲线的凹凸性、函数的极值与最大值最小值、函数图形描绘、多元函数的偏导数、全微分、多元复合函数的求导法则、隐函数的求导公式、多元函数微分学的几何应用、方向导数与梯度、多元函数的极值及其求法。

◆ **教学方法**

讲述法：通过讲述科学家的探索问题和科学家的故事，增长知识见识，培养科学精神，坚定理想信念。

演示法：通过 matlab 作多元函数的几何图形演示极大值、极小值。让学生在观察中获得感性认识，引导学生感悟低谷与高峰只是人生道路的转折，培养奋斗精神，提升学生综合素质。

归纳法：结合运动物体的平均变化率与瞬时变化率、割线的斜率与切线的斜率等归纳总结有限与无限、近似与精确的辩证统一，坚定对马克思主义世界观的认同。

◆ **思政元素**

（1）科学精神

（2）理想信念

（3）马克思主义世界观

◆ **思政教学内容设计**

（1）在教学中有计划地穿插讲解以下数学历史。①伽利略的著作《关于两门新科学的对话》及倡导科学研究的数学表述问题。②牛顿在《自然哲学的数学原理》上发表万有引力定律。③意大利数学家拉格朗日对数学、力学、天文学的贡献和科学精神。④柯西对微积分学的贡献。⑤数学家泰勒、麦克劳林和洛必达的故事。

（2）在讲解多元函数的微分学部分时，使用 matlab 数学软件，描画二元函数的几何图形，类比图形就像群山一样连绵起伏，极大值在山顶取得，极小值在山谷取得，引导学生感悟，低谷与高峰就像起起落落的人生必经之路，是成长的需要，要学会苦中作乐、不气馁、勇往直前。方向导数和梯度方向告诉我们怎样找到附近低谷到达山峰的最优路径。

（3）在潜移默化中将辩证法思想与数学概念和公式有机结合。在导数概念教学中，结合运动物体的平均变化率与瞬时变化率、割线的斜率与切线的斜率等体现的有限与无限、近似与精确的辩证统一，引导学生坚定对马克思主义世界观的认同。

◆ 案例分析

（1）微积分发展史是人类探索自然和社会的文明史，十七世纪以来，牛顿、莱布尼茨、伯努利（家族）、欧拉、柯西、洛必达、泰勒、拉格朗日、维尔斯特拉斯、康托等众多科学家不懈努力，从瞬时变化率、曲线切线等实际问题到微积分一般性概念，从具体到抽象，在认识与实践中反复升华。通过具体案例，讲好科学家追求真理、克服困难、艰辛探索的故事，培养学生探索未知、追求真理、勇攀科学高峰的责任感和使命感。

（2）关于函数极值与最值，极值是局部的，最值才是整体的。极大值不一定是最大值，极小值也不一定是最小值，极大值也不一定大于极小值。方向导数和梯度与一元函数的极值为寻找多元函数极值提供了"向什么方向去、走多远"的最初方案。结合这些知识，鼓励学生在人生的道路上要百折不挠、勇往直前、不断创新。

（3）数学是一种科学的语言，特别是大数据与人工智能时代，数学已成为人们交流与信息存储的重要工具；数学是思维的工具，在解决问题时，人们往往先用数学语言表述事物之间的联系，然后再用数学逻辑深入研究。挖掘数学中的这些问题，有利于在学生获取知识的过程中，养成良好的思维习惯，形成正确的数学价值观。

## （三）积分学部分的思政梳理

◆ 教学主要内容

包括不定积分概念与性质、换元积分法、分部积分法、有理函数的积分、定积分概念与性质、微积分基本公式、定积分的换元法和分部积分法、反常积分、定积分的元素法、定积分在几何上的应用、二重积分的概念和性质、二重积分的计算法、三重积分、多重积分的应用、对弧长的曲线积分、对坐标的曲线积分、格林公式及其应用、对面积的曲面积分、对坐标的曲面积分、高斯公式、斯托克斯公式。

◆ **教学方法**

探究法：通过matlab数学软件，还原刘徽、祖冲之和祖暅在求"牟合方盖"体积时的思想，探究几何形体体积计算的元素法。感悟象数理结合及无限逼近的数学思想。在潜移默化中厚植爱国主义情怀，增强民族文化认同感。

演示法：通过matlab数学软件，演示地球同步卫星覆盖地球表面的画面，激发学习兴趣，掌握计算曲面面积的方法。引申到我国自主创新的成果，坚定社会主义道路自信。

赏析法：通过对多种积分辩证统一的数学美的赏析，提升数学素养，培养运用数学思想指导数学思维活动的能力。

◆ **思政元素**

（1）民族自信、文化自信

（2）家国情怀

（3）情感、态度、价值观

◆ **思政教学内容设计**

（1）介绍数学史料"牟合方盖"及其相关历史故事，引出二重积分的计算。南北朝时期的数学家祖冲之和祖暅，沿用刘徽的思想，在求"牟合方盖"的体积时，提出了祖暅原理。祖暅原理的发现比西方类似的原理早了一千一百多年。祖冲之是世界上第一位将"圆周率"精算到小数第七位的数学家，他提出的"祖率"对数学的研究有重大贡献，比欧洲要早一千多年。这些数学历史都是我们中国的骄傲。

（2）介绍曲面积分中曲面表面积的计算时，可以适时地引入"北斗精神"。我国的科技工作者秉承"自主创新、开放融合、万众一心、追求卓越"的北斗精神，为国家托起国之重器。

（3）通过多种积分的学习赏析数学美。高等数学上所提到的积分统一于流形上的积分，按流形的维数分为包括定积分、对弧长的曲线积分、对坐标的曲线积分的线积分；包括二重积分、对面积的曲面积分、对坐标的曲面积分的面积分；包括三重积分的体积分。两类曲线（面）积分，既有区别又有联系，可以相互转化，统一于线（面）积分。格林公式、高斯公式、斯托克斯公式从内容和逻辑两个维度相互蕴含，统一于流形上的斯托克斯定理。揭示象数理的统一和发展展望。

◆ 案例分析

（1）中国是一个有着五千年文明的大国，数学发展成果也是五千年灿烂文化的组成部分，是中华文化传承的宝贵财富。中国古代数学有很多领先同时代的成果，如化圆为方、以直代曲、化整为零、积零为整的思想，天文历法中的数学，水利工程中的数学等。刘徽、祖冲之、秦九韶等都是中国古代著名的数学家。教师有意识地将其与高等数学课程相关教学内容有机融合，在潜移默化中厚植爱国主义情怀，增强文化认同感。

（2）近年来，我国重大科研成果不断涌现，如嫦娥探月、北斗导航、超级计算等。这些科技成就都是我国自主创新的成果，取得这些成绩的根本原因是中国共产党带领人民开辟了中国特色社会主义道路。要培养学生精益求精的大国工匠精神，激发学生科技报国的家国情怀和使命担当。

（3）赏析思想美、运算美、统一美、和谐美、简易美。培养学生的审美意识和创造能力，使学生在学习过程中获得愉悦感，从而激发学生学习、运用微积分的潜能。

### （四）常微分方程部分的思政梳理

◆ 教学主要内容

包括微分方程的基本概念、可分离变量的微分方程、齐次方程、一阶线性微分方程、可降阶的高阶微分方程、高阶线性微分方程、常系数齐次线性微分方程、常系数非齐次线性微分方程。

◆ 教学方法

探究法：通过对传染病的传播分析说明，请同学们建立传染病的简单数学模型，引申到钟南山团队的贡献，厚植爱国主义情怀。

讲解法：通过解释牛顿第二定律以及万有引力定律，计算第二宇宙速度（地球逃逸速度），将马克思主义理论精髓融入数学的计算、推理、分析、证明中。

◆ 思政元素

（1）家国情怀

（2）科学精神

◆ 思政教学内容设计

（1）介绍简单的传染病的微分方程模型，引申到钟南山团队在公共卫生干预下的新冠疫情暴发趋势预测模型，训练学生的科学思维，也有利于激发同学们科技报国的家国情怀和使命担当。

（2）根据牛顿第二定律以及万有引力定律建立二阶微分方程模型，计算第二宇宙速度（地球逃逸速度），引申到数学计算中，差一个符号、一个变量，都会造成"差之毫厘、谬以千里"的严重后果。在航天领域，火箭发射时火箭的推力、轨道的倾角、卫星变轨的时间等等来不得半点差错，微小的错误都可能造成发射失败。

◆ 案例分析

（1）法国科学家巴斯德说：科学无国界，但科学家有祖国。抗击新冠疫情期间，钟南山表现出不畏生死、勇于担当的家国情怀，可以据此对学生进行爱国主义教育，帮助学生树立为国家富强、民族振兴、人民幸福贡献自己力量的远大志向。

（2）实事求是原则贯穿于马克思主义唯物辩证法和认识论中，体现了马克思主义根本观点与方法。数学是最讲实事求是的，将马克思主义理论精髓融入数学的计算、推理、分析、证明中，在潜移默化中帮助学生形成实事求是的科学态度，为学生未来养成诚实守信的职业理念打下基础。

## （五）向量代数与空间解析几何部分的思政梳理

◆ 教学主要内容

包括向量及其线性运算、数量积、向量积、平面及其方程、空间直线及其方程、曲面及其方程、空间曲线及其方程。

◆ 教学方法

讲授法：通过笛卡儿的故事，培养学生的科学精神和创新精神。

讲述法：通过讲述南仁东团队的故事，在潜移默化中坚定理想信念和文化自信。

◆ 思政元素

（1）科学精神、创新精神

（2）家国情怀、文化自信

◆ 思政教学内容设计

（1）在学习由向量构造坐标系时，介绍笛卡儿创立直角坐标系和笛卡儿对西方现代哲学、天文学、物理学、数学、力学的杰出贡献。

（2）在学习二次曲面时，由介绍望远镜的构造引申到中国天眼。

◆ 案例分析

（1）恩格斯指出："数学中的转折点是笛卡儿的变数，有了变数，运动进入了数学，有了变数，辩证法进入了数学，有了变数，微分和积分也就立刻成为必要的了。"笛卡儿的几何学的整个思路与传统思路大相径庭，表现出笛卡尔大胆创新的巨大勇气。通过笛卡儿的故事，培养学生的科学精神和创新精神。

（2）中国天眼从1994年选址到2016年落成启用，南仁东率团队用20多年时间建成了世界最大的射电望远镜，为我国天文学跻身世界一流水平和建设科技强国作出了应有的贡献。南仁东放弃国外高薪回国，不辞辛苦，翻山越岭实地考察，努力缩小中国与世界先进水平的差距。通过南仁东的事迹，培养学生精益求精的大国工匠精神，激发学生科技报国的家国情怀和使命担当。

### （六）无穷级数部分的思政梳理

◆ 教学主要内容

包括常数项级数的概念和性质、常数项级数的审敛法、幂级数、函数展开成幂级数、傅里叶级数。

◆ 教学方法

归纳法：结合级数的收敛性和部分和的概念等归纳总结有限与无限、近似与精确的辩证统一，坚定对马克思主义世界观的认同。

讲述法：通过讲述少数民族数学家的贡献，铸牢中华民族共同体意识。

◆ 思政元素

（1）马克思主义世界观

（2）铸牢中华民族共同体意识

◆ 思政教学内容设计

（1）体会人类认识世界从有限到无限的过程，揭示唯物辩证法由量变到质变的规律，了解公元前五世纪希腊哲学家芝诺悖论及解决过程与马克思主义世界观。

（2）在学习幂级数时介绍蒙古族杰出数学家明安图。他在天文历法、地图测绘和数学方面都有贡献。任职于钦天监五十余年，在与法国人杜德美接触中，知道了圆周率的解析式和三角函数的幂级数展开，但杜并未介绍原因。明安图利用工作之余前后花了三十余年，把研究成果写成初稿，后由其儿子明新和学生陈际新等整理定稿《割圆密率捷法》四卷，不仅证明了杜德美的三个幂级数，又发现了六个幂级数。这些都是我国数学史上崭新的成果,有的还是世界上最早的成果。进一步可引出藏族的历算学、傣族历法中的数学知识、满族数学家博启著《勾股形内容三事和较》等。

◆ 案例分析

(1)体会人类认识世界从有限到无限、从近似到精确的过程,揭示由量变到质变的唯物辩证法的规律。

(2)通过讲述少数民族数学家对中华文化的杰出贡献,增强学生中华民族共同体意识。引导学生树立正确的历史观、民族观、国家观、文化观。

# 大学英语公共课课程思政案例

**外国语学院　齐凌云**[①]

项目名称：公共英语课中"理解当代中国"课程设计研究

项目号：2023kcszzx23888

## 一、课程名称：大学英语公共课

## 二、课程简介

我校是具有鲜明教师教育和民族教育特色的综合性师范大学。大学英语是面向全校非英语专业本科生的必修课。本课程以培养学生的英语综合运用能力为核心，涵盖了听、说、读、写等多个方面。语言不仅仅是单词和语法的堆砌，更是一种文化的载体和思维方式的体现。在教学过程中，本课程注重将语言学习与文化背景、实际应用相结合，让学生在学习英语的同时，也能领略到不同国家的文化风情和思维习惯。课程采用了多种教学方法和手段。课堂上，教师生动有趣的讲解和互动式的教学方式，让学生在轻松愉快的氛围中学习英语；课后，教师提供丰富的学习资源和实践机会。此外，教学中还注重培养学生的自主学习能力和创新精神，通过引导学生参与课题研究、小组讨论等活动，在实践中发现问题、解决问题，从而培养他们的批判性思维和创新能力。

## 三、课程目标支撑毕业要求指标点情况

大学英语的教学目标是培养学生的英语应用能力，增强跨文化交际意识和交际能力，同时发展自主学习能力，提高综合文化素养，使学生在学习、生活、社会交

---

[①] 齐凌云，外国语学院讲师。主要从事英语教学法、跨文化交际的教学研究与工作。讲授大学公共外语听说读写等课程。

往和未来工作中能够有效地使用英语，满足国家、社会、学校和个人发展的需要。通过本课程的学习，使学生达到以下目标：

1. 了解和学习中外文化，提升文化水平，具有对本民族文化的认同和不同文化的了解；挖掘和领会教学内容蕴含的思政元素，弘扬社会主义核心价值观，具有积极的情感、端正的态度，树立积极正确的世界观、人生观和价值观；提高综合人文素养。【毕业要求1：师德规范】

2. 开展英语语言基础知识的系统学习，包括英语语音、词汇、语法及篇章结构等语言知识，夯实英语基本功；通过语言交际任务促进听、说、读、写、译技能的综合运用和全面发展。【毕业要求3：学科素养】

3. 通过不同题材、体裁等广泛的课题学习，拓宽国际视野；运用所学知识和技能进行分析、鉴赏以及批判性思考，并结合现实生活中的实际问题或热点话题展开讨论，表达观点，培养思辨能力；通过合作学习活动提升沟通交流能力，培养合作参与意识。【毕业要求8：沟通合作】

## 四、课程思政元素梳理

### （一）基本信息

表1 课程基本信息

| 课程名称 | 大学英语二级 College English Ⅱ |
|---|---|
| 课程类别 | ☑大学英语通用英语课程　□大学英语专门用途英语课程<br>□大学英语跨文化交际课程<br>□英语专业课程　□翻译专业课程　□商务英语专业课程 |
| 教学对象 | 大学一年级非英语专业本科生（物理、文学、政治、管理） |
| 教学时长 | 100分钟（面授）+50分钟（网课） |
| 教材名称 | 《新视野大学英语（第四版）读写教程第二册》 |
| 参赛单元 | 第二册 第六单元　单元标题 Less is more |

### （二）课程描述

本课程由读写和听说2个部分组成，教学内容涉及英语的听、说、读、写、译等知识和技能。本单元的教学对象是来自4个非英语专业学院的200多名本科一年级学生，分布在四个教学班，涉及的专业有物理、文学、政治和管理，大多数是师范生。学生入学英语成绩在 75~130 分之间，对英语的掌握程度参差不齐，特别是听力和口语能力偏弱，写作训练较少。而母语水平不理想是导致英语水平弱的重要原因之一；在自己的专业领域中，这些学生仍在入门阶段；他们的三观逐渐形成，但对于问题的分析不够深刻，流于表面，批判性思维的意识和能力亟待提升。他们学习热情较高，对现有的教学模式适应得比较好，对于小视频等新型传媒方式很热衷。

### （三）单元教学内容及思政育人目标

1. 单元教学内容

（1）单元介绍

本单元是本册书的第六个单元，继英语学习、学科认知、新时代使命、人生成长和大学生财商的话题之后，本单元对年轻人的价值观进行了哲学讨论。此话题是前序内容的升华和深化，对于大学生的人生规划和职业选择具有现实指导意义。

（2）主要内容

①理解第六单元文章内容：Door closer，are you？

②填写实验记录单，了解如何阅读实验类的文章。

③学习cause-and-effect文章的写作。

④语法点：独立主格结构，动词+宾语+宾语补足语。

（3）重点

①实验类文章的阅读。

②2个重要语法点的学习。

③教学过程中思政元素的讨论。

（4）难点

①课前任务。

②课后任务。

2. 思政育人目标

（1）中国传统文化中体现出的人生哲理。

（2）深刻理解"知足"的真谛，知道如何正确处理知足与进取的关系。

（3）通过分析原因，深刻了解我国可持续发展战略及其成果。

## （四）单元思政教学设计方案

1. 课前

表 2　课前任务设计

| 任务 | 详细内容 | 说明 |
| --- | --- | --- |
| 常规任务 | 预习课后词汇 | 以单词表为纲，借助词典和U校园平台资源预习语音、词义和基本用法。 |
| 任务1 | 研习《道德经》第四十六章的原文，译为白话文；学习林语堂版的译文；尝试翻译最后一句"知足之足，常足矣"。 | 本任务要求文学专业学生必须完成，其他学生思考即可，分享在学习通的讨论区。 |
| 任务2 | 观看"巨鹿之战"的相关视频，思考以下2个问题：<br>（1）若项羽并不曾破釜沉舟，巨鹿之战的结果会如何？<br>（2）项羽巨鹿之战胜利的原因是什么呢？ | 本任务要求政治和管理专业的学生必须完成，其他专业的学生思考即可，分享在学习通的讨论区。 |
| 任务3 | 选择在自己专业中最具"魅力"的一个经典实验，填写实验记录单。选择1~2位同学结合实验记录单录制一段做实验的视频，配有英语解说。 | 实验记录单的任务要求物理专业的学生必须完成，视频任务自愿完成。 |

2. 课中

表 3　课中教学流程

| | |
| --- | --- |
| 步骤一：<br>了解文中与"door"相关的实验。<br>（第4段到第9段） | 课堂练习：利用Scanning和Skimming的技巧进行快速阅读，填写实验记录单。<br>实验记录单的主要内容为实验目标、实验对象、实验过程、结果及结果分析等。<br>课文讲解：选择第4段到第9段中的长句和难句进行讲解。<br>课后作业：选择一个教育学中的经典实验，查阅资料，填写实验记录表。提交至学习通的讨论模块中，并阅读同学们的分享，进行评论。 |
| 步骤二：<br>项羽和巨鹿之战。<br>（第1段到第3段） | 文章讲解：选择第1段至第3段中的长句和难句进行讲解。重点讲解2个语法点：独立主格结构和"动词+宾语+宾语补足语"。<br>课堂讨论和任务检查：<br>（1）实验中primary option 和secondary option 分别是什么？<br>（2）和同学们分享课前任务2的讨论结果。思考在巨鹿之战中primary option 和secondary option 分别是什么。分析实验中同学们失败的原因。<br>关注作者的观点：Closing a door on an option is experienced as a loss, and people are willing to pay a big price to avoid the emotion of loss. |

续表

| 步骤三：怎样平衡选择和失去？如何正确处理知足和进取的关系？（第10段到第14段） | 课堂讨论：阿雷利博士在第10段中给出了怎样的建议？他鼓励大家怎样做？他是怎么做的？ |
| --- | --- |
| | 文章讲解：选择长难句讲解。明确作者观点：To implement more prohibitions on overlooking. To discard those things that seem to have outward merit in favor of those things that actually enrich our lives. 引出深一层概念：知足。 |
| | 任务检查：分享课前任务1的讨论结果。引出古人观点：知足之足，常足矣。并辅以"苏轼虽仕途不顺但不过分悲叹自己，具有豁达乐观的人生观"的例子。 |
| | 课后作业：年轻人应该怎样处理知足和进取的关系？观点：知足不等于"躺平"，不等于不思进取。<br>提供一些例子（名言、名人轶事、名著选段、流行话题和流行的生活方式等）让学生从中找到自己认同的理解。以"知足与进取"为主题，写一篇3分钟的演讲稿，选择2位学生在线上课上进行演讲。 |
| 线上课堂部分 | （1）展示实验视频，由学生互评。<br>（2）演讲展示，由学生互评。<br>（3）着重讲解cause-and-effect的写作思路，并以2013年习近平指出的"为子孙后代留下可持续发展的'绿色银行'"为主题，完成cause-and-effect作文提纲的学习。（利用学习通） |

3. 课后

（1）教师在学习通的讨论区对学生的讨论进行评价。

（2）学生须在iWrite系统中提交所写的演讲稿和作文。

（3）在学习通平台完成针对本单元2个重要语法点的练习。

4. 教学设计反思

（1）创新点

①根据学生专业布置任务，可以发挥学生的专业优势：考虑到公共英语课面对多个专业学生的情况，结合ESP的教学理念，本单元在安排课前预习内容时，向不同专业的学生有针对性地布置了不同的课前任务。目的是希望学生从各自专业的角度对问题进行更加深入的分析，同时让学生意识到英语学习不是独立存在的，而是

可以和自己的专业相结合。

②鼓励学生在课堂上合理有效地使用手机或电脑；手机和电脑已无法和学生的生活、学习割裂，教师对学生课上使用手机这件事应采取顺势引导之法，而非一味封堵禁止。手机上的众多资源和平台是完全可以为课堂和学习而服务的。

③深化和升华了本单元的思政内容：本单元的教学中，教师尝试让学生在文中思政点"破釜沉舟"的基础上更全面地了解巨鹿之战的全貌，从文中对于人生的"关门"之选这个点深化到知足与进取的辩证关系，在cause-effect的写作中结合了可持续发展的环保理念。希望可以培养学生的大格局和高站位。

（2）改进方向

①从教师方面：教师本身应该对中国传统文化有深刻、全面的理解，提升对思政元素的敏感度，以便今后随时随地、恰当地在教学中引入思政元素，真正做到"如春在花，如盐在水"的思政教育。

②从教学方面：课堂时间把控还需更加合理和科学。应对学生活动给予更及时、更有效的反馈。

# 钢琴音乐欣赏（通识艺术类课程）课程思政案例

音乐学院　　乌　黎[①]

项目名称：在立德树人背景下音乐类公共美育课程思政研究

项目号：2023kcszzx23796

## 一、课程简介

"钢琴音乐欣赏"课程是为响应教育部加强学校美育工作的方针政策，2016年以校级教改课题立项的形式开设的通识性美育课程。

该课程2019年被评为"内蒙古自治区级在线开放课程"，在"学银在线平台"正式对外线上授课；2022年被评为"自治区高校美育公共艺术教育培育课程"；2023年被评为"内蒙古自治区一流课程"，并于同年入选由北京师范大学主办、中国教育学会指导的第六届"中国教育创新成果公益博览会成果展"。

课程目前已开九期，截至2024年9月选课人数共9643人，涉及全国190所大中专院校，累计页面浏览量700多万次，互动12多万次。新疆医科大学、新疆大学在第六期中使用本课程互认学分选课。

## 二、课程支撑毕业要求指标点情况

了解音乐欣赏的基本知识、各时期钢琴音乐的风格特点、著名音乐家和他们的钢琴作品。有能力从音乐欣赏的思维角度品鉴钢琴音乐作品。通过欣赏音乐陶冶情操，排除学生的不良情绪，净化心灵，从而达到美育教育的目的。坚持立德树人，达到培养学生爱党爱国、以美育人、以美化人、弘扬中华优秀传统文化的目标，提

---

[①] 乌黎，音乐学院钢琴系教授，硕士生导师。主要从事钢琴演奏与教学、公共美育课程的教学与研究。讲授钢琴技巧、钢琴音乐欣赏等课程。

高学生的音乐审美和人文素养,增强文化自信。

## 三、钢琴音乐欣赏课程思政元素梳理

### (一)培养学生正确的人生观、世界观和遇到困难挫折保持乐观向上的意志品质

◆ 案例分析

欣赏贝多芬钢琴奏鸣曲《悲怆》,了解贝多芬艰难的创作历程和与命运抗争的精神,引导学生正确地面对困难与挫折,保持良好的心态。

◆ 知识点定位

本案例为第三章第三节内容,贝多芬是欧洲古典主义时期著名作曲家,被称为"古典乐派三杰"之一,是欧洲音乐史上里程碑式的人物。《悲怆》是贝多芬创作的32首钢琴奏鸣曲中广为流传的作品之一。

◆ 主要内容

介绍著名作曲家贝多芬的创作风格及主要作品、钢琴奏鸣曲《悲怆》的创作背景和欣赏提示。

◆ 教学手段和方法

让学生通过观看视频欣赏著名钢琴家演奏的钢琴奏鸣曲,身临其境地体会现场音乐会的魅力。

通过情感教育,体会《悲怆》的旋律中蕴含的不屈不挠、与命运抗争的情绪。

◆ 对应思政点

讲述贝多芬在经历青年时期的耳聋后,没有向命运低头,而是克服自身的困难继续创作,取得了辉煌的成就,培养学生遇到困难挫折保持乐观向上的意志。

### (二)培养学生的爱国情怀

1. 学习革命英烈英勇顽强、艰苦奋斗、保家卫国的精神

◆ 案例分析

欣赏张朝的钢琴曲改编作品《我的祖国》,了解《我的祖国》的创作背景、作品的创作特点以及表达的情感,使学生重温抗美援朝那段英雄的历史,歌颂志愿军战士保家卫国的革命英雄主义情怀。

◆ 知识点定位

本案例为第七章第五节内容，张朝是中央民族大学教授、作曲家，他追求民族性与个性相结合的创作思想及本真自然的音乐风格，近年来创作了大量优秀作品。这首作品由青年钢琴家沈文裕向张朝教授约稿创作并首弹。全曲表现了对祖国大好河山的热爱和对志愿军战士大无畏革命精神的讴歌。

◆ 主要内容

介绍作曲家张朝及这首作品的诞生过程。分析作品各部分的创作特点并赏析作品表达的内容与情感。

◆ 教学手段和方法

通过启发式引导，由观看抗美援朝电影作品《上甘岭》片段引入，欣赏由著名歌唱家郭兰英演唱的电影插曲《我的祖国》，而后引入正题，介绍钢琴曲改编作品《我的祖国》。

通过现代化的教学手段，利用在线平台发布讨论问题，引导学生讨论互动。

◆ 对应思政点

了解抗美援朝上甘岭战役中志愿军战士的大无畏爱国主义精神，培养学生的爱国主义情怀。

2. 培养对祖国自然风光、大好河山的热爱之情

◆ 案例分析

欣赏钢琴曲改编作品《平湖秋月》，在音乐中把学生带入江南水乡的湖光月色中，感受祖国的大好河山。

◆ 知识点定位

本案例为第七章第三节内容，这首作品是我国著名作曲家陈培勋先生于1975年创作的家喻户晓的中国优秀钢琴曲作品。

◆ 主要内容

介绍作曲家及其创作的作品。分析、鉴赏钢琴曲作品《平湖秋月》，通过聆听使学生感受月色下江南水乡的美景。

◆ 教学手段和方法

通过启发式引导，把学生带入江南水乡的湖光月色中，以景抒情，陶冶情操。

◆ 对应思政点

培养学生对祖国自然风光、大好河山的热爱之情。

### （三）铸牢中华民族共同体意识，了解少数民族音乐文化

◆ 案例分析

欣赏丁善德以新疆民歌《达坂城的姑娘》为素材创作的钢琴作品《第一新疆舞曲》，该曲表现了能歌善舞的维吾尔族人民狂欢的舞蹈场景，使学生了解多民族的祖国大家庭丰富多彩的文化艺术。

◆ 知识点定位

本案例为第七章第二节讲授内容。《达坂城的姑娘》是一首家喻户晓、深受大众喜爱的新疆民歌。通过欣赏丁善德以新疆民歌《达坂城的姑娘》为素材创作的钢琴作品《第一新疆舞曲》，我们既可以感受新疆民歌的魅力，也可以欣赏到钢琴这件西洋乐器是如何表现中国音乐作品的。

◆ 主要内容

介绍著名作曲家丁善德及其钢琴作品，由维吾尔族民歌的特点引入钢琴作品《第一新疆舞曲》，分析作曲家和演奏家是如何通过钢琴体现出维吾尔族民歌的特点，从而使学生了解维吾尔族的音乐文化。

◆ 教学手段和方法

让学生观看网络授课平台上资料包中维吾尔族的音乐与舞蹈视频，直观感受维吾尔族的民间音乐文化。

◆ 对应思政点

铸牢中华民族共同体意识，了解少数民族音乐文化。

### （四）陶冶情操，培养学生对真善美的鉴赏能力

◆ 案例分析

通过教师线上发起讨论问题，进行师生之间、学生之间的互动讨论，引导学生把课堂学习的鉴赏知识运用到生活、学习和工作中解决实际问题，培养学生对真善美的鉴赏能力。

◆ 知识点定位

2023年高校思政工作文件颁布，对高校思政工作作出了新的要求和指导，要求高校思政工作坚持以社会主义核心价值观为引领，紧密结合学生的身心发展需求，积极引导学生明辨是非，树立正确的世界观、人生观和价值观。通过课后发布讨论问题培养学生对真善美的鉴赏能力。

◆ 主要内容

如在第八期课程讨论中，教师发布讨论问题"从材料包中我们了解到贝多芬创作之路的坎坷，谈谈你的感悟"，选取其中一位学生互动，如"贝多芬的一生充满了坎坷和挑战，但他始终坚持自己的音乐梦想，创作出许多经典的音乐作品。从他的生平中，我们可以得到关于坚持、勇气和创造力的启发。"通过这样的讨论问题，引导学生学会在自己的学习和生活中面对问题，从而培养正确的人生观、世界观。

通过课程的学习，鉴赏不同时期、不同风格的钢琴作品，培养审美情趣和艺术感受力。

◆ 教学手段和方法

通过网络教学平台发布讨论问题，实现教师与学生的互动。

◆ 对应思政点

陶冶情操，培养学生对真善美的鉴赏能力。

## （五）对中华优秀传统文化的热爱与传承

◆ 案例分析

欣赏张朝创作的具有京剧元素的钢琴作品《皮黄》和课程平台上课程资料包中的京剧名家、名段，了解京剧中的西皮、二黄等戏曲腔调。

◆ 知识点定位

本案例是课程第七章第五节内容。党的十八大以来，以习近平同志为核心的党中央高度重视中华优秀传统文化的传承和发展。党的二十大报告中提出"推进文化自信自强，铸就社会主义文化新辉煌"。欣赏张朝创作的具有京剧元素的钢琴作品《皮黄》，了解京剧中的西皮、二黄等戏曲腔调。

◆ 主要内容

课前学生自主观看课程平台上资料包中京剧表演经典剧目片段。课上欣赏《皮黄》，教师讲授作品是如何在钢琴音乐创作上融入京剧元素的。课后发布讨论问题，与学生探讨京剧艺术的魅力。

◆ 教学手段和方法

课前、课中、课后全部使用多媒体技术，实现网络在线授课。

◆ 对应思政点

对中华优秀传统文化的热爱与传承。

# 环境设计（通识教育类课程）课程思政案例

设计学院　郭　沁[①]

项目名称：基于内蒙古红色文化融入的环境设计专业课程教学模式研究

项目号：2023kcszzx23964

## 一、专业简介

环境设计专业自 1994 年创立以来，经过 30 余年的稳健发展，已成为区域内具有显著影响力的学科。依托内蒙古师范大学深厚的艺术与设计教育基础，以及地理学、生态学等多学科支持，构建了完备的学术与实践体系。本专业拥有多项自治区级教学、科研平台，包括实验教学示范中心、文化创意产业研究基地等，师资力量雄厚，现有专职教师 21 人，其中 8 人取得高级职称，累计培养了 2000 余名优秀本科人才。环境设计专业专注于人类生活与工作空间的创造与优化，紧密结合生态环境保护与城市更新需求，注重创新设计理念与技术应用，涵盖室内、景观、展示空间设计等领域，致力于培养具备社会责任感、专业知识技能及创新思维的环境设计人才。

## 二、课程简介

本课程以"红色文化空间"为核心，旨在引导学生深入理解红色文化的历史脉络与现代价值，构建"历史—现实—未来"的认知桥梁。为此，环境设计专业特设"行为与空间功能"及"情感与空间体验"两大核心课程，融入"中华优秀传统文化

---

[①] 郭沁，工学博士，设计学院副教授，硕士研究生导师，从事多民族聚居区的人居环境规划设计及文化景观遗产保护的教学与理论研究工作。讲授人居环境综合设计、环境设计制图等课程。

在红色空间的应用""红色文化引领的适宜人居环境""生态文明视角下的红色旅游资源开发"及"科学思维在红色文化传承中的实践"等思政教育内容。通过理论讲授、实地考察、案例分析、交流研讨等多元化教学方法，不仅拓宽学生对红色文化空间的认识，更激发学生的文化自信、爱国情怀，培养其成为具有深厚红色文化底蕴与时代责任感的专业人才，为红色文化的传承与创新贡献力量。

## 三、课程支撑毕业要求指标点情况

### （一）专业毕业要求对培养目标的支撑（用√在表中相应位置标注）

表1 专业毕业要求对培养目标的支撑

| 毕业要求 | 道德修养 | 知识素质 | 专业能力 | 发展潜力 |
| --- | --- | --- | --- | --- |
| 立德树人 | √ | | | √ |
| 解决问题 | | √ | √ | |
| 当代视野 | √ | | | √ |
| 文化传承 | | √ | √ | |
| 服务社会 | √ | | √ | |
| 自我发展 | √ | | | √ |

### （二）专业毕业要求及其指标点

表2 专业毕业要求及其指标点

| 环境设计艺术专业毕业要求 | 环境设计艺术专业毕业要求指标点 |
| --- | --- |
| 立德树人：积极践行社会主义核心价值观，具有强烈的社会责任感及职业价值认同感；遵守设计师的职业道德和行业规范；具备良好的敬业精神。 | 1.思政品德：爱党爱国，积极践行社会主义核心价值观，具有集体主义精神，具有正确的世界观、人生观、价值观。<br>2.社会责任：具有强烈社会责任感，注重职业道德修养，恪守职业行为规范，保守商业秘密。<br>3.敬业精神：热爱专业，具备良好的敬业精神。 |
| 解决问题：掌握设计创意、表达、沟通、加工的基本方法，具备解决专业领域内相关问题的能力。 | 1.设计理念：具有先进的设计理念。<br>2.技术能力：具有较强的技术素养，能够应用相关知识和技术手段解决相关问题。<br>3.行业标准：满足行业的设计服务标准及其制作要求。 |

续表

| 环境设计艺术专业毕业要求 | 环境设计艺术专业毕业要求指标点 |
|---|---|
| 当代视野：了解本专业领域的发展历史、发展前沿、研究动态；并能够合理分析，评价专业方案对社会、经济、健康、安全、文化可持续发展的影响。 | 1. 专业前沿：能够了解本专业领域的发展历史、发展前沿、研究动态。<br>2. 可持续发展：能够基于相关背景进行合理分析，评价专业方案对社会、经济、健康、安全、文化可持续发展的影响。 |
| 文化传承：在当代社会新需求语境下，具有对地域文化的理解与创新性传承能力。 | 1. 文化认知：能够认知、理解地域文化资源的特征及价值。<br>2. 传承创新：在当代社会新需求语境下，具有地域文化的理解与创新性传承能力。 |
| 服务社会：具备行业对从业人员所需要的实践工作能力；能够为地域及全国经济、文化发展提供设计服务。 | 1. 目标战略：理解商业模式、流程规范，具备分析市场机遇与创作设计价值意识。<br>2. 设计管理：具有一定的工程实践能力和项目管理能力。 |
| 自我发展：面对新知识、新技术和新商业范式变革，具备不断学习适应发展的能力，具备一定的专业能力和就业创业能力。 | 1. 终身学习：面对新知识、新技术和新商业范式变革，具备审辨思考能力，能够主动搜集和学习所需的知识和技能，不断补充提升自我的知识和能力储备。<br>2. 就业创业：以专业能力与创业精神实现职业理想。 |

## 四、环境设计课程思政元素梳理

### （一）哲学思想与人文精神——理论专题

◆ 案例分析

结合课程中生态城市理念发展脉络、中国设计发展史等教学内容，对中国传统人居建构经验进行总结分析，阐述传统人居环境营建思想中的整体观、天人观，剖析其中蕴含的中国传统文化，使学生深入理解人与自然相和谐、人工建设与自然环境相结合、建筑与城市和景观相融合的哲学观及其设计策略与方法；分析当代建筑设计、城市设计及园林设计案例中对于文化传承的实践探索，深入理解中华优秀传统文化思想精华的时代价值，激发学生对中华优秀传统文化的热爱，增强文化自信，培养家国情怀，积极探索传统营造思想与技艺在当代设计实践中的活化传承路径。

## 通识教育类课程思政案例

◆ **知识点定位**

习近平新时代中国特色社会主义文艺思想是中华文化和中国精神的时代精华，是马克思主义基本原理与中国具体实际、中华优秀传统文化相结合的产物。其中包括环境设计相关工作要为人民服务、为社会主义服务，推动环境事业的繁荣发展等问题。

◆ **主要内容**

从"青海原子城国家级爱国主义教育示范基地纪念园景观设计"案例入手，分析建筑空间限定手法"围合"的特性。深入理解老子"有无相生""道法自然"等哲学思想，帮助学生理解"有之以为利，无之以为用"的精髓，强调建筑空间的主体地位，不仅培养学生对空间的认知，同时激发学生热爱中国传统建筑艺术的情感，增强文化自信。

## 典型案例分析
### TYPICAL CASE ANALYSIS

项目名称：青海原子城国家级爱国主义教育示范基地纪念园景观设计
建成时间：2009
用地面积：12hm²
建设面积：8400m²
景观面积：11hm²（南侧入口广场和北侧的纪念园区）
项目地址：青海
设计主持：朱育帆

图1 课程部分内容展示

◆ **教学手段和方法**

讨论展示法：教师将学生随机分组，使学生自由组合，根据事先选择的教学专题"中国古代人居环境营造的传统智慧""国际视野下的未来城市发展"等，结合参考资料分组讲解所选专题，通过报告的形式研究，结合社会环境现象加以理解，并回答其他同学的提问。这种教学方法能充分调动学生的参与性和创造性思维，培养学生的表达能力和自信心。

情境模拟法：带领学生去博物馆、雕塑馆，在相关环境设计的情境创设下，让学生身临其境地感受环境设计的魅力，增强学习体验。

◆ 对应思政点

坚持党的领导：在环境设计艺术发展中，党的领导是根本保证。通过加强党对环境设计工作的领导，确保环境设计事业始终沿着正确的方向发展。

以人民为中心：各方面都要坚持以人民为中心的建设导向，深入生活、扎根人民，建设出更多服务于人民群众的适宜空间。

传承与弘扬中华优秀传统文化：习近平新时代中国特色社会主义思想强调传承和弘扬中华优秀传统文化，通过环境设计作品展现中华优秀传统文化的魅力和价值。

## （二）传承文化与现代创新——设计专题

◆ 案例分析

在现代城市规划理论的历史演进与当代发展的阐述与评析教学内容中，梳理产生于西方的现代城市规划理论，并注重和我国城乡建设现实需求相结合，比如讲述城市更新、健康城市等理念在西方产生的背景以及在中国的实践与发展；结合规划设计案例讲解，引导学生思考当前我国城市化发展中存在的问题，如何在"建筑—城市—景观"层面上实现人居环境的可持续发展，使学生更好地认识中国国情，增强对中国共产党治国理政的政治认同、思想认同、情感认同。

◆ 知识点定位

保留原有红色文化传承：在红色景观设计中，保留原有建筑物、雕塑或其他艺术品是非常重要的，这样不仅可以展示当地历史和文化遗产，还能够为新设计增添独特的魅力。

引入当地红色文化特征：通过引入当地文化元素如传统建筑风格、民俗活动等来丰富景观设计。例如，在内蒙古的某个红色文化景观中，可以加入草原等元素来展示当地文化特色。

融入自然环境：在红色景观设计中，将场地所处的自然环境融入设计中也非常重要。例如，在平原公园里，可以利用周边草地和溪流等自然元素来打造具有意境的景观。

引导人们探索红色文化：通过设置一些引导性标识或信息板等方式，让游客更好地了解场地历史和文化背景，并鼓励他们进行探索。

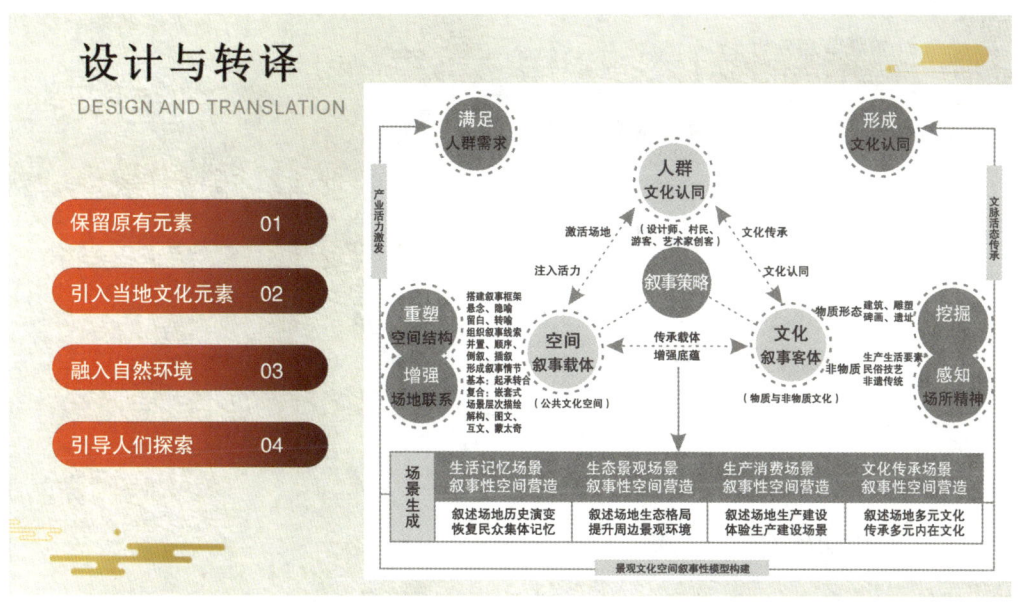

图 2　课程知识点梳理

◆ 主要内容

设计课程以"内蒙古地域红色文化空间研究"为选题方向，针对内蒙古呼和浩特地域特征进行建筑设计训练，强调对内蒙古地域建筑的传承与创新。结合地域建筑产生的时代背景、风格特点等，挖掘内蒙古文化的精神内涵，将内蒙古文化的意识唤醒、精神培育、传承创新等贯穿在设计课程教学的全过程中，引导学生传承、弘扬优秀文化，思考当代建筑的创新设计方法。

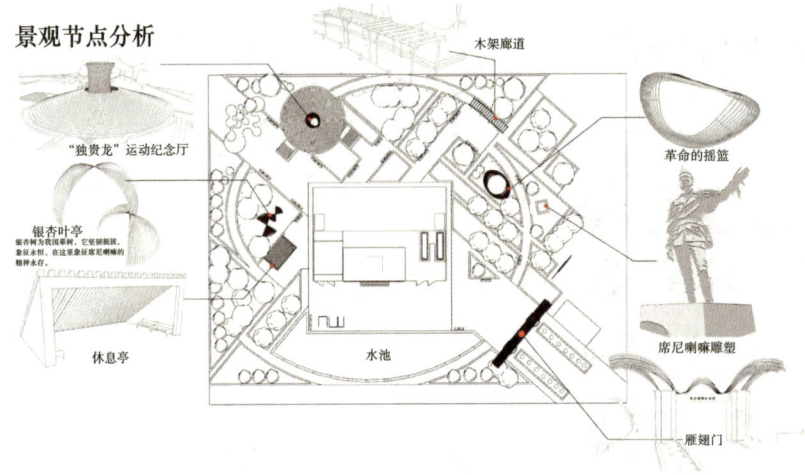

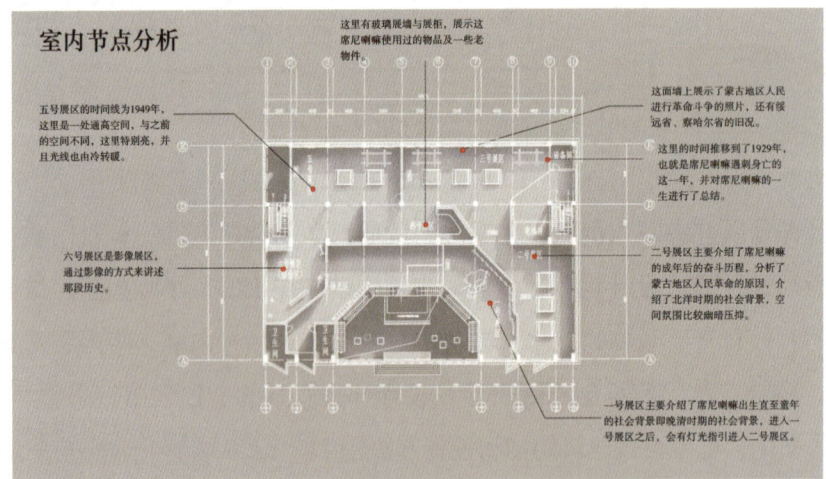

图3 学生设计作品

（作品名称：席尼喇嘛纪念馆建筑及周边景观设计；作者：杜文豪，环境设计2022级本科生）

◆ **教学手段和方法**

自主探究法：学生在教师的引导下，通过自主学习、主动探究和合作学习的方式，主导和参与学习过程，探索新知识、解决问题和构建意义的一种学习方法。

分析归纳法：通过对事物进行分析和归纳来获取新知识和加深理解，对复杂问题或实际情况进行研究和解决的方法。

◆ **对应思政点**

坚持中国共产党的领导：遵循中国共产党提出的中国红色文化传承导向，确保环境设计事业始终沿着正确的方向发展，为人民服务、为社会主义服务。

以人民为中心：环境设计作品要坚持以人民为中心的导向，深入生活、扎根人民，反映人民心声，满足人民精神文化生活新期待。

文化自信：通过环境设计作品传承和弘扬中华优秀传统文化，展现中华文化的独特魅力和时代价值，提升国家文化软实力。

社会责任：引导学生了解环境设计相关工作者的社会责任，鼓励他们积极投身于新时代中国特色社会主义设计事业，为实现中华民族伟大复兴的中国梦贡献力量。

## （三）营建智慧与人居环境——实践专题

◆ **案例分析**

在生态城市理论与规划设计方法专题教学中，阐述人居建设中生态理念的产生和发展、生态城市的内涵和特点，讲解国内外生态建设实践案例，尤其是结合中国新时代生态文明建设国家战略部署，使学生深入理解生态文明理念在当代城乡建设中的引领作用；通过分析比较"田园城市""紧缩城市""可持续城市""生态城市""低碳城市""健康城市""绿色城市""韧性城市""智慧城市"等一系列概念内涵，使学生整体把握城市人居环境发展的基本脉络和历史趋向，了解城市规划前沿理论与设计思想，具备国际视野。

◆ **知识点定位**

设置针对性的研究专题：促使学生在解决问题过程中进行深入思考，将外在知识转化为内在认知，领悟思政价值内涵，培养科学思维。例如，围绕"基于中国国情的红色文化空间建构"思政主题，设置"城市更新与老旧小区改造""城市历史空间保护与再生"等相关研究课题。

关注我国当前热点问题：将国际先进规划理念与方法和中国人居环境建设面临

的现实问题紧密结合，放眼世界、立足国情，探索中国道路、提出中国方案，在完成科学思维与研究方法训练的同时，达成课程的思政目标。

◆ **主要内容**

理论与实践相结合，通过环境设计中建筑实体搭建、"红色建筑"解析、乡村振兴等实践教学，让学生深入乡村，团队协作，传承传统营建智慧，理解建筑空间限定的设计方法；同时传承传统营造技艺，培养严谨的工作态度和精益求精的工作精神。"红色建筑"是一种拥有时代烙印的文化艺术作品，其体现的爱国主义精神直到今天仍是中国特色社会主义建设的宝贵精神财富，在高校建筑学教学中具有特殊意义。通过课外实践教学，不仅可以解决理论课堂枯燥的问题，还可以利用地方艺术资源，提升学生的文化自信与保护传承意识。

◆ **教学手段和方法**

互动式讲座与研讨会：邀请设计界的专家、学者或从业者，请他们分享对讲话精神的理解和实践经验。学生可以现场提问和讨论，增强学习的互动性和实效性。

实践调研：组织学生到设计创作现场（如设计工作室、设计公司、建设场地等）进行实践调研。让学生亲身体验环境设计的实际环境，了解讲话精神在实际工作中的应用和体现。

教师总结：教师对学生的讨论和汇报进行点评和总结，强调环境设计相关工作在社会主义建设中的重要性，以及环境设计相关工作者应承担的社会责任。

◆ **对应思政点**

文化传承与创新：通过学习中国建筑文化的发展脉络，引导学生认识到中华民族悠久的文化传统和不断创新的精神。这种精神是推动社会进步和文化繁荣的重要力量。

历史责任感：理解"红色文化"不仅是对历史的尊重，也是对未来的期许。作为新时代的大学生，应该肩负起传承和弘扬中华文化的历史责任，为创造属于我们这个时代的环境设计贡献力量。

社会主义核心价值观：通过分析不同历史时期的环境设计作品，引导学生理解和践行社会主义核心价值观，如爱国、敬业、诚信、友善等。它们既是中华民族精神的重要组成部分，也是我们这个时代的精神追求。

# 专业核心课程
# 思政案例

# 教育学专业教师教育类课程思政案例

教育学院　　陶格斯[①]

项目名称：教育学专业本科生课程思政育人模式研究

项目号：2023kcszzx23915

## 一、专业名称：教育学

## 二、专业介绍

### （一）专业简介

教育学专业历史悠久、积淀深厚，是自治区重点学科、"国家级一流本科专业建设点"，是学校最具教师教育特色的专业。1952年设教育心理组，1954年设教育教研室，1960年8月建立教育系。1980年5月，经自治区人民政府批准，恢复教育系。1981年招收首届学校教育专业本科生。1985年获批教学论专业硕士学位授权点，1999年获批教育硕士专业学位点，2000年获批教育学原理专业硕士学位授权点，2011年获批硕士学位授权一级学科。中国教育史、教育概论、外国教育史、小学语文课程与教学论、课程论等多门核心课程被评为自治区级和校级精品课程。

### （二）培养目标

教育学专业立足边疆民族地区社会发展对教育人才的需求，服务内蒙古乃至边疆民族地区教育教学改革以及国家"一带一路"教育行动，以习近平新时代中国特色社会主义思想为指导，坚持教学科研、人才培养、文化传承与社会服务相统一，培养学生坚定中华民族共同体意识、厚植教育情怀、践行教育家精神，系统掌握教

---

[①] 陶格斯，教育学院副教授，博士，硕士生导师。主要从事小学教育、民族教育、教师教育等研究工作。讲授教育心理学、小学教学设计等课程。

育学的基础知识、基本理论、技能和方法，成为全面发展的社会主义教育事业的建设者和接班人。学生毕业五年后能成长为在中小学、教育科学研究机构和各级教育行政部门等从事教学、研究和管理等方面工作的复合型人才，或进入国内大学教育学及相关专业领域继续深造。

### （三）毕业要求

积极践行社会主义核心价值观，深刻领悟中国特色社会主义的思想精髓和政治方向，全面贯彻党的教育方针，将立德树人作为教育工作的根本任务，始终坚持教育的社会主义方向。对教育事业充满热爱，对教师职业具有坚定的认同感和强烈的使命感，怀着对乡村教育和偏远民族地区教育的深情厚谊，同时拥有丰富的人文素养和科学精神。系统掌握教育学专业的基础知识、基本理论和基本技能，深入理解教育学的学科体系和学术前沿。了解相关学科的基本知识和技能，具备跨学科的知识结构和学科整合能力，能够进行批判性和创造性思维。深入理解学校的显性课程和隐性课程的育人功能，充分发挥主题教育、少先队活动和社会团体的育人作用，推动学生全面健康发展。

### （四）核心课程情况

教育学原理、普通心理学、中国教育史、外国教育史、教育研究方法、教育心理学、课程论、教学论、德育原理、教育管理学、教育哲学、教育社会学。

### （五）教学团队

目前，教育学专业教学团队拥有专职教师17人，其中具有博士学位的教师12人，包括教授4人、副教授6人；有博士生导师1人、硕士生导师13人，其中1位教师荣获教育部咨询专家称号，1位教师荣获自治区"教坛新秀"荣誉称号，并有2位教师入选内蒙古高校"青年科技英才"支持计划，2位教师入选"草原英才"工程计划。近五年，发表核心论文40余篇；出版著作20余部；在研国家级项目5项；获自治区哲学社会科学优秀成果奖一等奖1项、二等奖2项、三等奖4项，国家民委优秀奖1项。团队始终坚持贯彻习近平总书记关于教育的重要指示精神，深入贯彻党的教育方针，恪守立德树人根本任务，并将全过程育人理念融入教学实践之中。

## 三、以教育心理学课程为例的思政元素梳理

### （一）树立榜样，循循善诱——争做践行教育家精神的好老师

◆ 案例分析

结合班杜拉的观察学习理论与《感动中国》《寻找最美教师》《教育家精神》等视频材料中展现的先进事迹，如长期致力于中学语文教学事业、坚守教文育人理念的于漪老师；心怀大学梦想、忠诚报国的黄大年老师；以及数十年如一日扎根华坪女高的张桂梅老师等。引导师范生深入领会四有好老师的深刻内涵，坚定其教育情怀，强化其教师职业的使命感与责任感，践行和培育教育家精神，进一步弘扬和传承尊师重教的优良传统。

◆ 知识点定位

本案例支撑第五章第三节班杜拉社会学习理论，班杜拉着重强调了榜样和模范在个体行为发展中的重要作用。依据此理论，我们鼓励学生积极观察并学习榜样行为，以此提升他们的观察力和理解力。通过学习《感动中国》《寻找最美教师》《教育家精神》等视频材料中的先进典型事迹，我们旨在促进学生师德的培养和核心价值观的塑造，从而进一步推动其全面发展。

◆ 主要内容

观察学习作为一种间接学习的形式，在人类行为习得中占据重要地位。人们通过细致观察他人的行为及其产生的后果，能够获取榜样行为的象征性表达及实际经验中的教诲，这些观察结果将对观察者的未来行为产生指导作用。观察学习的过程涉及注意、保持、动作复现以及动机四个关键子过程，这些子过程共同影响着学习的效果。因此，在教育实践中，教师可以通过展示期望的行为模式，来有效促进学生的观察学习。

◆ 教学手段和方法

案例分析法：借由《感动中国》《寻找最美教师》《教育家精神》等视频材料中的感人事迹树立教书育人的典范，并通过深入分析与广泛讨论，引导学生深刻领会大先生的育人精神，进而强化他们对社会主义教育事业的价值认同。

小组讨论教学法：教师将不同的学习任务分配给各小组，鼓励学生通过积极地讨论与协商共同完成任务。此举旨在帮助学生深刻理解榜样学习的重要性，并促使

他们在个人的学习及中小学生教育与管理实践中积极发挥榜样的作用。

情境体验教学法：通过采用实物展示、情境再现、角色扮演等多元化的教学方式，提升学生对专业知识的理解和掌握。在此过程中，教师创设"传话筒、讲故事"的教学情境，引导学生分享各自参与实践活动的动机，增强他们的学习体验与效果。

◆ 对应思政点

"学高为师，身正为范"的教育理念：致力于培养师范生成为以身作则、严于律己的楷模。无论在思想作风、生活作风，还是在言行举止、仪表仪态，乃至外表形象与内心世界方面，均须展现教师应有的高尚文明风范和卓越的精神风貌。

批判性思维：引导学生不仅要模仿行为，更要学会对行为后果进行批判性分析，以及在不同情境下适用性评估。

终身学习：着力培养学生的观察学习和模仿能力，使他们能够在漫长的人生旅程中持续学习，不断适应新环境，努力成为具备"四有"标准（即有理想信念、有道德情操、有扎实学识、有仁爱之心）的优秀教师。

## （二）青年强则国家强——为奉献社会和报效祖国而学习

◆ 案例分析

经由"内蒙古师范大学校友慎魁元荣获全国十大最美教师"的杰出事迹展示，缩小学生与楷模人物之间的心理距离，进而引导学生将个人的学习动机与国家的长远发展紧密相连。同时，培养学生的高尚爱国主义精神，使其具备严谨认真的工作态度，并增强他们的社会责任感，以期为社会培养具备高尚品质与责任感的优秀人才。

◆ 知识点定位

通过"内蒙古师范大学校友慎魁元荣获全国十大最美教师"的杰出事迹，旨在激发学生的高尚学习动机，激励他们追求卓越。同时，借助老师与学生间关于"左右手约定"的故事，引导学生深入理解学习动机，帮助他们树立正确的学生观和教学观。在学校举办的师范生教师教学技能大赛和教具制作大赛中，深入讨论学生参与的动机类型，帮助学生深入理解动机理论，进一步激发他们参与系内活动的积极性和热情。

◆ 主要内容

学习动机，作为教育心理学领域中的一项核心议题，旨在深入探究激发、维持及指导学习行为所依托的基础理论、关键影响因素及实施策略。具体而言，学习动机即为驱动并维持学生学习行为，使之朝着既定学业目标迈进的内在动力。这一动力倾向涵盖学习需求和学习期望两个关键成分，且可根据不同标准进行分类。

从心理学的视角出发，学习动机的研究可归纳为多个理论框架，包括强化理论、归因理论、需要层次理论、成就动机理论、自我价值理论及自我效能感理论等。这些理论为我们深入理解学习动机的本质提供了有力的理论支撑，同时也为教育者和学生在实际教育过程中激发与培养学习动机提供了宝贵的指导。

◆ 教学手段和方法

小组讨论法：教师积极倡导学生向那些以知识武装自我，怀揣报效祖国和奉献社会之心的榜样学习。每个人都应坚定树立起爱国主义信念，并将其作为不断求知的强大动力。

直接引导法：首先，我们必须明确，需求是驱动个体行为的内在因素，而诱因则是外界的刺激。这种诱因通过满足或激发内在需求来驱动个体的行为。这一观点与马克思主义基本原理高度契合，即任何事物的发展变化都是内外因相互作用的结果。

◆ 对应思政点

社会责任感教育：采用案例教学的形式，将个体的学习动机与国家的长远发展紧密结合，旨在引导学生深刻认识教育工作者的崇高使命与重要责任。我们强调教育在推动社会进步中的核心作用，鼓励学生将个人追求融入国家发展的宏大叙事之中。

教育情怀：培养师范生的教育情怀，旨在帮助师范生坚定教师职业的从业信念，深化其对教育事业的责任感，确保他们在未来的教育实践中能够秉持高尚的教育理念，为培养优秀人才贡献自己的力量。

## （三）课堂 45 分钟中运用认知负荷理论，巧解教学难点

◆ 案例分析

认知负荷理论（超限效应）作为重要的理论框架，为深入理解学生认知过程、设计高效学习与教学策略提供了有力支撑。在本模块中，通过两个常见的教学现象来具体探讨：第一个现象，针对某些学生在课前已掌握的简单知识，部分教师仍过于冗长地进行分析讲解，导致学生疲惫不堪，而教师似乎仍沉浸其中；第二个现象，

临近放学时，教师仍在热情洋溢地授课，而学生则已迫不及待地收拾书包，表现出强烈的下课意愿。这反映出学生经过一上午的学习，已面临认知负荷过大的问题。

◆ 知识点定位

短时记忆的容量具有明确的局限性。知识本身的复杂性提升会直接增加内在认知负荷。鉴于此，教育教学过程中应当着力减少不必要的认知负荷，如情绪干扰和图表复杂度，以确保学生能够更高效地利用认知资源，专注于深层次的学习。通过实施有意义的编码策略，可以有效拓展记忆容量，而此过程往往受到学生个体经验的显著影响。在教学中，采用学生熟悉的实例，有助于减轻工作记忆的负担，进而促进学生更迅速地构建知识图式。同时，应避免增加外在认知负荷，在教学中警惕分散注意力效应。根据生成认知负荷的原理，我们应当积极向学生传授多样化的学习方法，以支持他们的学习过程。

◆ 主要内容

认知负荷理论是心理学领域中的一项核心理论，它专注于探究个体在执行特定任务时，其认知系统所需承担的心理活动总量。此理论由John Sweller在20世纪80年代末创立，其基础在于"工作记忆"的概念，即一种短期信息存储与处理系统，其容量与持续时间均有限。认知负荷理论的核心在于工作记忆容量的有限性，只有当认知负荷维持在工作记忆可承受范围内时，有效学习方能实现。

认知负荷理论在认知心理学领域占据重要地位，它关注在特定时间段内，个体认知系统所承受的心理活动总量，旨在优化并充分利用复杂任务学习中的认知资源。此外，该理论还区分了不同类型的认知负荷，如内部认知负荷、外部认知负荷与生成认知负荷。内部认知负荷源于学习材料的本质及学习者的专业知识水平，而外部认知负荷则与教学设计密切相关，可通过教学策略进行调控。

◆ 教学手段和方法

现场小实验法：首先，我们为学生呈现一串数字或字母，随后要求学生尝试按照原始顺序进行回忆，并记录其能够准确回忆出的数字数量。这一实验旨在揭示工作记忆容量的局限性，即其大致容量为 $7 \pm 2$ 个组块。我们借此告诫学生，欲速则不达，不应期望一次性掌握过多内容。进而，我们将引导学生重新进入之前创设的问题情境，即在学习目标和计划的设定上，需充分考虑到 $7 \pm 2$ 的特点，以合理安排学习任务。

情境体验教学法：我们采用实物展示、情境再现、角色扮演等教学方法，旨在促进学生更加深入、有效地学习专业知识。在课程的导入环节，我们创设真实情境并提出问题，以此贯穿整个教学过程。通过这种方式，我们期望学生能够深刻理解教师职业的专业性，并意识到作为教师应具备的本体性知识和条件性知识的重要性。

◆ 对应思政点

创新精神和实践能力：通过研究性学习和实践活动，培养学生的创新精神和实践能力。鼓励学生探索新的教育方法、教育理念，提高他们的问题解决能力和批判性思维。

职业精神：经过对道德发展理论的深入学习和探讨，学生深刻领会到，作为未来教育工作者，教师的教育教学实践和研究需要科学的教育理论作指导。

## （四）三人行必有我师——学生并不是空着脑子走进教室的

◆ 案例分析

建构主义的学习观主张学习应当被视作一个积极主动且建构性的过程，其核心在于强调学习者自主构建知识体系的能力。在现代社会背景下的实际情境中，学生不仅仅是知识的被动接受者，更是转变为知识的主动建构者。通过《世界是怎样的存在》视频材料，以及"鱼牛故事""鸭子骑车记"等教学案例，引导学生深入理解建构主义的知识观、学生观以及教学观，从而培养其主动建构知识的能力。

◆ 知识点定位

结合本课对建构主义学习观的深入探讨，我们借助寓言故事与具体案例使学生更为深刻地理解建构主义对新知识观与新教学观的诠释。本案例的设计通过互动与深入讨论的方式，引导学生全面认识到建构主义在现代教育体系中的重要地位，进而激发他们的学习主动性，在知识建构的过程中展现出色的职业道德和创新精神。

◆ 主要内容

新知识观：知识是一种解释和假设。知识并非一成不变的真理，而是对世界的一种解读。在教学过程中，我们借助丰富的教学材料和案例，引导学生认识到知识的动态性和多样性，以培养他们的批判性思维和适应能力。

知识需要在具体情境中进行再创造。师范生要具备高度的灵活性和创新精神，应主动将知识应用于实际情境中，通过再创造推动个性化学习和深入理解。

知识理解坚持个人建构的原则。知识的建构过程是个人经验和背景的结合，每个学生都应从自身的经历出发，形成独特的知识体系，培养学生的自主学习能力和终身学习的态度。

新教学观：在教学实践中，我们鼓励学生通过观看《世界是怎样的存在》等教学材料，从实际案例中感受知识建构的过程，引导学生在实际情境中完成知识内化，以提高他们的实践能力和问题解决能力。

在学生反馈和拓展作业环节，我们鼓励学生通过书写和讨论的方式，思考新时代教师应具备的品质。这包括创新意识、团队合作精神和良好的职业道德等方面。这种学习方式有助于培养学生的专业素养和社会责任感。

◆ 教学手段和方法

课堂引导环节：引入"鱼牛的故事"这则寓言。在课堂开始阶段，我们通过讲述"鱼牛的故事"这一寓言，吸引学生的注意力，进而引出建构主义的学习观念。此举旨在激发学生的思考与讨论，为后续内容的学习奠定基础。

小组讨论与深度思考：学生分组，围绕寓言故事中的深层含义展开讨论，并分享各自的见解。这一环节旨在帮助学生深入理解建构主义所强调的知识多样性和理解的个人性，从而培养学生的批判性思维和创新能力。

案例分析教学：组织观看《世界是怎样的存在》，学生可以更直观地感受到知识的动态性和再创造性，从而将建构主义的原理应用到具体情境中。

学生反馈与作业拓展：在观看纪录片后，我们要求学生撰写观后感，并引导他们从建构主义的视角出发，思考新时代教师应具备的品质。这一环节旨在促进学生知识与教学观的内化理解，同时也有助于培养他们的反思能力和自我提升意识。

◆ 对应思政点

实事求是的精神：着重强调知识的动态性，以及其在具体情境中再创造的重要性，引导学生树立科学的知识观，使他们对知识的理解与应用更为准确与全面。

与时俱进、开拓创新：我们鼓励学生在情境中主动建构知识，培养他们的创新意识和解决问题的能力，推动学生与时俱进地学习和发展，以适应不断变化的社会需求。

可持续发展观：强调知识和教育的发展应紧密结合学生的实际需求以及社会发展的趋势。通过此种方式，培养学生的可持续发展观念，使他们在未来能够为社会和个人的可持续发展作出积极贡献。

## （五）坚持以德为先，铸魂育人——以儿童道德发展理论为指导

◆ 案例分析

"科尔伯格道德认知发展理论"是心理学领域的重要理论之一，为我们提供了一套系统而全面的框架，用以解析人类道德发展的内在机制。深入研习此理论，有助于我们更为精准地把握品德形成的规律与培育方法，特别是在复杂多变的现实情境中，如何作出恰当的道德判断。以著名的"海因兹偷药"道德困境为例，我们深入探讨人在不同道德发展阶段所依据的判断标准及其背后的逻辑支撑。

◆ 知识点定位

在深入探讨本课第十三章品德形成的基础上，对"科尔伯格道德认知发展理论"的深入学习，将极大地增强我们对品德发展过程复杂性和重要性的认知。本案例旨在通过系统研讨"科尔伯格道德认知发展理论"，引导学生全面认识到道德教育在个人全面发展中的核心地位，并明确如何塑造敬业的职业精神与坚定的职业理想与信念，以促进学生的全面成长和发展。

◆ 主要内容

前习俗水平

在此阶段的儿童，虽已初步形成关于是非善恶的社会准则和道德要求，但其判断依据主要侧重于行为的结果以及与其个人利益的关联。具体表现为以下两个阶段：

阶段一：惩罚与服从的取向阶段。在此阶段，儿童对于是非的判断主要基于行为是否会导致惩罚，以及自身是否服从既定的规则。

阶段二：相对功利取向阶段。在这一阶段，儿童对行为的道德价值评估，更多地依赖于外界的奖惩机制。他们通过理解诸如"海因兹是否因偷药而应受到惩罚"的情境，来体会行为的道德评价与外部奖惩结果之间的关联。

习俗水平

在此水平阶段，儿童的行为主要受到对他人认可的追求以及维护社会秩序的驱动。具体分为两个阶段：

阶段三：寻求认可取向阶段，或称好孩子取向阶段。在这一阶段，儿童倾向于遵守规则以获得他人的正面评价和认同。

阶段四：遵守法规取向阶段，或称好公民取向阶段。在这一阶段，个体主要依据社会规范和他人的期望进行道德判断，以此为导向，个体倾向于遵守既定的法律

法规，以符合社会对公民的角色期望。

在此阶段中，学生被引导讨论海因兹是否应为了家庭的期望违反社会规范而选择偷药，从而深入理解道德判断如何受到社会规范和角色期望的影响。

后习俗水平

在此阶段的个体，致力于对道德价值和道德原则进行独立的阐释，并践行其自行选择的道德准则。他们能够依据普遍适用的公正原则来评判是非，涵盖以下两阶段：

阶段五：社会契约的取向阶段。

阶段六：普遍的伦理取向阶段。在普遍的伦理取向阶段，道德判断不再仅仅局限于法律条文，而是基于抽象的伦理原则与个体的道德信仰。在此阶段，学生有能力深入探讨如"海因兹是否应超越法律限制，遵循更高层次的道德原则，如生命的价值和个人的伦理信仰"等议题。

◆ 教学手段和方法

课堂研讨：教师通过提问和积极引导的方式，激发学生就"海因兹偷药"的道德困境进行深入探讨。学生从多元化的道德视角和不同阶段的发展水平出发，展开细致分析和逻辑辩论，以期深化对科尔伯格道德发展理论的理解与应用。

案例分析教学：在教学过程中，我们引入"海因兹偷药"这一经典案例，详细阐述"科尔伯格道德认知发展理论"的三水平六阶段。通过对实际案例的剖析，使学生能够准确把握道德判断在不同成长阶段的具体表现，进而提升其对道德理论的掌握和应用能力。

教师点评与总结：在课程尾声，教师对课堂研讨和案例分析环节进行细致点评和全面总结。在点评中，教师强调道德发展的复杂性和多维度特性，并着重指出敬业精神和坚定职业理想在职业生涯中的重要性。此外，教师还引导学生将所学理论知识与现实生活相结合，为未来德育工作的有效开展奠定坚实基础。

◆ 对应思政点

职业精神：经过对道德发展理论的深入学习和探讨，学生深刻领会到，作为未来教育工作者，不仅需要掌握扎实的专业知识，更应具备高尚的道德情操，以展现敬业的职业精神。

职业理想与信念：引导学生在道德教育实践中坚定职业理想与信念，让他们充分认识到自身在塑造下一代的品德和价值观中的重大责任与使命。

社会责任感：鼓励学生积极投身于教育事业，通过道德教育和品德培养，为社会输送具备良好品德和社会责任感的人才，共同为实现中华民族伟大复兴的中国梦贡献力量。

社会主义核心价值观：结合儿童道德认知理论，引导学生树立正确的价值观，积极践行社会主义核心价值观，以培养具有高尚品德和坚定信仰的新一代。

### （六）亲其师，信其道——罗森塔尔效应的奇迹

#### ◆案例分析

通过罗森塔尔实验及《教师》生命与使命同行——于漪视频材料的深入分析，我们得以深刻理解教师在社会和个体发展中的核心作用。这些材料旨在引导学生全面认识教师的角色定位、教师期待的积极影响以及教师专业成长与发展的不同阶段。在视频中，86岁高龄的于漪老师向年轻的"准教师们"强调了教师职业的本质：教师工作的核心价值不在于获得外在的奖励与肯定，而在于对每一个生命负责，担当起立德树人的重大使命。于漪老师分享了她多年的教学经验，她指出，为了确保教学的严谨性和准确性，她坚持在每堂课之前用规范的书面用语，精心准备并背诵每一句话，以确保教学质量。她以"我把每一节课都当成一件艺术品"的态度，展现了教师对于教育事业的深厚情感和高度责任感。

#### ◆知识点定位

在讲授"教师心理"这一章节时，务必确保学生深刻理解教师这一社会角色的核心职责、必备素养与品质、教学技巧以及与学生互动的方法等理论层面知识。同时，更为重要的是，需从更深层次引导学生领会作为教师应具备的为人师表的精神、对学生的深切关爱、对职业的热爱，以及与时俱进的教育理念。培养学生形成为国家和社会培养优秀建设者和接班人的崇高责任感与使命感。

#### ◆主要内容

教育心理学专注于对学习和教学过程及其影响因素的深入研究。教师心理品质和专业素质对于教学效果和学生的学习过程具有直接影响。因此，教师心理作为教育心理学的一个重要构成部分，其核心研究内容包括：明确教师在教学中的角色定位，探讨教师的专业品质与素养，分析教师与学生之间的相互作用与影响，研究教

师的成长路径与培养机制，以及关注教师面临的压力与职业倦怠问题。

◆ **教学手段和方法**

小组讨论法：通过学生间的深入讨论与教师的专业引导，系统地探讨教师心理的核心知识，进而帮助学生构建关于教师职业的全面且正确的认知体系。

案例分析法：结合线上线下的教学模式，鼓励学生将所学的理论知识应用于案例剖析中，通过实践锻炼，有效提升学生的批判性思考能力和深度分析能力。

◆ **对应思政点**

教育情怀：依据教师心理的基本知识与理论，我们致力于引导学生深入体验对教育的深切热爱、对学生的细致关怀、对知识传承的崇高尊重以及对教育改革与创新的坚定执着。

人文素养：通过本章育人目标的落实，我们旨在引导学生深刻理解和切实感受不同学生的情感需求，展现出对学生的关怀与支持，同时培养他们有效沟通思想与情感的能力。

社会责任：我们积极鼓励学生投身教育事业，通过道德教育与品德塑造，为社会培养具备高尚品德和强烈社会责任感的人才，共同为实现中华民族伟大复兴的中国梦贡献力量。

# 民族学专业核心课程思政案例

**民族学人类学学院　李玉峰**[①]

项目名称：民族学专业"西域文明史"课程中思政元素应用实践研究

项目号：2023kcszzx23855

## 一、专业名称：民族学

## 二、专业介绍

### （一）专业简介

民族学是内蒙古师范大学涵盖面较广的优势学科。2006年获准一级学科硕士点，2018年获准一级学科博士点，下设民族学、中国少数民族史、马克思主义民族理论与政策、中国少数民族经济、中国少数民族艺术五个二级学科。现有自治区高校人文社会科学民族学重点研究基地、自治区哲学社会科学民俗文化研究基地两个自治区级研究基地；内蒙古师范大学民族学人类学高等研究院、内蒙古师范大学佛学文化研究院、内蒙古师范大学非物质文化遗产研究院、东北亚历史文化研究院四个科研平台；民俗学、中国少数民族经济、中国少数民族艺术等三个自治区级重点学科；内蒙古民俗系列课程团队为国家级教学团队，民族学学科团队为自治区创新团队。以上科研平台为民族学学科发展奠定了坚实的学术基础和学术条件。

2019年3月，民族学人类学学院正式挂牌成立，3月底获批民族学本科专业招生资格。现有教职工59名，专任教师51名。专任教师中拥有博士学位者41名，硕士10名。教授14名，副教授13名，讲师24名。目前已形成了"本、硕、博"一

---

① 李玉峰，民族学人类学学院讲师，硕士生导师。主要从事民族历史与文化教学研究。讲授西域文明史、北方民族史、中国民族史理论与方法论、人类学概论等课程。

体化的民族学人才培养体系，以及年龄结构合理、学历层次较高、研究方向稳定的教学科研团队。

### （二）培养目标

1. 基本素养

本专业培养学生树立科学的世界观和人生观，掌握民族学专业的理论知识和研究方法，具备独立开展田野调查、分析第一手田野资料、撰写调查报告的实践和科研能力，并能够从学科专业视角分析和解决民族问题。

2. 服务面向

本专业坚持社会主义办学方向，全面贯彻党的教育方针，坚持育人为本、德育为先、立德树人，培养具有社会责任感、人文精神、科学理念和德、智、体、美、劳全面发展的民族学创新型人才，面向国内外涉及民族学人类学专业领域管理和科研工作，以及民族管理事务、文化保护传承等部门和基层培养专业人才。

3. 服务领域

本专业以培育学生系统的专业知识和较强的实践能力为重点，培养能够从事民族宗教事务管理、民族地区公共事务、跨文化（跨文明）的交流及其管理、文化传承保护、民族文化创意产业开发等领域的应用型和创新型复合人才。

4. 职业特征

本专业以民族学和人类学的基本知识模块为基础，以系统训练学生具备田野调查和个案工作实践能力为目标，以民族及其社会文化为研究对象，以中国北方和蒙古国、俄罗斯等北亚、东北亚民族及其社会文化的调查研究为区位特色，同时具备国内外民族学理论及针对民族问题提出解决对策的职业素养。

5. 人才定位

秉承"立德树人、开放创新"教学理念，坚持"服务国家和社会发展，服务人类和谐进步福祉"，培养具备民族学专业知识素养，突出区位和专业特色，并能够承担学科专业或研究领域实际工作的懂专业、宽口径、高层次创新型人才。

6. 发展预期

本专业致力于培养具有扎实理论基础和实践能力的民族学专业人才。毕业生在毕业后5年内的发展预期主要包括：一是继续深造，考取本校或省内外知名高校的民族学及相关专业研究生；二是进入党政机关、教学科研机构、民族宗教事务管理部门等从事专业工作；三是在企事业单位担任与民族事务相关的专业性岗位；四是运用民族学专业知识开展自主创业，投身文化创意产业及专业服务领域。通过上述发展路径，毕业生将充分发挥专业优势，为促进我国民族地区的社会和谐与可持续发展作出积极贡献。

### （三）毕业要求

进一步学习和掌握马克思列宁主义、毛泽东思想、邓小平理论、"三个代表"重要思想、科学发展观和习近平新时代中国特色社会主义思想的基本原理，热爱祖国，遵纪守法，通过相关理论的系统学习和研究，具备文艺理论、美学理论、民族审美文化等方面的专业知识，在文艺学具体领域有深入的研究，具有较高的哲学水平、较强的理论分析能力、独立研究和工作能力、有较强的适应性和较广适应面，能够从事较高水平的教学、研究和较高层次管理及其他实际工作，具有严谨、求实、创新的科学作风和良好的学术道德，诚信公正，具有社会责任感，能够坚持以"求实、创新"的科学精神从事研究工作，积极为社会主义精神文明建设事业服务。

### （四）核心课程情况

本专业核心课程包括：民族学概论、人类学概论、世界民族概论、田野工作与民族志写作等课程。

### （五）教学团队

团队始终坚持贯彻习近平总书记关于教育的重要论述，全面贯彻党的教育方针，涌现了一批诸如敖其、谢咏梅等教学名师，多次承担国家级、自治区级一流课程建设等项目，积极服务国家战略；教学团队教师以思政教研促进教育改革，发表论文多篇；团队所在党支部获得"全国先进基层党组织""草原英才"称号；团队成员获自治区优秀共产党员、三八红旗手等荣誉称号。

## 三、以"西域文明史"课程为例的思政元素梳理

"西域文明史"课程是民族学专业的通识选修课，肩负普及基础知识，提升综合素养的使命。因此，构建打通学科壁垒的大思政体系，结合本校、本专业实际状况，

制定合乎专业定位的培养目标，以政治认同、家国情怀、文化素养、宪法法治意识、道德修养为一级思政目标，以中国特色社会主义和中国梦教育、社会主义核心价值观教育、法治教育、劳动教育、心理健康教育、中华优秀传统文化教育、铸牢中华民族共同体意识等为二级思政目标，以具体知识点为三级目标，设计循序渐进、符合民族学学科要求和知识构架的案例库。

## （一）全方面构建"五个认同"

◆ **案例分析**

习近平总书记提出的"五个认同"，即"对伟大祖国、中华民族、中华文化、中国共产党、中国特色社会主义的认同"，立足于我国作为统一多民族国家和最大发展中国家的现实，追求国家统一、民族团结、社会稳定的宏伟目标，也为国史研究指明了正确方向。深化国史研究，应更好地从理论和实践的结合上，切实引导和增进全体国民的"五个认同"。

◆ **知识点定位**

史前时期的西域、秦汉时期的西域、隋唐时期的西域等章节中具体的历史文化知识。

◆ **主要内容**

习近平总书记指出："文化自信，是更基础、更广泛、更深厚的自信。"历史和文化的关系密不可分，文化在历史中孕育，历史以文化来承载。西域文明史的研究要更好地发挥现实影响力，就不能忽视以文化人的作用。应充分运用文献古籍、考古发掘等途径所积累的丰富素材，从中提炼出中国特色社会主义文化的构成要素并加以系统表达。还应注重研究中华优秀传统文化、革命文化、社会主义先进文化之间的逻辑关联与发展传承，从史学意义上建构和丰富"中华文化"的时代内涵，不断升华民族学研究的文化育人功能，有效增强全体国民的文化自信，为提升国家文化软实力、推动社会主义文化强国建设作出更大贡献。

图1　新疆和田精绝古城出土汉代织锦"五星出东方利中国"

图2　新疆吐鲁番吐峪沟石窟脚下的麻扎

◆教学手段和方法

实践教学法：带领学生去内蒙古博物院、呼和浩特博物馆、昭君博物院等地参观考察，让学生身临其境地感受历史的魅力，增强理论学习后的切身体验。

◆对应思政点

坚持人民立场：习近平总书记说，人民是历史的创造者，人民是真正的英雄。波澜壮阔的中华民族发展史是中国人民书写的！博大精深的中华文明是中国人民创造的！历久弥新的中华民族精神是中国人民培育的！中华民族迎来了从站起来、富起来到强起来的伟大飞跃，这是中国人民奋斗出来的！

中国人民的特质、禀赋不仅铸就了绵延几千年发展至今的中华文明，而且深刻影响着当代中国发展进步，深刻影响着当代中国人的精神世界。中国人民在长期奋斗中培育、继承、发展起来的伟大民族精神，为中国发展和人类文明进步提供了强大精神动力。

## （二）以课程知识体系中的"中国情怀"来增强文化自信

◆案例分析

道路自信在其文化属性上得益于优秀传统文化守正创新的活水之源和开拓进取的深扎之根。中华优秀传统文化"讲仁爱、重民本、守诚信、崇正义、尚和合、求大同"等基本精神是蕴藏在课程知识体系中的思想精髓，亦是促使学生增强文化自信的重要课程资源。在课程教学中，学生可以从古代历史的发展中，体会思想家对这些思想精髓的时代阐释与践行，从而更深层次地理解民族精神的独立性，更好地理解中华优秀传统文化为文化自信所提供的文化历史渊源及推动力，理解社会主义核心价值观的丰厚历史底蕴。

◆ **知识点定位**

史前时期的西域、秦汉时期的西域、隋唐时期的西域等章节中具体的历史文化知识。

◆ **主要内容**

自从汉代张骞出使西域伊始,历经两千多年的岁月,最终形成了今天的政治版图。这一过程是历史的选择,经得起时间和历史的考验。将古籍阅读与研讨贯穿课程全过程,以课前发布古籍阅读篇章目录、课堂讲解互动及课后练习等方式进行。

另外,唐朝在西域兴办各类学校。首先,唐朝在西域重要的城市建立了官学,如敦煌、龟兹等地。这些官学由中央政府直接管理,提供系统的汉文化教育。官学的建立不仅推动了汉文化在西域的传播,也促进了西域与中原地区的文化交流和融合。其次,唐朝在西域鼓励和支持民间兴办义塾(民间教学机构),其以教授汉文化为主,同时也传授西域地区的传统文化和技艺。义塾的兴起为西域地区的民众提供了更多的受教育机会,让更多的人能够接触到汉文化,增强了他们对中原文化的认同感和归属感。在唐代,《论语》已成为西域地区官学、私塾学生的必修课。

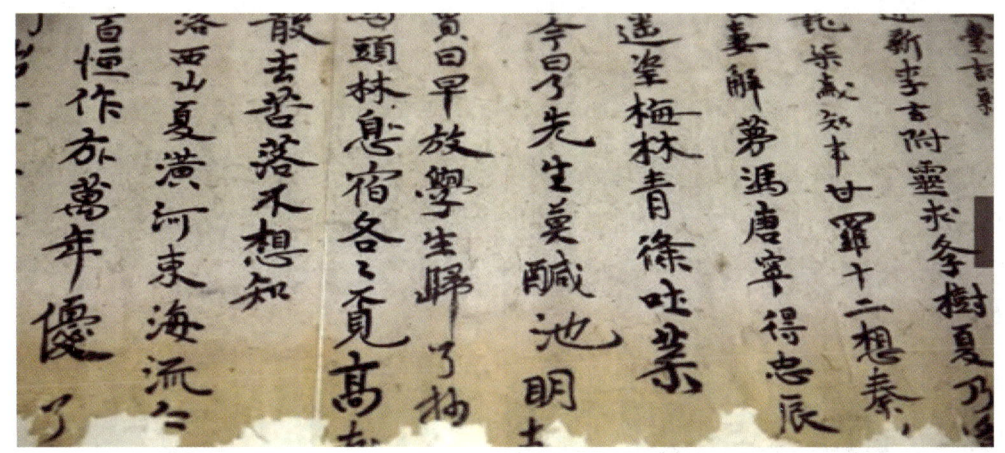

图3 新疆吐鲁番出土的唐景龙四年(710年),西州一名12岁的学生卜天寿手抄的《论语郑氏注》

◆ **教学手段和方法**

文献阅读法:选择重点的人物、事件、文献进行细致入微的阅读学习,让学生通过对原始文献的鉴赏,发掘出历史真实的信息,并解读其时代价值。

◆ **对应思政点**

文化自信:通过古籍文献作品的学习,传承和弘扬中华优秀传统文化,展现中华文化的独特魅力和时代价值，提升国家文化软实力；同时还可以重点介绍一些历史文化遗产，通过这样的讲授，有利于突出中华文明历史文化价值，有利于体现中华民族精神追求，有利于向世人展示全面真实的古代中国和现代中国。

### （三）以具体人物为例厚植家国情怀

◆ **案例分析**

在"西域文明史"课程讲授中，介绍不同时期一些重要的历史人物，学习他们的品格，继承他们的历史遗产。例如，在讲述汉代的西域时，介绍出使西域的张骞，学习其不忘初心、牢记使命，历经艰难险阻，终于"凿空西域"的历史壮举；在讲述唐代的西域时，介绍历经千辛万苦，"宁可向西一步死，绝不向东半步生"，被鲁迅先生誉为"一代文化托命人"的玄奘法师。通过对这些历史人物的介绍，让青年学子明白培养坚韧不拔意志的重要性，只有将自己的梦想融入为祖国、为人民、为社会服务的时代大潮中才更有意义。

◆ **知识点定位**

西汉时期的张骞、东汉时期的班超、东晋时期的法显、唐代的玄奘。

◆ **主要内容**

西汉时期张骞的丰功伟绩，被司马迁誉为"凿空西域"；东汉时期班超开展灵活的外交活动，历经艰难险阻，经营西域，使西域重新纳入中原王朝的统辖范围；唐代的玄奘法师为了求取真经，历经艰难险阻，用十多年时间，遍游天竺著名书院，携带大量佛学经典返回中土，为丰富我国的佛教文化作出了突出贡献。

图4　甘肃敦煌阳关博物馆，汉代张骞出使西域塑像　　图5　西安大雁塔，唐代玄奘法师塑像

◆ **教学手段和方法**

教师通过讲述和PPT展示，系统梳理重要历史人物的主要事迹，并结合具体的文献，使学生能够切身体会历史人物特定时空环境下的心境。

恰当选择学生喜闻乐见的影视剧作品，让学生加深直观感受。

◆ **对应思政点**

历史责任感：对西域文明史的学习，不仅是对历史的尊重，也是对未来的期许。作为新时代的大学生，应该肩负起传承和发扬中华文化的历史责任。

家国情怀：家国情怀，源自对家人和家的爱。自古便有舍小家而为大家、忠孝难全舍身报国者。因此，培养家国情怀，首先要在家庭中积极培育和践行社会主义核心价值观，展现新时代家庭奋进新征程的良好精神风貌，传承中华民族家庭美德，在家庭中弘扬文明新风。每一个人都应为处在这样一个伟大时代感到骄傲和自豪，每一个人也都应自觉厚植家国情怀，不负青春，不负韶华，不负这个伟大的时代。

## （四）在西域丰富灿烂的文化中贯穿劳动教育

◆ **案例分析**

党中央在新时代提出了构建"德智体美劳"全面发展的教育体系，明确提出"五育"并举的教育方针，劳动教育成为国民教育的重要一环。劳动教育是新时代党对教育的新要求，是高等教育必须开展的教育活动。中共中央、国务院印发的《关于全面加强新时代大中小学劳动教育的意见》中指出："普通高等学校要明确劳动教育主要依托课程，其中本科阶段不少于32学时。除劳动教育必修课程外，其他课程结合学科、专业特点，有机融入劳动教育内容。"根据"西域文明史"课程特点，对学生进行马克思主义劳动价值观教育，进行劳动创造人类、劳动创造历史、劳动人民最伟大的劳动观教育。

◆ **知识点定位**

"西域文明史"各个时间段的文化艺术，如石窟艺术、音乐、歌舞、美食等等，都是劳动人民智慧与汗水的结晶。

◆ **主要内容**

西域拥有克孜尔石窟、吐峪沟石窟、柏孜克里克石窟、胜金口石窟、七康湖石窟等众多石窟群，这些洞窟及窟内造像、壁画共同构成了古代佛教艺术的奇葩。这些都是默默无闻的古代工匠为今天留下的丰富灿烂的艺术。

"丝绸之路"不仅是古代中国对外贸易的商旅之路,更是东西方文化交流、传播之路。在西域,古代的乐舞艺术摇曳生姿,并在不同的城邦形成不同的地方风格,出现了于阗乐、龟兹乐、疏勒乐、高昌乐、伊州乐等。隋唐时期,西域乐苑呈现出百花齐放、百家争鸣的态势。西域乐舞在竞相争胜的发展过程中,对中原的乐舞产生了巨大影响。源自隋朝的宫廷七部乐中,就有龟兹、安国、康国三部西域乐。宫廷九部乐是唐初最高规格的官方乐舞团队,后又发展为十部乐。唐代十部乐中,西域乐就有五部(疏勒乐、龟兹乐、高昌乐、安国乐、康国乐)。

图6　宁夏博物馆藏唐代石刻胡旋舞墓门　　图7　克孜尔石窟第188窟主室正壁壁画

◆教学手段和方法

教师通过讲述和PPT展示,系统梳理历史上一些重要的发明创造与时代背景的关系。

恰当选择学生喜闻乐见的影视剧作品,让学生加深对多民族群众共同创造的伟大灿烂的中华文化的直观感受。

◆对应思政点

社会主义核心价值观教育:社会主义核心价值观是涵盖国家、社会、个人层面的价值取向和行动准则,内涵丰富、用词精练。

工匠精神:工匠以工艺专长造物,在专业的不断精进与突破中演绎着"能人所不能"的精湛技艺,凭借的是精益求精的追求。我国自古就有尊崇和弘扬工匠精神的优良传统。新中国成立以来,中国共产党在带领人民进行社会主义现代化建设的进程中，始终坚持弘扬工匠精神，神州大地涌现出一大批追求极致、精益求精的工匠。

总之，民族学专业的课程思政建设并非一朝一夕之事，一定要树立"功成不必在我，功成必定有我"的博大胸襟，全方位育人，全过程育人。当然，课程思政建设更要紧紧抓住教师队伍的"主力军"，打造课程建设的"主战场"，畅通课堂教学的"主渠道"，让所有教师、所有课程都承担好育人责任，守好一段渠，种好责任田，使民族学的专业课程与思政课程同向同行，将显性教育和隐性教育相统一，形成协同效应，构建全员、全过程、全方位育人的大格局。

# 汉语言文学专业核心课程思政案例

文学院　陈　贝[①]　吴玉英[②]　赵子贤[③]

项目名称："五育融合·思政赋能"文艺人才培养模式改革与实践

项目号：2023kcszzx23785

## 一、专业名称：汉语言文学

## 二、专业介绍

### （一）专业简介

汉语言文学专业自1952年建校起设立，是中华人民共和国成立后党和国家在边疆民族地区最早设立的本科专业之一，是内蒙古师范大学最早设立的两个本科专业之一。设立文艺理论、写作、教学论等9个教研室，承担1门公共必修课、3门通识课和14门专业必修课、29门选修课的教学任务。获批教育部特色专业建设点、国家一流本科专业、教育部首批新文科研究与改革实践项目、内蒙古首批品牌专业、内蒙古重点建设专业。致力于适应地区发展需要的汉语言文学（师范类）专业人才培养的模式。

### （二）培养目标

汉语言文学专业培养文艺理论的高层次人才，要求具备广博的文学知识和优良

---

[①] 陈贝，文学院副教授，硕士生导师。主要从事文学教育、美育、大中小学思政一体化教学与研究工作。讲授美学、文学理论、文艺美学、秘书理论等课程。

[②] 吴玉英，文学院副教授，文学博士，文艺学硕士生导师。主要研究方向为文艺美学。讲授文学概论、马列文论、美学等课程。

[③] 赵子贤，文学院讲师，文学博士。主要从事中国古代文论、文学基础理论的教学与研究工作。讲授文学概论、中国文学批评史等课程。

的理论研究能力。首先要培养学生对于文学艺术的宽广视野，具备扎实的知识基础，努力提高人文素养，提高心智的活力。在此基础上开展专业化的理论研究，构建中国特色的汉语理论体系。立足于汉语言文学专业能力的全方位培养，紧密结合地区社会文化发展需要，培养具有"四个自信"意识，具备汉语言文学基本理论、基础知识和基本技能的教育工作者。

### （三）毕业要求

学习和掌握马克思列宁主义、毛泽东思想、邓小平理论、"三个代表"重要思想、科学发展观和习近平新时代中国特色社会主义思想的基本原理，热爱祖国，遵纪守法，通过相关理论的系统学习和研究，使学生具备文艺理论、美学理论、民族审美文化等方面的专业知识，在文艺学具体领域有深入的研究，具有较高的哲学水平、较强的理论分析能力、独立研究和工作能力、有较强的适应性和较广适应面，能够从事较高水平的教学、研究和较高层次管理及其他实际工作，具有严谨、求实、创新的科学作风和良好的学术道德，诚信公正，具有社会责任感，能够坚持以"求实、创新"的科学精神从事研究工作，积极为社会主义精神文明建设事业服务。

### （四）核心课程情况

本专业核心课程包括：写作学、文学概论、西方文论、中国古代文论、文学批评等课程。

### （五）教学团队

团队始终坚持贯彻习近平总书记关于教育的重要论述，全面贯彻党的教育方针，由陆有富带领，入选"国学经典普及传播研究创新人才团队"，积极服务国家战略。张钧以思政教研促进教育改革，发表《跟着课本学党史——统编版中小学语文教科书中的党史内容分析》等多篇论文，团队所在党支部获评"全国先进基层党组织""第二批全国高校双带头人教师党支部书记工作室"；团队成员获自治区"五一"劳动奖章、全国"五一"劳动奖章等荣誉。

## 三、以文学理论课程为例的思政元素梳理

构建打通学科壁垒的大思政体系，结合本校实际，制订合乎学校定位的培养目

标，以政治认同、家国情怀、文化素养、宪法法治意识、道德修养为一级思政目标，以中国特色社会主义和中国梦教育、社会主义核心价值观教育、法治教育、劳动教育、心理健康教育、中华优秀传统文化教育、铸牢中华民族共同体意识等方面为二级思政目标，以具体知识点为三级目标，设计循序渐进、符合《文学理论》学科要求和知识构架的案例库。

## （一）深入时代现场，切实体会习近平新时代中国特色社会主义文艺思想内涵

◆ 案例分析

习近平新时代中国特色社会主义文艺思想强调文艺工作要服务人民、服务社会、服务国家发展大局。这意味着文艺工作不仅要追求艺术价值，还要关注社会价值和国家利益。在实践中，许多文艺团体和个人积极参与社会服务活动，用文艺的形式宣传社会主义核心价值观、推动社会文明进步，为国家发展贡献了自己的力量。

◆ 知识点定位

本课程绪论部分中，涉及习近平新时代中国特色社会主义文艺思想是中华文化和中国精神的时代精华，是马克思主义基本原理与中国具体实际、中华优秀传统文化相结合的产物。习近平总书记重要讲话中引用中国古代名言警句，汇聚呈现习近平新时代中国特色社会主义思想。其中包括文艺工作要为人民服务、为社会主义服务，推动文艺事业的繁荣发展等。

◆ 主要内容

习近平总书记重要讲话中引用白居易"文章合为时而著，歌诗合为事而作"，强调发时代之先声，在时代发展中有所作为，指明了文学的作用；习近平总书记重要讲话中引用刘勰"文变染乎世情，兴废系乎时序"，强调文艺是时代前进的号角，最能代表一个时代的风貌，最能引领一个时代的风气……这体现了习近平新时代中国特色社会主义文艺思想的核心内容。习近平新时代中国特色社会主义文艺思想体系注重引导文艺工作者创作更多反映时代精神、人民心声、中华文化的优秀作品，促进文艺的多样化、现代化和国际化发展。在实践中，这一思想指导着中国的文艺创作、文艺评论、文艺传播等各个环节，推动着中国文艺事业不断向前发展。

◆ 教学手段和方法

讨论展示法：教师将学生按照超星课堂随机分组，根据事先选择的教学专题"文艺为谁服务""文艺源于生活"等，结合辅助参考资料分组讲解所选专题，按照

论文的形式研究，结合社会文艺现象加以理解，并回答其他同学的提问。这种教学方法能充分调动学生的参与性和创造性思维，培养学生的表达能力和自信心。

情境模拟法：带领学生去文学馆、雕塑馆，在相关文艺的情境创设下，让学生身临其境地感受文化理论的魅力，增强学习体验。

◆ 对应思政点

坚持党的领导：党的领导是社会主义文艺发展的根本保证。通过加强党对文艺工作的领导，确保文艺事业始终沿着正确的方向发展。

以人民为中心：文艺工作要坚持以人民为中心的创作导向，深入生活、扎根人民，创作出更多人民群众喜爱的优秀作品。

传承与弘扬中华文化：习近平新时代中国特色社会主义文艺思想强调传承和弘扬中华优秀传统文化，通过文艺作品展现中华文化的魅力和价值。

### （二）赓续中华文脉，如何面对文化传承等一系列重大理论和现实问题

◆ 案例分析

《习近平总书记在文艺工作座谈会上的重要讲话》涉及文艺工作的方向、任务、创作方法和评价标准等，是习近平新时代中国特色社会主义文艺思想的重要组成部分。通过学习该讲话，我们可以更好地理解文艺与人民、文艺与时代、文艺与中华文化的紧密联系。

◆ 知识点定位

本案例涉及第三章文学的价值与功能、第四章文学创作等知识点的学习，通过深入学习《习近平总书记在文艺工作座谈会上的重要讲话》，可以更加深刻地理解新时代中国特色社会主义文艺工作的方向、任务和价值。本案例旨在通过研讨重要讲话精神，引导学生认识到文艺工作在社会主义建设中的重要地位，以及文艺工作者应承担的社会责任。

◆ 主要内容

文艺与人民：习近平总书记强调，社会主义文艺，从本质上讲，就是人民的文艺。文艺要反映人民心声，就要坚持为人民服务、为社会主义服务这个根本方向。通过人民的文艺作品，引领社会风尚，提升人民群众的精神文化生活。

文艺与时代：讲话中提到，任何一个时代的文艺，只有同国家和民族紧紧维系、休戚与共，才能发出振聋发聩的声音。新时代呼唤杰出的文学家、艺术家，要求他

们创作出更多反映时代精神、引领时代风气的优秀作品。

文艺与中华文化：习近平总书记指出，要结合新的时代条件传承和弘扬中华优秀传统文化，传承和弘扬中华美学精神。通过文艺作品，展现中华文化的独特魅力和时代价值，增强文化自信。

◆ 教学手段和方法

互动式讲座与研讨会：邀请文艺界的专家、学者或从业者，请他们分享对讲话精神的理解和实践经验。学生可以现场提问和讨论，增强学习的互动性和实效性。

实践调研：组织学生到文艺创作现场（如艺术工作室、剧团、出版社等）进行实践调研。让学生亲身体验文艺创作的实际环境，了解讲话精神在实际工作中的应用和体现。

教师总结：教师对学生的讨论和汇报进行点评和总结，强调文艺工作在社会主义建设中的重要性，以及文艺工作者应承担的社会责任。

◆ 对应思政点

党的领导：坚持党对文艺工作的领导，确保文艺事业始终沿着正确的方向发展，为人民服务、为社会主义服务。

以人民为中心：文艺创作要坚持以人民为中心的导向，深入生活、扎根人民，反映人民心声，满足人民精神文化生活新期待。

文化自信：通过文艺作品传承和弘扬中华优秀传统文化，展现中华文化的独特魅力和时代价值，提升国家文化软实力。

社会责任：引导学生认识到文艺工作者的社会责任，鼓励他们积极投身于新时代中国特色社会主义文艺事业，为实现中华民族伟大复兴的中国梦贡献力量。

## （三）"一代有一代之文学"——探寻中国古代文体发展脚印

◆ 案例分析

通过梳理中国古代文体的发展脉络，引导学生深入理解"一代有一代之文学"（王国维语）的观点，认识到文学形式和内容的变化与社会政治经济文化发展的紧密关系。此案例旨在帮助学生建立对文学历史演变的认识，增强文化自信，同时培养历史唯物主义立场和观点。

◆ 知识点定位

本案例支撑"第五章 文学体裁的发展与分类"的基本知识，涉及不同历史时期的文学形式、代表作品及其社会背景。通过"一代有一代之文学"的视角，探讨文学与社会发展的内在联系。

◆ **主要内容**

梳理中国古代文体的发展脉络，从《诗经》的四言诗，到楚辞、汉赋、唐诗、唐代传奇、宋代话本、宋词、元曲、明清小说等，展示不同历史时期的主流文学文体样式。

分析各种文学形式产生的社会背景和历史条件，如《诗经》反映了周代的社会生活和价值观念，楚辞则体现了战国时期的浪漫主义色彩，唐诗的繁荣与唐代社会的开放和繁荣密不可分等。

通过代表作品的分析，让学生感受不同文学形式的艺术魅力和文化内涵，如《离骚》的奇幻想象、《将进酒》的豪放洒脱、《西厢记》的启蒙价值、《红楼梦》的社会意义等。

引导学生理解"一代有一代之文学"的深刻内涵，即每个时代都有其独特的文学形式和代表作品。这些作品不仅反映了当时的社会风貌和人民心声，也体现了中华民族的文化传承和创新精神。

◆ **教学手段和方法**

教师通过讲述和PPT展示，系统梳理中国古代文体的发展脉络，并介绍各个历史时期的代表作品。

学生分组，每组选择一个感兴趣的历史时期或文学形式进行深入研究，准备课堂展示，提高他们的研究能力和表达能力，培养学生的团队合作精神和自信心。

学生课堂展示研究成果，包括该时期或该文学形式的社会背景、代表作品分析以及其在文学史上的影响等。

教师点评和总结，强调文学文体与社会发展的关系以及"一代有一代之文学"的深刻内涵。

◆ **对应思政点**

文化传承与创新：通过学习中国古代文体的发展脉络，引导学生认识到中华民族悠久的文化传统和不断创新的精神。这种精神是推动社会进步和文化繁荣的重要力量。

历史责任感：理解"一代有一代之文学"不仅是对历史的尊重，也是对未来的期许。作为新时代的大学生,应该肩负起传承和发扬中华文化的历史责任,为创造属于我们这个时代的文学贡献力量。

社会主义核心价值观:通过分析不同历史时期的文学作品,引导学生理解和践行社会主义核心价值观,如爱国、敬业、诚信、友善等。它们既是中华民族精神的重要组成部分,也是我们这个时代的精神追求。

### (四)从中华经典文学中领略作家素养

◆ **案例分析**

本案例旨在通过赏析古典诗词,特别是杜甫的《江汉》和范仲淹的《岳阳楼记》(其中包含"先天下之忧而忧,后天下之乐而乐"的名句),引导学生深入理解中华优秀传统文化的核心思想,即讲仁爱、重民本、守诚信、崇正义、尚和合、求大同。通过对具体文学作品的分析,使学生能够在微观层面感知传统文化的魅力和价值,进而培养他们对中国传统文化的热爱和传承意识。

◆ **知识点定位**

本案例对应《文学理论》第三章文学创作中"第三节 文学创作的主体条件和追求"。文学创作的主体条件和追求包括作家的生活体验、思想道德修养与文化艺术素养、以人民为中心的创作导向等。本案例从作家的创作实践出发,探讨中国作家重民本、求大义的传统。

◆ **主要内容**

#### 杜甫与《江汉》

生活体验:杜甫在《江汉》中描绘了他晚年漂泊江汉一带的孤苦生活体验。诗中不仅展现了江汉地区广袤的自然风光,更融入了他对人生、对社会的深沉感慨。他以江汉波涛为喻,倾诉了自己内心的激荡与不平,同时也表达了对时局动荡、民生凋敝的忧虑与关切。

创作特点:他能够将个人的生活体验与社会的广阔背景紧密相连,以深沉的情感和细腻的笔触,描绘出时代的真实面貌。在《江汉》中,他巧妙地运用了象征、比喻等修辞手法,使得诗歌既具有高度的艺术性,又富有深刻的思想性,成为后人传诵的佳作。

思想道德修养与文化艺术素养:杜甫的诗作深受儒家思想影响,他关注民生疾苦，具有深厚的家国情怀。同时，他的诗歌艺术造诣极高，被誉为"诗史"，其诗歌在形式上追求自然与工整的统一，在内容上则注重抒发个人情感，反映社会现实。

## 范仲淹与《岳阳楼记》

生活体验：范仲淹在《岳阳楼记》中通过对岳阳楼及其周边景色的描绘，表达了自己被贬谪后的心境和对国家、人民的关怀。他深刻体验到了政治斗争的残酷和人生的起伏，这些经历为他的创作提供了丰富的素材。

创作特点：范仲淹在文中提出了"先天下之忧而忧，后天下之乐而乐"的思想，体现了他高尚的道德情操和为人民着想的情怀。

思想道德修养与文化艺术素养：范仲淹的《岳阳楼记》不仅是一篇优秀的散文作品，更是他高尚道德情操的集中体现。他提出的"先天下之忧而忧，后天下之乐而乐"的思想成为后世传颂的佳话。范仲淹的文学才华和道德修养使他成为北宋时期著名的政治家和文学家。

## 苏东坡与"苏堤"

生活体验：苏东坡在担任杭州知州期间，面对西湖淤塞的严重问题，他亲自率领民众进行疏浚，并在湖上筑起"苏堤"。这一工程不仅解决了西湖的淤塞问题，还为杭州的农业生产和城市环境带来了巨大改善。苏东坡的这一举措体现了他对民生问题的深切关注和勇于担当的精神。

创作特点：苏东坡在"苏堤"的修建过程中，不仅展现了卓越的组织能力和治水智慧，更在文学作品中表达了对人民疾苦的同情和对美好生活的向往。他的诗文充满了对人生和社会的深刻洞察和人文关怀。

思想道德修养与文化艺术素养：苏东坡是一位多才多艺的文学家和艺术家，他的诗词、散文、书法等作品均具有很高的艺术价值。同时，他还是一位具有深厚道德修养的官员和学者。在"苏堤"的修建过程中，他展现出了卓越的组织能力和治水智慧，体现了他的民本思想和为民服务的宗旨。

◆ *教学手段和方法*

诵读法：指导学生贯通性诵读诗词，感受其韵律美和情感表达，加深对传统文化的感知和理解。

讨论法：组织学生进行小组讨论或全班讨论，分享对诗词的理解和感悟，培养学生的思辨能力和表达能力。

◆对应思政点

爱国主义教育：通过赏析古典诗词，引导学生深刻理解中华优秀传统文化的思想精华和时代价值，增强民族自豪感和文化自信。

社会主义核心价值观教育：结合诗词中体现的诚信、正义等价值观，引导学生树立正确的价值观，践行社会主义核心价值观。

全球视野和人类命运共同体意识培养：通过分析诗词中表达的"天下大同"的理想追求，引导学生认识到人类社会的共同目标，培养全球视野和人类命运共同体意识。

## （五）构建精神家园的语言力量：从秦始皇的法治策略到国家通用语言文字的推广

◆案例分析

秦始皇的"车同轨""书同文"策略，不仅加强了中央集权，也促进了文化的统一。这一举措在当时为国家的稳定和发展奠定了重要基础。将这一历史现象与现代国家通用语言文字的推广相联系，我们可以看到，无论古今，语言都是构建国家统一和民族认同的重要工具。

◆知识点定位

本案例涉及《文学理论》课程中的"文学意蕴的语言层面"知识点，具体涉及语言在文化传承、国族认同中的作用。同时，案例也涉及了思政教育中关于法治观念、国家统一和铸牢中华民族共同体意识的内容。

◆主要内容

秦始皇的法治策略：介绍秦始皇如何通过"车同轨""书同文"的策略加强中央集权，促进文化统一。

国家通用语言文字的推广：分析现代中国如何推广普通话和规范汉字，以及这一举措在促进国家统一、增强民族认同方面的作用。

语言与精神家园：探讨语言如何成为人类精神家园的重要组成部分，以及如何通过语言传承和弘扬民族文化。

◆教学手段和方法

案例分析法：引导学生分析秦始皇的法治策略和现代国家通用语言文字推广的异同点，以及它们在不同历史时期的作用和意义。

多媒体辅助：利用视频、图片等多媒体资料展示秦始皇的法治策略和现代国家通用语言文字推广的实际情况，增强学生的感性认识。

◆ 对应思政点

法治观念：通过了解秦始皇的法治策略，引导学生理解法治对于国家稳定和发展的重要性，培养学生的法治意识。

国家观念：分析国家通用语言文字的推广如何促进国家统一，培养学生的国家意识和民族自豪感。

民族精神：探讨语言如何成为传承和弘扬民族精神的重要载体，引导学生珍惜和传承民族文化，增强文化自信。

## （六）从文学审美到文学认识的深化：高中文学课堂中的职业教育与价值观传递

◆ 案例分析

在《文学理论》课程中，学生对于文学作品的审美体验往往被简单地等同于对作品内容的认知。然而，文学审美是一个复杂而多维的过程，它涉及对文学形象、情感以及深层意蕴的感知和体验。本案例旨在探讨如何在高中文学课堂中，通过深化学生对文学审美的理解，避免效果中心的误区，同时加强学生的职业教育，提升他们对教师岗位的职业认同，并将正确的价值观和方法论传递给学生。

◆ 知识点定位

本案例涉及《文学理论》课程中的"从文学审美到文学认识"知识点，具体涵盖文学的形象性感知、文学的蕴藉性体会、文学的情感性挖掘等方面。同时，结合职业教育和思政教育的目标，强调对学生职业认同和价值观的培养。

◆ 主要内容

审美体验与文学认识：介绍文学审美与文学认识的区别与联系，强调审美体验在文学认识中的重要性。

文学形象性感知：通过分析高中课本中的文学作品，引导学生感知作品中的形象，理解形象在表达主题和传递情感中的作用。

文学蕴藉性体会：引导学生深入体会文学作品的深层意蕴，理解作品背后的文化、历史和社会背景。

文学情感性挖掘：通过讨论和分析，挖掘文学作品中的情感元素，培养学生对文学情感的敏感度和共鸣能力。

职业教育与价值观传递：结合教师岗位的职业特点，培养学生的职业认同感和敬业精神。同时，通过文学作品的分析和讨论，传递正确的价值观和方法论，引导学生形成积极向上的人生观和价值观。

◆ **教学手段和方法**

角色扮演法：首先，引导学生仔细阅读和分析高中课本中的文学作品，关注作品中的形象、情感和意蕴。然后分角色朗读或表演。最后，模拟教师岗位的工作场景，让学生扮演教师角色，体验教师工作的特点和要求，加深对教师职业的理解和认同。

◆ **对应思政点**

职业精神：通过职业教育，培养学生的敬业精神、责任意识和团队合作精神，引导学生树立正确的职业观和就业观。

审美教育：通过文学审美教育，提升学生的审美素养和审美能力，培养学生对美的追求和创造美的能力。

价值观传递：在文学作品的分析和讨论中，注重传递正确的价值观和方法论，引导学生形成积极向上的人生观和价值观。

文化传承：通过文学作品的学习和分析，引导学生了解和传承中华优秀传统文化，培养学生做传承中华优秀传统文化的自觉践行者。

# 广播电视编导专业（职业师范类）核心课程思政案例

**新闻传播学院　额尔德尼其其格**[①]

项目名称：广播电视编导专业（职业师范类）"课程思政"育人体系的构建

项目号：2023kcszzx23960

## 一、专业名称：广播电视编导专业（职业师范类）

## 二、专业介绍

### （一）专业简介

广播电视编导专业自 2002 年开始正式招收本科生。2020 年广播电视编导专业在义务教育阶段增加影视（数字媒体）艺术课程和发展职业教育（职业高中）的背景下，结合内蒙古师范大学教育学科的整体优势、确定了其职业技术师范类的教育培养方向。确立实施"影视+教育"、理论与实践并重的人才培养理念。

### （二）培养目标

具有广播电视节目编导、策划、新闻采编、节目制作、播音及节目主持、网络传播等影视媒体需要的综合素质、专业精神、团队意识和全局把握能力的影视作品创作人才，既能够在各级电视台及新媒体、宣传部门或文化传媒企业从事媒体创意与文化传播工作，又能够在中等职业学校、传媒艺术教育机构承担教育教学和学生综合实训等工作的复合型专业人才。

---

① 额尔德尼其其格，新闻传播学院讲师。主要从事广播电视编导专业教学、视听创作实践以及视听传播的研究工作。讲授传播学、传播与媒介文化研究方法以及教学法的课程。

### (三)毕业要求

热爱祖国,拥护中国共产党的领导,自觉践行社会主义核心价值观,牢固树立正确的世界观、人生观。养成良好的道德品格、健全的职业人格、强烈的社会职业认同感,具有服务于建设社会主义文化的责任感和使命感。热爱教育事业,具有高尚的职业道德情操和从教意愿,认同教师工作的意义。系统掌握影视的基本理论,传播理论和技术发展动态,并且能够掌握影视策划、写作、拍摄、编辑、包装、传播的技能,掌握影视创作的方法和技巧。

### (四)核心课程情况

本专业核心课程包括:影视艺术概论、广播电视概论、摄影基础、视听语言、摄像技术、影视广告创意与策划、网络与新媒体概论、视听节目采访与写作、视听节目策划、纪录片创作、影视剪辑艺术与技术、艺术概论、导演基础、影视声音构成与设计、传播与媒介文化研究方法、传播学等。

### (五)教学团队

团队成员主要由广播电视编导专业的教师组成,高级职称4人,博士7人,6人有海外留学经历,实践能力强,指导学生完成的作品获得国际国内多项奖项,如北京大学生电影节入围、蒙古国国际大学生短片最佳剧情片、自治区广播电视局公益广告奖、海峡两岸纪录片奖等。科研方面,一人获批国家艺术学基金项目,在国内国外发表论文十余篇。

## 三、以视听节目采访与写作课程为例的思政元素梳理

课程思政架构思想及实施设想:

本课程的思政知识点围绕新时代党的新闻舆论工作的核心主旨,打造出符合中国特色社会主义传媒工作具体要求的"思政案例体系"和"教学实践体系"。

中国特色社会主义新闻事业对采写工作有着具体的要求。因此,采写知识和马克思主义新闻观本质上有着内在契合性,从采写"知识要点"中凝练"思政要点";对应马克思主义新闻观知识体系与知识内容,如新闻真实性、舆论监督、舆论引导、典型宣传、讲好中国故事等;在传授专业知识的同时潜移默化地塑造灵魂,帮助学生立德明智、培养正确的世界观、政治观和价值观;传递不忘初心、砥砺前行、踏

实耕耘、热爱学习生活的正能量，引导学生成为对党、国家和人民负责的中国特色社会主义事业接班人。

思政元素融入实施主要体现为：让思政理论更好地入脑入心，转化为学生展开具体采写技能的重要操守，课程以"从案例中来，到实践中去"为总体原则，完善贯通知识要点和思政要点、深化思政内核的案例体系。课程采用"专业知识介绍—思政案例—思政要点及其与专业知识关系—思政深化—鼓励拓展学习"的教学手段。首先由采写专业知识引入，随后配以思政案例加以解释说明，阐明其与采写能力、采写素养、采写要求之间的联系，最后推荐相关书目、资料供学生阅读，并在学生碰到实际操作问题时予以及时指导。在这个过程中，"专业知识介绍""给予思政案例""思政深化"环节由教师主导，用情感和言语引领学生思想动态和价值倾向；"思政要点及其与专业知识联系"依赖于学生—教师互动，围绕"分析型""研讨型"案例展开，并在互动中由教师引导、启发学生把握案例本质，掌握采写方法，赋予学生举一反三和总结归纳的能力。"拓展学习"由学生自行主导，教师要求学生将采写技巧和思政内核运用到作业练习当中，借此考查学生对知识、思想的运用情况，了解学生动态并予以指正。

### （一）中国特色社会主义新闻事业对采写工作的具体要求

◆ 案例分析

随着"互联网+"时代的到来，新媒体传播已经成为我们获得信息的重要平台，许多网络用语和热词也随之产生。但媒体业务中的政务用语是严谨的，规范的，尤其是政法机关的法定用语，既不能随意，更不能错用和混用。

◆ 知识点定位

本课程绪论部分涉及关于媒体用语规范的问题，需要结合我国新闻事业对采写工作的具体要求进行讲述。

◆ 主要内容

新华社在《新闻阅评动态》第315期发表《新华社新闻报道中的禁用词（第一批）》中规定了媒体报道中的禁用词，体现了人道主义和主权意识。主要有：时政和社会生活类、法律法规类、民族宗教类、港澳台和领土主权类、国际关系类。

◆ 教学手段和方法

展示法：教师展示媒体报道中的禁用词，引导学生理解并掌握用语规范。

讨论法：引导学生讨论不规范用语可能产生的不良后果。

◆对应思政点

坚持党的领导：在新时代中国特色社会主义新闻事业中，党的领导和方针政策是新闻事业的根本保证。通过加强党对新闻工作的领导，确保新闻事业始终沿着正确的方向发展。

国家通用语言文字运用：媒体规范用语利于国家通用语言文字的推广和普及。

## （二）视听节目要做好典型宣传，讲好中国故事

◆案例分析

在"视听节目写作的要求"这部分内容中，精选《雕塑家刘焕章》《祖国的旗》《话说长江》等优秀的视听作品为学生学习提供参照。这些作品不仅具备纯熟的写作技巧，也是宣传和讲好中国故事的典范之作。

◆知识点定位

视听节目"为看而写"的要求是本课程的重点，通过分析以上案例，可以将"为看而写"的要求讲解清楚。

◆主要内容

"为看而写"之"具体"：《雕塑家刘焕章》《祖国的旗》两部纪录片的解说词中，都体现了画面所不能描述的具体性。

"为看而写"之"形象"：《话说长江》中采用积极的修辞手法加强了画面语言的形象性。

"为看而写"之"准确"：利用反例说明声音与画面的错位造成的问题。

◆教学手段和方法

情境教学：通过观摩作品片段，将学生带入具体的情境，感受人物与故事，并启发学生分析解说词与画面的关系。

讨论法：学生分组讨论教师提供的优秀作品在"为看而写"上体现的特点。

讲授法：总结本节课的知识点。

◆对应思政点

以人民为中心：视听节目创作要坚持以人民为中心的导向，深入生活、扎根人民，反映人民心声，满足人民精神文化生活新期待。

文化自信:通过视听节目传承和弘扬中华优秀传统文化,展现中华文化的独特魅力和时代价值,提升国家文化软实力。

社会责任:引导学生认识到媒体工作者的社会责任,鼓励他们积极投身于新时代中国特色社会主义文艺事业,为实现中华民族伟大复兴的中国梦贡献力量。

### 四、以纪录片创作课程为例的思政元素梳理

◆ **案例分析**

案例名称:央视纪录片《传承·美学之码》

案例简介:《传承·美学之码》是一部由中央电视台制作的纪录片,该片以板块式结构呈现了中国传统工艺与现代美学的融合与创新。纪录片通过不同的板块,分别展示了吴罗织锦、佳县剪纸、竹编等工艺的传承历史、制作技艺以及现代创新应用,每个板块既独立又相互关联,共同构成了全片的完整叙事。

板块式结构特点分析:

主题明确:每个板块都围绕一个中心主题展开,如"吴罗织锦""佳县剪纸""敦煌彩塑"等。

结构清晰:板块之间界限分明,通过文字或画面进行衔接,形成清晰的叙事线索。

内容丰富:每个板块内包含多个相关子话题,内容充实,既有历史传承,又有现代创新。

逻辑性强:板块之间按照一定的逻辑关系进行排列,如时间顺序、空间顺序或重要性顺序等。

◆ **知识点定位**

本次课程旨在通过《传承·美学之码》这一案例,使学生深入理解纪录片板块式结构的特点及其在实际创作中的应用。通过这部作品的结构分析,使学生理解纪录片如何组织安排素材,如何结构全片,为学生独立完成纪录片创作实践奠定理论基础。

传承系列片以非遗传承人的故事形塑传统技艺的精巧面貌,以科技为主题,从不同的科学维度,挖掘非遗技艺中的中国智慧,以全新的视觉表达,展示中国非遗

技艺中的科学价值、艺术价值和历史价值。

通过案例展示非遗之美阐释新时代工匠精神，倡导弘扬非遗传承人精益求精坚韧不拔的钻研精神。使学生感受中国古代智慧与现代科学的完美融合，领略中国非物质文化遗产的辉煌成果，感受意蕴深厚、魅力无穷的东方美学，激励学生以求知探索的精神拥抱未来科技发展。

◆ 主要内容

板块式结构的定义：介绍板块式结构的基本概念及其在纪录片创作中的重要作用。

《传承·美学之码》案例分析：详细分析该纪录片的板块式结构特点，包括主题选择、结构安排、内容呈现等方面。

板块式结构的创作技巧：探讨如何在实际创作中运用板块式结构，包括如何确定板块主题、如何安排板块顺序、如何衔接板块等。

◆ 教学手段和方法

讲授法：通过播放《传承·美学之码》的片段，结合讲解，使学生了解板块式结构的特点。

讨论法：组织学生分组讨论《传承·美学之码》中板块式结构的运用，并分享自己的见解。

案例分析法：引导学生分析其他纪录片中的板块式结构，加深对知识点的理解。

实践教学法：布置课后作业，要求学生自行选择一个主题，尝试运用板块式结构创作一部纪录片大纲。

◆ 对应思政点

传承与创新：通过《传承·美学之码》的案例分析，引导学生认识到传统文化的价值，并思考如何在现代社会中传承与创新传统文化。

文化自信：通过对中国传统工艺的介绍，培养学生的文化自信，使其更加热爱和尊重自己的民族文化。

责任与担当：在纪录片创作中，引导学生关注社会问题，用镜头记录真实，传递正能量，培养学生的社会责任感和使命感。

## 五、以传播与媒介文化研究方法课程为例的思政元素梳理

◆ 案例分析

1. 卡尔·马克思《工人调查表》(1880年4月20日《社会主义评论》第四期),马克思的研究问题是工人阶级的生活是什么样的。研究对象为工人阶级,"生活"这个概念操作化为四个维度,分别为工作时间、工作强度、工资待遇、社会条件。然后具体化为工作日、工作时长、休息时间等99个具体的问题。①

2. 毛泽东《湖南农民运动考察报告》是答复当时党内党外对于农民革命斗争的质疑。1927年1月至2月毛泽东对湖南湘潭、湘乡、衡山、醴陵、长沙五县的农民运动进行32天的考察工作。每到一地,"召集有经验的农民和农运工作同志开调查会,仔细听他们的报告,所得材料不少"。1927年3月完成了17000余字的报告。②

3. 毛泽东《反对本本主义》(原题名《调查工作》),1930年5月写的,1961年修改后提出以下观点:没有调查,没有发言权;调查就是解决问题;反对本本主义;离开实际调查就要产生唯心的阶级估量和唯心的工作指导,那么,它的结果,不是机会主义,便是盲动主义;社会经济调查,是为了得到正确的阶级估量,接着定出正确的斗争策略;中国革命斗争的胜利要靠中国同志了解中国情况。③

4. 习近平《习近平关于调查研究论述摘编》提到"用好调查研究这个传家宝"。坚持问题导向,聚焦突出矛盾和问题。坚持实事求是,真正把情况摸实摸透。坚持群众路线,做到问计于民、问需于民。努力改进调研作风,力戒形式主义、官僚主义。完善规章制度,坚持调查研究经常化。注重实际效果,提高调研针对性。掌握和运用现代科学技术的调研方法,如问卷调查、统计调查、抽样调查、专家调查、网络调查等,综合运用经济学、社会学、信息论、系统论、控制论等多学科理论,提高调研的效率和科学性,从而为正确决策提供全面、翔实、可靠的信息和数据。

◆ 知识点定位

本案例支撑量化研究方法中的问卷调查法和质化研究方法中的田野调查法。问卷调查法的问卷设计操作逻辑为"实际问题—概念—测量维度—具体指标—问卷问题"。田野调查法中,如何进入田野,观察和访谈,田野笔记是重要知识点。

---

① 《马克思恩格斯全集》第19卷(中文第一版),人民出版社,1963,250-258页
② 《毛泽东选集》(第2版)第1卷,人民出版社,1991,12-44页
③ 《毛泽东选集》(第2版)第1卷,人民出版社,1991,109-118页

◆ **主要内容**

根据每个学生选定的"夜不能寐"的问题出发，对研究问题进行明确化，要求学生用变量的语言和提问的方式清楚地陈述研究问题。

进入文献回顾，完成文献综述。（提问：这些文献是否解决了问题？如果解决了，那么选题需要修改，如果没有解决，可以成为研究选题）

问卷调查法：

问卷结构：封面信、指导语、问题及答案、编码。

问题及答案设计：问题来自研究问题的概念操作化—测量维度—具体指标；答案来自四类变量，定类变量、定序变量、定距变量、定比变量。

问卷设计：问题的语言和提问方式、数量与顺序。

问卷调查的类型：面访调查、电话调查、邮寄调查、网上调查、数据分析。

田野调查法：

根据研究问题选择田野点，进入田野并取得信任和建立友善关系，观察与访谈，记录。

观察法包括实验室观察和实地观察，局外观察和参与观察，结构观察和无结构观察。

访谈包括结构访谈和无结构访谈。

◆ **教学手段和方法**

学生在本课程开始需要提出自己的"夜不能寐"的问题，以问卷的形式提交（和老师一对一交流，线上线下结合的方式），词频分析后综合为几个大类问题，并形成小组，一起进行文献回顾和分享，并回答：阅读文献后是否解决了自己的问题？解决了的问题，需要进一步明确化，（回答：问题如果文献回顾后找到了解决的方法，那为什么还是问题？从研究成果到具体实践应用过程中出现了什么问题？）未解决的问题，成为研究选题。

撰写调查策划书（包含问卷调查和田野调查）。

问卷调查法——设计问卷。

田野调查法——确定观察方式和访谈提纲。

研究计划书展示和分享。

教师点评并提出修改意见。

◆ 对应思政点

马克思主义基本原理：以马克思的《工人调查表》为切入点，阅读马克思原著，从而了解马克思主义思想的伟大之处。

爱国主义精神：毛泽东《湖南农民运动考察报告》是答复当时党内党外对于农民革命斗争的质疑。面对错误，勇敢总结，写出《反对本本主义》，提出"没有调查，没有发言权"，认真做调查，真做调查，才可以了解中国的实情，解决中国的问题，采用行动爱国，而不是停留在口号。习近平提出"用好调查研究这个传家宝"，继续践行中国共产党的优良传统。

科学精神：随着技术的发展，出现各类科学的调查方法，以其保证调查的信度和效度。比如问卷调查法要考虑问卷的信度，每一步的信度保障，才可以保证结论的效度，有效的结论才能解决问题。还有田野调查法中的观察和访谈都需要三角互证来达到效度，得出科学的结论。

# 哲学专业核心课程思政案例

马克思主义学院　邱忠堂[①]

项目名称：哲学专业"课程思政"育人体系的构建　项目号：2023kcszzx23883

## 一、专业名称：哲学

## 二、专业介绍

### （一）专业简介

哲学学科是人文科学领域中的基础性学科，对其他学科具有普遍指导意义，定位为学术型。内蒙古师范大学哲学专业前身是1959年设立的政教系哲学教研室，1986年"马克思主义哲学"获批硕士研究生学位点，2005年获批硕士研究生"哲学一级学科"学位授予权。2012年新增哲学本科专业，2013年开始招收本科生。

本专业以鲜明民族性、区域性和多学科互补性为特征，服务本地区和国内其他地区的经济社会文化发展。专业分为蒙古族哲学及社会思想史研究、蒙古人思维与蒙古族传统文化研究、伦理学与少数民族伦理研究、中国哲学与少数民族文化交融研究四个方向。在课程建设方面，哲学类本科课程完善，有逻辑学和伦理学2个校级精品课程，下辖9个二级学科核心课程全部开设，并且针对一些特定方向开设了前沿性、纵深性课程。

### （二）培养目标

本专业以马克思主义为指导，加强铸牢中华民族共同体意识教育，强化表达能

---

① 邱忠堂，马克思主义学院副教授，哲学博士，硕士生导师。主要从事中国哲学、中华优秀传统文化研究。讲授中国哲学史、哲学导论等课程。

力教育，培养具有坚定的政治方向、强烈的社会责任感和宽广国际视野，扎实的专业基础知识和人文素养、自然科学素养，良好的沟通能力与合作意识，较强的理论思维能力、深厚道德责任意识和表达能力的有用人才。能够运用哲学思维认识和分析理论及现实问题，具备一定的创新创业能力，满足地区发展需要和新时代的经济社会新要求，能在教学科研机构、行政机关、新闻出版等部门从事教学、科研、管理工作，并有潜力进入更高水平大学深造的复合型人才。

### （三）毕业要求

通过专业学习，学生应该具有正确的政治方向、坚定的理想信念，能够践行社会主义核心价值观，具有强烈的社会责任感和宽广的国际视野、深厚道德责任意识。树立正确的世界观、人生观和价值观，具有强烈的人文情怀，积极向上，心理健康，热爱体育活动，具有良好的身体素质。通过相关理论的系统学习和研究，学生系统掌握马克思主义哲学、中国哲学、外国哲学的历史与理论，以及逻辑学、宗教学、伦理学、美学、科学技术哲学、政治哲学等课程知识，了解国内外哲学界的发展动态和学术前沿问题，具有一定的人文学科、思维学科的相关知识，具备较强的外语听说读写能力，能熟练运用各种工具处理文字、查阅资料。在哲学领域深入研究，具有较强的研读和领悟经典的能力，较好的演讲、辩论、写作能力和熟练运用计算机的能力，具有运用所学理论分析和解决社会现实问题的基本能力和对哲学前沿问题研究的基本科研创新能力。

### （四）核心课程情况

本专业核心课程包括：马克思主义哲学史、中国哲学史、西方哲学史、马克思主义哲学原理、马克思主义哲学原著选读、西方哲学原著选读、中国哲学原著选读等课程。

### （五）教学团队

团队坚持学习贯彻习近平总书记关于教育的重要论述，深入贯彻党的教育方针，专业师资力量充足，专业背景全面。现有教师12人，其中教授4人，副教授5人，讲师3人。包括博士8人，硕士生导师8人。

## 三、以中国哲学史课程为例的思政元素梳理

### （一）三个维度理解"中华优秀传统文化"

◆ **案例分析**

学习中国哲学史的重要意义，其中之一就是有助于弘扬中华优秀传统文化，增强文化自信。中华优秀传统文化集中体现在中国哲学中，凝练在中华民族对天人、道德、名实、有无、理气、心性、知行等哲学问题的沉思里。对中国哲学史的研究和探索不仅要挖掘出中华民族独特的价值理念和思维方式，更要展现出中国哲学是如何经历了近代哲学革命发展到以马克思主义为主流的新阶段，马克思主义又是如何与中华优秀传统文化相结合逐步实现中国化的历史过程。

◆ **知识点定位**

这一问题主要涉及《中国哲学史》的导论部分，这一部分包括中国哲学史的研究对象和基本问题、中国哲学的发展历程和精神传统、中国哲学史学科的发展和研究方法、学习中国哲学史的重要意义和基本要求等内容。习近平总书记在哲学社会科学工作座谈会上指出，"中华文明历史悠久……经历了数个学术思想繁荣时期"。在这个过程中，"涌现了老子、孔子……留下了浩如烟海的文化遗产"。这些遗产中蕴含着丰富的哲学思想、人文精神、教化思想、道德理念等，可以为人们认识和改造世界提供有益启迪，可以为治国理政提供有益启迪，也可以为精神文明建设提供有益启发。

◆ **主要内容**

我们要正确理解"中华优秀传统文化"，从而更好地"增强文化自信"，需要从三个维度来简单辨析一下。

第一个维度：马克思主义中国化。习近平总书记《在庆祝中国共产党成立100周年大会上的讲话》中指出"以史为鉴、开创未来，必须继续推进马克思主义中国化"，就是要"坚持把马克思主义基本原理同中国具体实际相结合、同中华优秀传统文化相结合"。

从"一个结合"到"两个结合"，是中国共产党发展历程的反映，更是其思想丰富发展的标志。"两个结合"是新时代中国特色社会主义的原创性贡献，开辟了马克思主义中国化时代化的新境界。习近平新时代中国特色社会主义思想是当代中国

马克思主义、21世纪马克思主义,是中华文化和中国精神的时代精华,是坚持"两个结合"的光辉典范。可见,中华优秀传统文化的政治意义重大。

第二个维度:文化自信。中国特色社会主义文化集中华优秀传统文化、革命文化、社会主义先进文化为一体,中华文化就是中国特色社会主义文化。文化自信,是对中国特色社会主义文化的自信,是对中华文化的自信。增强文化自信,主要是指对中华优秀传统文化、革命文化、社会主义先进文化的自信。文化自信是更基础、更广泛、更深厚的自信。

自20世纪初的五四新文化运动以来,中国共产党带领中华民族坚定地走出了百年文化复兴路。党的十八大以来,坚持守正创新,坚持中华优秀传统文化创造性转化、创新性发展,构成了习近平新时代中国特色社会主义思想的文化篇,形成了习近平文化思想,破解了古今中西文化之争。

第三个维度:中华民族独特的精神标识。2022年5月,习近平总书记在中共中央政治局第三十九次集体学习时发表重要讲话指出:"中华优秀传统文化是中华文明的智慧结晶和精华所在,是中华民族的根和魂,是我们在世界文化激荡中站稳脚跟的根基。"中华优秀传统文化,历经几千年的锤炼和发展,是多元一体的中华民族创造出的伟大精神财富,是五十六个民族共有的精神家园,是中华民族独特的精神标识。

习近平总书记指出,"优秀传统文化可以说是中华民族永远不能离别的精神家园",中华优秀传统文化是铸牢中华民族共同体意识的历史根基和思想源泉。中华优秀传统文化对铸牢中华民族共同体意识这条民族工作及民族地区各项工作的主线具有重要的意义。

◆ 教学手段和方法

教师通过讲述和PPT展示,简单系统地梳理中国哲学史的发展脉络,介绍各时期的主流思想。学生分组,每组选择一个感兴趣的哲学人物或者哲学问题进行深入讨论研究,进行课堂展示,提高学生的研究能力和表达能力,培养学生的团队合作精神和自信心。

◆ 对应思政点

文化自信:通过学习《中国哲学史》,对中华优秀传统文化有具体详细的了解,增强对中华优秀传统文化、革命文化、社会主义先进文化的自信,发现和弘扬中华文化的独特魅力和时代价值。

党的领导：在新时代中国特色社会主义文化事业中，党的领导是根本保证。通过加强党对哲学教育和研究工作的领导，确保哲学研究工作始终沿着正确的方向发展。

坚持把马克思主义基本原理同中国具体实际相结合、同中华优秀传统文化相结合。

### （二）从"仁"到"天下一家"：对孔子思想体系的探究

◆ 案例分析

孔子开创了对中国文化影响深远的儒家学派，深刻地影响了中国文化的走向，至今仍是我们民族文化的宝贵财富，儒学是中国哲学与文化的基本形态之一。儒家与诸子百家、佛教、道教等相互借鉴并不断融合，构成了中国博大精深的历史文化传统。

◆ 知识点定位

本案例内容为《中国哲学史》课程中的"孔子的哲学"这一知识点，内容包括"天"的思考和"命"的探索、"仁"的提升和"人"的反思、"礼"的发展和"道"的追求、"中庸之道"的方法论以及孔子思想的价值和影响。同时这个案例也涉及思政教育中的教育公平、人格典范、人文主义精神价值、德治理念以及社会文化理想等方面的内容。

◆ 主要内容

"与命与仁"的概念结构："子罕言利，与命与仁"集中体现了夏商周三代人的天命观以及孔子对"天""命"的理解。体悟孔子"仁"的情感性、普遍性和族群本位性，个人的本质被放在族群关系中予以定位，个人生存的意义与价值只有依托于特定的族群关系才可以实现。

"为仁由己"的道德哲学："仁"是道德的基本意识，人对血缘亲人有"情"，对邻里以至社会他人有"情"，行为便会有信，这就是"为仁"，因此"为仁由己"。"仁"的精神是"爱人"，是人人都应该承担的道德义务。"仁"的体现是"忠恕"，是每个人的道德责任。"仁"的实施方式是"克己"，即要有道德自律的意识。"仁"是道德的基本要求，是处理人际关系的基本原则。

"为政以德"的治国之道：孔子认为，治国就是治民，治民即把握民心，要"道之以德""齐之以礼"。

◆ **教学手段和方法**

任务驱动教学法：在正式讲课之前，将学生随机分组，并提出"概述孔子'仁'学的思想要旨"的问题。根据课堂提供的文献材料，引导学生分析问题和组织答案。教师通过讲述和PPT展示，系统讲解孔子思想。

◆ **对应思政点**

文化传承与创新：孔子在学习继承中华先民的思想智慧、反思夏商周三代兴亡的历史经验、总结春秋时期哲学思想成果的基础上，将目光投向了人和社会，主张在敬畏"天命"的前提下，"以人弘道"，实现天与人、礼与仁的统一。

胸怀天下：孔子思想中认为，君子是人之中能够圆满地践行"仁"的人格典范，而君子待人处世"恭""敬"，这源于深沉的历史意识和责任担当，当代人所享有的一切都是历史上一代又一代付出艰辛努力得来的，因此，自当对之心存敬畏和感恩，而这一代人也应该承接前人的事业并付出努力。即君子一定是对社会、国家有担当的人。

以人民为中心：仁者爱人，孔子继承周公以来的人道主义传统，反对人殉、人牲；孔子具有重民思想，反对苛政、暴政，主张"惠民"，认为民生问题是为政之本，主张在富民的基础上实施礼乐教育。

### （三）法治思想的历史渊源：韩非子的"法、术、势统一的法治观"

◆ **案例分析**

韩非是后期法家最著名的代表人物，面对"一天下"的时代大势，秉持"四海之内若一家"的政治理想，坚持倡导"立法术，设度数"，强调法、术、势三者的有机结合与相辅相成，为秦最终统一天下和建立封建王朝作了理论准备。其法治思想对后世产生了深远影响。

◆ **知识点定位**

本案例内容为《中国哲学史》中的"韩非的哲学"这一部分的内容。其中的"法、术、势统一的法治观"这一知识点，内容包括法、术、势各有其用，法、术、势相互为用两个方面。本案例的法治思想被后世一直沿用，成为中央集权者稳定社会动荡的主要统治手段。当代中国法律的诞生，就受到了这一思想的影响。

◆ **主要内容**

法、术、势的含义：法指统治者颁布的统一法令制度，由官府公布，让民众知晓，具有强制性与权威性，且赏罚分明；术指君王所操持的生杀、考察、任免、驾驭群臣百官的权术；势指权势或威势，即君主所处统治地位的统治权力。

法、术、势三者的关系：相互独立、相互依存，法为三者的中心，君主的权威和治术的运用，都应在法的规范下进行。

◆ **教学手段和方法**

讲授法：老师通过讲述和PPT展示，系统讲解韩非的法治思想。

◆ **对应思政点**

法治思想：通过对韩非子的"法、术、势统一的法治观"的分析，引导学生理解法治对于国家稳定和发展的重要性，培养学生的法治意识。

国家观念：分析韩非思想中的"四海之内若一家"的政治理想，培养学生的国家意识和民族自豪感。

## （四）张载"民胞物与"的哲学思想

◆ **案例分析**

张载以其辟佛排老的精神开宋明理学之先河，其阐发的"民胞物与"和"诚明两进"思想高扬了儒家道德理想主义的精神境界追求，其《正蒙》有"民吾同胞，物吾与也"之说，意思是民众都是我的同胞，万物都是我的朋友，被后世概括为"民胞物与"。这一思想被张载之后的知识分子广泛认同，并鼓舞着他们以天下为己任，救民于水火，对他们的文化心理结构产生了重要的影响，成为中华优秀传统文化的一部分。

◆ **知识点定位**

本案例为《中国哲学史》中"张载的气学"这一内容的一个知识点。"民吾同胞，物吾与也"，从天人一气、万物一体的宇宙情怀出发，全面勾画了人与人、人与物以至于人和天地之间的关系，以天地为"我"的父母，天下人都是"我"的同胞，天地间的万事万物都是"我"的同伴。体现了天下一家、万物一体的情怀，并且作为中国传统文化中的重要的哲学思想，也是现代社会中我们需要审视和反思的重要问题。应该从生态保护、人类健康、社会文明建设等方面入手，实现"民胞物与"的理想目标。

◆ 主要内容

"民胞物与"泛指爱人和一切物类。为达到这一境界，张载区分了德性所知和闻见之知，主张"大其心，而去体认天地万物"。他认为"物有未体，则心为有外"，大心的结构就是"性与天道不见乎有小大之别"，这是一种很高远的人生境界，有了这一境界，就可以达到天人合一，能"视天下之物无一物非我"。人由"气质之性"回复到"天地之性"，即能够正确地理解宇宙人生，不为生死寿夭所苦，不为贫贱忧戚所累，达到圆满的人生境界，这样就能胸怀宇宙，把天地万物视为一个整体。

◆ 教学手段和方法

讲授法：教师通过讲述和PPT展示，使同学理解张载的"民胞物与"思想。

◆ 对应思政点

坚持人与自然和谐共生：通过对张载"民胞物与"思想的讲解，了解中华民族向来尊重自然、热爱自然，绵延五千多年的中华文明孕育着丰富的生态文化，引导学生关注生态文明建设，深刻理解生态文明建设是关系中华民族永续发展的根本大计。

人类命运共同体意识培养：通过对"民胞物与"这一观点的认识，体会其中的天下一家、万物一体的情怀，引导学生认识到人类社会的共同目标，培养人类命运共同体意识。

## （五）从黄宗羲对封建君权的批判分析其"天下大公"的政治理想

◆ 案例分析

黄宗羲作为明清之际思想启蒙和哲学创新的重要代表，偏重对理学史的整理总结和对传统专制政治思想的批判反思。通过对明王朝灭亡的深思，从政治哲学的高度深刻揭示传统封建君主专制制度的弊病，在《明夷待访录》一书中，以"托古改制"的方式表达了带有近代民主政治因素的天下大公的理想，表达了对未来民主政治理想的憧憬。

◆ 知识点定位

本案例为《中国哲学史》中的"黄宗羲的哲学"的一个知识点，具体涉及黄宗羲的天下大公的政治理想的内容，其提出的"天下为主，君为客"的民主思想，"天下之治乱，不在一姓之兴亡，而在万民之忧乐"，主张以"天下之法"取代皇帝的

"一家之法"，从而限制君权，保证人们的基本权利。这一思想，对后世反对专制斗争起了积极作用。

◆ 主要内容

首先，天下为公的理想以为政治的目的在于"万民之忧乐"，而不在"一姓之兴亡"。君主不能把"天下"看作是个人的私有财产，而应该看作是属于天下人共有的生存、生活的政治空间。

其次，天下大公的理想要求具有公共性质的政治权力应当保护万民的私利。黄宗羲肯定人性自私的合理性，进而肯定万民自私的合理性，从而论证政治权力的正当性在于能够超越万民自私的本性，为民众的私利提供社会政治安全的保证。

再次，天下大公的理想强调法律应当"藏天下于天下"，主张朝廷、民间的政治地位是平等的。

最后，倡导扩大学校的职权，将学校变为议政机构。

◆ 教学手段和方法

讲授法：教师通过讲述和讲解PPT，分析黄宗羲的天下大公思想。

讨论法：组织学生进行小组讨论或全班讨论，分析对黄宗羲政治思想内容的理解，培养学生的阅读文献能力和表达能力。

◆ 对应思政点

立党为公：习近平总书记说共产党人为的是大公、守的是大义、求的是大我。大道之行，天下为公。共产党人的公心，就是为中国人民谋幸福，为中华民族谋复兴。

以人民为中心：通过黄宗羲提出天下为公的政治理想，分析其政治主张提出的历史背景，加深学生对"以人民为中心"的感悟，以史为鉴、开创未来，必须带领中国人民不断为美好生活而奋斗，江山就是人民、人民就是江山，守江山，守的是人民的心。

### （六）孙中山的"民生史观"

◆ 案例分析

鸦片战争之后，中国进入半殖民地半封建社会，在"中国向何处去？如何才能摆脱半殖民地半封建社会的悲惨命运而获得民族独立、人民解放？"的问题上，孙中山提出了自己的构想。将"革命"纳入进化论，突出了革命在社会进化中的意义。

◆ **知识点定位**

本案例为《中国哲学史》第三十六章第三节"民生主义和民生史观"的知识点，其主要内容是"民生史观与服务众人"。其包含的思政思想为"为人民服务"方面的内容。

◆ **主要内容**

孙中山认为，"民生是社会进化的重心，社会进化又是历史的重心，归结到历史的重心是民生，不是物质"。民生问题是历史的中心以及政治、经济、社会等一切社会活动的中心。民生问题的解决，有赖于生产的发展、分配公平以及民族独立和人民民主。

"民生"的基本内涵：社会的存在与稳定，国民的生存与发展，群众的生命与健康等各种需要及其满足。

孙中山的民生观与人生观密切相连，民生主义的实现与培养道德高尚的人格紧密相关。他认为牺牲精神是利人而不利己地替众人服务的集中表现，以服务众人而牺牲个人是作为革命者应有的道德人格。

◆ **教学手段和方法**

多媒体辅助：利用视频、图片等多媒体资料展示当时中国的社会现状，增强学生对一百多年前中国的危难的深刻认识，体会革命先烈救国的艰难。

讲授法：教师通过讲述和讲解PPT，系统讲解孙中山先生的"民生史观"的内容。

◆ **对应思政点**

为人民服务：坚持以人民为中心，习近平总书记说过："我们的人民热爱生活，期盼有更好的教育、更稳定的工作、更满意的收入、更可靠的社会保障、更高水平的医疗卫生服务、更舒适的居住条件、更优美的环境，期盼孩子们能成长得更好、工作得更好、生活得更好。人民对美好生活的向往，就是我们的奋斗目标。"这也是一百多年前，孙中山先生的奋斗目标。

爱国主义教育：通过对孙中山救国尝试的讲解，引导学生深刻体会先辈的爱国精神与爱国情怀，增强学生的爱国情感。

人类命运共同体意识：体会孙中山先生民生史观中对"天下大同"的理想追求，引导学生认识到人类社会的共同目标，培养人类命运共同体意识。

# 经济学专业核心课程思政案例

经济管理学院　杨蕴丽[①]

项目名称：基于"两个结合"的经济学专业课程思政育人体系构建

项目号：2023kcszzx23869

## 一、专业名称：经济学

## 二、专业介绍

### （一）专业简介

经济学专业是为适应社会主义市场经济发展而设立的理论兼应用型本科专业。内蒙古师范大学经济学专业前身是1959年设立的政治经济学教研室。1981年获批政治经济学硕士学位授权点，是国内最早获批的硕士学位授权点之一。2002年开始招收经济学本科生，2009年被评为自治区品牌专业，2011年获批理论经济学一级学科硕士学位授权点，2020年获批国家级一流专业建设点。

本专业继承马克思主义人才培养传统优势，基于"两个结合"，构建了包括理论经济学、应用经济学在内的专业人才培养体系，马克思主义政治经济学等五门课程建成自治区精品课或一流课程，打造了自治区级教学团队。围绕人口资源环境经济、草原畜牧业发展、内蒙古模式等问题，形成了一批学术成果，培养了3000余名毕业生。

### （二）培养目标

本专业立足社会需求和行业需要，培养具有坚定中华民族共同体意识、厚植家

---

[①] 杨蕴丽，经济管理学院教授，硕士生导师。主要从事政治经济学和产业经济学的教学与研究工作。讲授马克思主义政治经济学、高级政治经济学、产业经济学等课程。

国情怀，具备具有良好人文和科学素养，具有扎实的经济学基础知识和基本理论，掌握现代经济学研究方法，熟悉中国经济运行和改革实践，具有国际视野和实践能力的高素质应用型、复合型人才。毕业生能在企事业单位、政府部门和金融机构从事综合性经济管理、经济分析、经济研究及教学科研工作，或者继续攻读硕士学位。学生毕业五年左右，应具有良好的职业道德；熟悉国内外经济发展形势，具备熟练分析经济数据、评估产业政策、利用经济规律进行科学决策的能力；具备良好的沟通交流能力、团队协作能力。

### （三）毕业要求

通过专业学习，学生应具备坚定的中华民族共同体意识、良好的人文与科学素养、扎实的专业基础、较强的实践能力以及一定的国际视野。理想信念坚定，具备良好的政治素养，具有正确的世界观、人生观、价值观，具有良好的职业操守和社会责任感，养成良好的体育锻炼习惯和卫生习惯，具有健全的心理和健康的体魄。通过相关理论的系统学习，学生系统掌握马克思主义经济学基本理论，了解现代经济学理论体系，理解市场经济运行规律，熟悉国家经济方针、政策和法规，具备理论经济学、应用经济学等前沿知识，具备较强的外语听说读写能力，能熟练运用各种工具处理文字、查阅资料。在经济学领域深入研究，能熟练运用各类经济学方法和技术手段进行经济调查、文献整理和数据分析，能主动追踪经济发展最新动向，灵活运用相关知识和方法解决经济发展问题。

### （四）核心课程情况

按照教育部课程设置要求，结合我校的特色和优势，开设 12 门专业核心课程，包括社会主义市场经济理论、马克思主义政治经济学、《资本论》选读、马克思主义经济学说史、中级微观经济学、中级宏观经济学、计量经济学、统计学、区域经济学、数字经济学、产业经济学、人口资源与环境经济学。马克思主义政治经济学、区域经济学、人口资源与环境经济学 3 门课程建成自治区精品课程，沙林电草一体化虚拟仿真实验课获批自治区一流课程，微观经济学获批建设自治区在线视频课，产业经济学等 6 门课程建成学校级一流课程。

### （五）教学团队

团队以习近平新时代中国特色社会主义思想为指导，深入贯彻落实全面推进课程思政建设的总体要求，创新课程思政育人理念，将"思政教育"融入人才培养方案修订、课程设置、大纲编制、师资提升与评价及专业实践教学等环节，构建全专业课程思政育人模式，实现全方位价值引领，全面提高人才培养质量。团队获评自治区级教学团队，获得自治区教学成果奖一等奖 1 项。团队成员在青年教师教学技能大赛中获国家级二等奖，在课程思政教学比赛和教学创新大赛中获自治区一等奖 4 项，荣获自治区"五一"劳动奖章、自治区优秀共产党员等称号。

## 三、以马克思主义政治经济学课程为例的思政元素梳理

马克思主义政治经济学是经济学专业的基础课程。我校马克思主义政治经济学课程建设历史悠久，基础雄厚，为深化课程思政建设奠定了良好基础。1981 年，在陈良璧教授主持下，我校获得首批国内政治经济学硕士学位授权点。2006 年额尔敦扎布教授主持的政治经济学被评为自治区精品课程。2022 年，杨蕴丽主讲的马克思主义政治经济学被认定为学校一流课程（A 类）。

### （一）课程目标与思政要求

继承我校重视马克思主义理论教育的优良传统，以"立德树人"为根本，以促进学生全面发展为己任，通过课程教学与实践训练，使学生掌握劳动价值论、剩余价值论、资本流通、资本主义分配、垄断资本主义等重要基础理论；系统掌握马克思主义政治经济学核心概念和研究方法，掌握人类社会发展规律，树立正确的世界观和方法论；培养学生发现问题、探究成因与提出对策的综合应用能力；使学生学会运用马克思主义的立场、观点和方法理解资本主义经济关系，体会社会主义的优越性，树立社会主义核心价值观，增强"四个意识"、坚定"四个自信"、做到"两个维护"，发挥课程思政育人功能，为自觉践行习近平新时代中国特色社会主义思想奠定理论基础和思想基础。

习近平总书记强调："马克思主义政治经济学是马克思主义的重要组成部分，也是我们坚持和发展马克思主义的必修课。"通过知识传授和思政教育，该课程要潜移默化地实现三重目标：一是学透理论，坚定"四个自信"；二是学会思维，坚持马克思主义立场观点方法；三是身体力行，培养深厚的家国情怀，争做时代有为青年。

## （二）主要内容与教学设计

参考"马克思主义理论研究和建设工程"教材，结合其他经典教材体例，将本课程内容分为 3 篇 9 章。

第一篇，导论篇。介绍政治经济学发展简史、研究对象、研究意义和研究方法，采用讲授法，观看纪录片《食品公司》，分组讨论政治经济学的阶级性。

第二篇，商品经济一般原理篇。包含商品、货币、价值规律 3 章。结合经济发展史讲授商品经济、市场经济、货币产生和发展历程；利用 PPT 讲解商品二重性、劳动二因素、货币的职能、价值规律、市场体系等知识；指导学生阅读《资本论》《经济论》等著作，观看《中国减贫密码》等音视频材料，提升理论认识，感悟中国经验。

第三篇，资本主义经济篇。包括资本主义经济制度及其演进、资本主义生产、流通、分配和经济危机 5 章内容。采用 BOPPPS 教学模式，通过案例教学法讲解剩余价值的生产、社会总资本再生产、平均利润和生产价格、资本主义地租、经济危机等理论。指导学生阅读《21 世纪资本论》等著作，观看《摩登时代》等电影，完成"沙林电草一体化"虚拟仿真实验，通过启发式教学提升学习兴趣，提高援事析理、明辨是非的能力，树立社会主义核心价值观。

## （三）课程思政建设思路

马克思主义政治经济学与课程思政在基本原理、研究方法、价值取向上具有天然同一性。本课程主动适应建设现代化教育强国的时代要求，以习近平新时代中国特色社会主义思想为指导，遵循教育教学和学生成长规律，采用专题研讨、比较研究、翻转课堂及实验实践教学等形式梳理思政元素；基于"两个结合"（马克思主义基本原理与中国具体实际相结合、与中华优秀传统文化相结合）挖掘提炼经济学专业课程蕴含的思政要素和德育功能；在进行系统论证、广泛动员的基础上建设课程思政元素资源库，树立全专业课程思政育人理念，将立德树人贯穿于专业育人全过程，支持国家级一流专业建设。

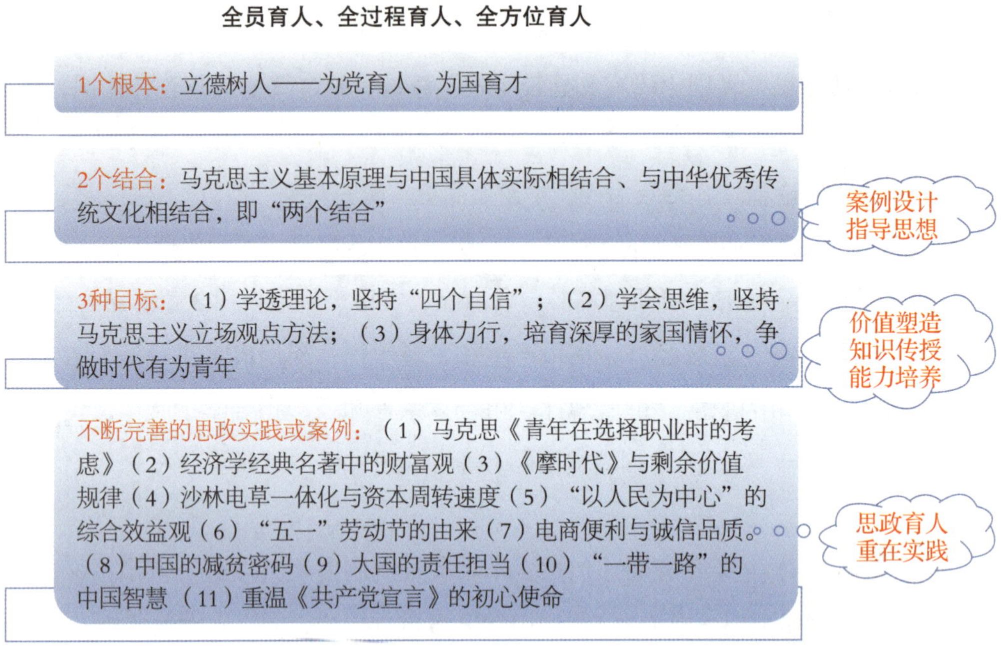

**全员育人、全过程育人、全方位育人**

**1个根本：** 立德树人——为党育人、为国育才

**2个结合：** 马克思主义基本原理与中国具体实际相结合、与中华优秀传统文化相结合，即"两个结合" —— 案例设计指导思想

**3种目标：** （1）学透理论，坚持"四个自信"；（2）学会思维，坚持马克思主义立场观点方法；（3）身体力行，培育深厚的家国情怀，争做时代有为青年 —— 价值塑造 知识传授 能力培养

**不断完善的思政实践或案例：** （1）马克思《青年在选择职业时的考虑》（2）经济学经典名著中的财富观（3）《摩时代》与剩余价值规律（4）沙林电草一体化与资本周转速度（5）"以人民为中心"的综合效益观（6）"五一"劳动节的由来（7）电商便利与诚信品质。（8）中国的减贫密码（9）大国的责任担当（10）"一带一路"的中国智慧（11）重温《共产党宣言》的初心使命 —— 思政育人 重在实践

图1 马克思主义政治经济学课程思政案例库建设思路

## （四）建设特色与主要成果

"马克思主义政治经济学"发展历史悠久，理论抽象深奥，学懂弄通难度大。课程团队秉持"课程承载思政"和"思政寓于课程"的理念，基于"两个结合"构建了思政引领+三维目标+知识传授的课程思政资源建设模式。

一是突出马克思主义课程体系的一脉相承性，遵循逻辑和历史相统一的原则，统筹经济史、经济学说史、经济学原著、经济学原理，优化教学内容，自编《马克思主义经济学原著选读》，帮助学生解决文史知识少、原著阅读难等问题，拓宽学生的理论视野。

二是从马克思主义与中华优秀传统文化、与中国具体发展实践有机结合的视角探究重要概念的思想演进，通过对"节约""诚信""义利统一"等思想的探究，培养学生的"综合效益观"。已出版相关专著1部，发表学术论文7篇。

三是重视"为谁培养人""培养什么人""怎样培养人"有机结合，通过课程思政案例强化"立德树人"，依托《中国大百科全书（经济学）》，引导学生挖掘马克思主义政治经济学重要概念，让每位学生都能成为经济学知识体系的主动构建者、课程教学资源的积极贡献者。

## （五）思政元素与教学案例

### 1.树立正确的世界观、人生观和价值观，我的青春我做主

◆ 案例分析

《青年在选择职业时的考虑》（见课程资源《马克思主义经济学原著选读》）是马克思于1835年8月在德国特里尔中学写下的中学毕业论文。在文中，17岁的马克思重点论述了"青年为什么要选择职业""如何选择职业""应该选择什么样的职业"这三大核心问题，清晰明确、坚定有力地阐明了自己的就业价值观。在当代，青年马克思的就业价值观仍具有重要的时代价值，它指导着当代大学生树立科学正确的择业观，努力提升自身能力，在奉献社会中实现自我价值。

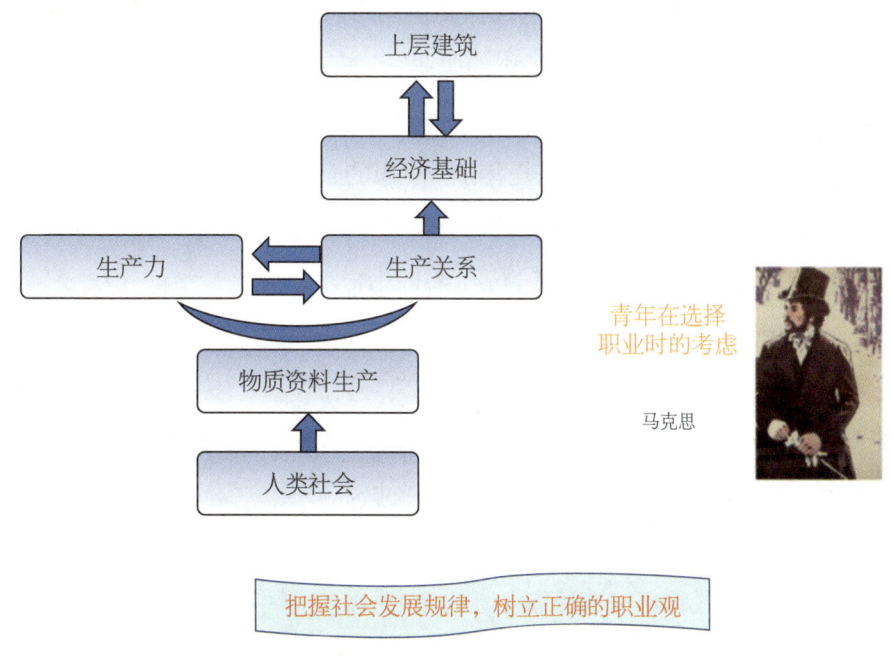

图2 "经济规律的客观性与人的主观能动性"教学PPT节选

◆ 知识点定位

第一章总论的学习，让学生了解经济学产生和发展的过程，理解马克思主义经济学的研究对象、研究方法和学习意义。揭示经济规律是政治经济学研究的主要任务，对人类经济行为及其规律性的认知、思考青年人的历史使命是后续理论学习和实践应用的重要基础，因而结合《青年在选择职业时的考虑》的案例，使学生在掌握知识的同时思考青年人的使命，培养树立正确的世界观、人生观和价值观，锚定榜样、激发斗志，科学规划职业生涯。

◆ **主要内容**

卡尔·马克思（1818—1883），全世界无产阶级的伟大导师、科学社会主义的创始人，伟大的政治家、哲学家、经济学家、革命理论家，主要著作有《资本论》《共产党宣言》等。1835年秋天，马克思和他的同学面临着升学和就业问题，大家都在考虑自己的前途。与其他同学的想法不同，马克思没有考虑选择哪种具体职业，而是把这个问题提高到对社会的认识和对生活的态度的高度来考虑。

马克思写作《青年在选择职业时的考虑》，表达了为人类服务的崇高理想。马克思把人的活动、职业与其社会关系联系起来，因此，选择职业不应该为一时的兴趣、渺小的激情、个人的虚荣心所左右，必须采取严肃的态度，"选择一种使我们最有尊严的职业；选择一种建立在我们深信其正确的思想上的职业；选择一种能给我们提供广阔场所来为人类进行活动……的职业"。马克思说："历史承认那些为共同目标劳动因而自己变得高尚的人是伟大人物；经验赞美那些为大多数人带来幸福的人是最幸福的人。"为人类服务，这是青年马克思的崇高理想，也是马克思在中学毕业作文中所阐述的主要思想。在漫长的斗争岁月中，他始终不渝地忠实于青年时代的誓言。他的一生，就是为人类服务的最光辉的榜样。

◆ **教学手段和方法**

阅读《青年在选择职业时的考虑》，听读《马克思传——人间的普罗米修斯》，制订自己的学业和职业生涯发展规划，通过参与式学习帮助学生理解人类活动及其规律性，树立正确的职业观。

◆ **对应思政点**

通过阅读和体会《青年在选择职业时的考虑》，使学生理解经济规律的客观性、人类在经济规律面前的能动性。理解马克思选择"最能为人类福利而劳动的职业"的心路历程，使学生走出"为一时的兴趣、渺小的激情、个人的虚荣心所左右"的认识误区，培养正确的世界观、人生观和价值观，树立正确的职业观，把个人奋斗融入为人类福利而奋斗的伟大事业之中。

2.培养科学的财富观、劳动观，树立文化自信

◆ **案例分析**

理论上，财富是经济学的重要概念，有学者甚至认为财富是经济学的研究对象。从《经济论》到《国富论》再到《资本论》，从《管子》《墨子》到习近平有关财富

的重要论述，都曾围绕财富做出过深入阐释。构建中国经济学自主知识体系，首先要站在人民的立场上对财富等重要概念做出科学界定。实践上，财富的创造、积累、分配和利用，是人类为了满足其生存和发展需要而不断进行生产和再生产的过程。然而，在追求财富的过程中，有的人忘了获取财富的初衷；有的人忽略了与财富相匹配的德行、法律意识和管理能力；还有的人忽略了发挥财富价值的约束条件，拥有了财富却失去了健康、和谐与美好的生活。在学习价值论的过程中加强财富观教育，有助于构建中国经济学自主知识；也有助于训练辩证思维，纠正各种炫富、媚富和仇富观念；还有助于培养义利兼顾、诚实劳动的良好品质。

◆ 知识点定位

在劳动价值论的《商品》《货币》《价值规律》章节和剩余价值理论中，马克思认为物质资料生产是人类社会存在和发展的基础，使用价值是财富的物质承担者，他反对货币拜物教和资本拜物教。培养科学的财富观对于保障人类生存与发展的需求、矫正人生目标、培养社会主义建设者和接班人具有重要现实意义。

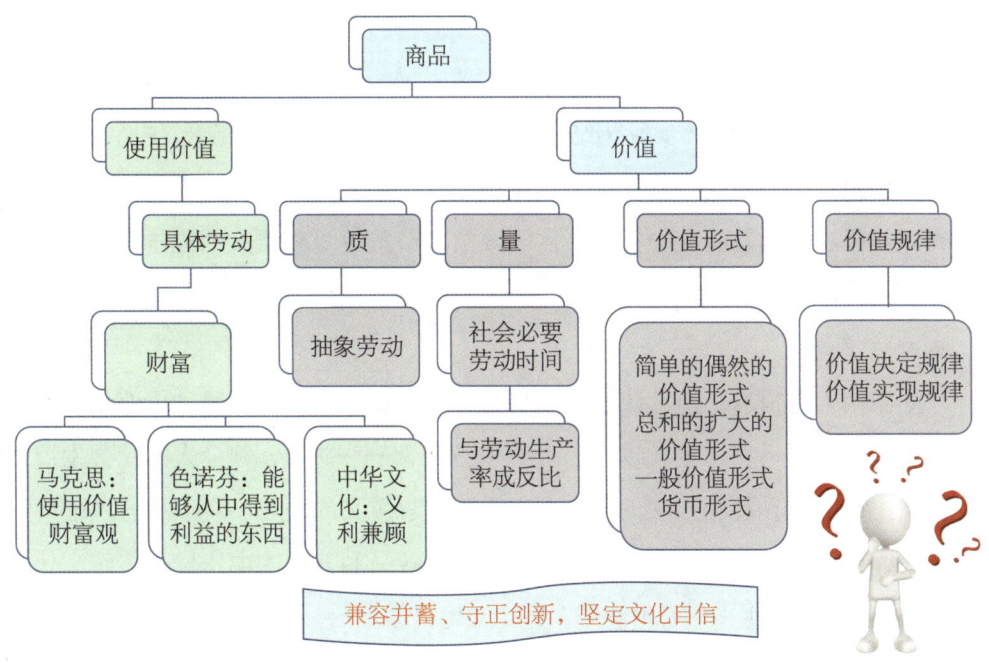

图 3　劳动价值论与科学财富观思维导图

◆ 主要内容

经济，是人类以较低代价获得满足其生存和发展需要之财富时遵循的一项原则。对财富范围、实现形式、增收途径与评价标准的研究，始终是经济学关注的重要议题，也是《经济论》探讨的重要内容。《经济论》强调"财富是一个人能够从中得到利益的东西"，"使用"和"买卖"都是财富发挥益处的重要形式，分工、人才与激励措施都是增加财富的途径，必须联系已有消费需求和支出规模综合考虑财富的多寡，财富的保护者和创造者都应受到嘉奖。与现代经济学"货币万能论"相比，《经济论》没有把财富仅仅局限于物的多少、钱的多少，而是全面分析了使用方法、管理技巧及工作态度等对财富创造和积累的重要意义，将财富问题引申到了伦理层面、法律层面，具有重要的当代启示。有关研究参见杨蕴丽发表于《内蒙古师范大学学报》2024年第2期的论文《〈经济论〉财富思想多维解析与现代启示》。

◆教学手段和方法

通过读书指导法，教师指导学生阅读经典名著中的财富思想，重点讲解《经济论》中的财富管理思想。安排学生阅读《管子》《墨子》《国富论》《资本论》、习近平有关财富的重要论述等材料。

通过小组讨论，系统总结经典名著中的财富思想和财富管理方法，使学生明白中华优秀传统文化中"君子爱财，取之有道"（《增广贤文》）的"义利统一观"早已超越了西方经济学"利润最大化"目标。构建中国经济学自主学术体系，要把马克思主义基本原理同中国具体实际相结合、同中华优秀传统文化相结合，"坚持自信自强、守正创新、问题导向、系统观念以及胸怀天下的立场观点"，吸收人类创造的一切文明成果，在比较研究中揭示财富、效益、节约等重要概念的科学内涵，构建"以人民为中心"的学术体系。

◆对应思政点

以立德树人为根本，通过课程教学与原著阅读，使学生掌握劳动价值论、剩余价值论；理解掌握马克思主义政治经济学核心概念——财富，领会人类社会发展规律，树立正确的世界观和方法论；学会运用马克思主义的立场、观点和方法理解财富的作用，树立正确的财富观；在对比分析中理解义利兼顾的中华优秀传统文化之博大精深，树立社会主义核心价值观，坚定文化自信。

3. 认识资本的本质，培养自主学习、独立思考能力

◆案例分析

《摩登时代》(Modern Times)，是查理·卓别林（Charles Chaplin）导演并主演的一部经典喜剧电影。影片于1936年在美国上映，被认为是美国电影史上最伟大的电

影之一。20世纪30年代的美国处于经济大萧条时期，失业率居高不下，工人受尽压榨，成为大机器生产中的一颗螺丝钉。查理（查理·卓别林饰）是一个底层市民，他在机器隆隆作响的厂房里夜以继日地工作，赚取微薄的收入。重复繁重的工作让他不堪重负，他竟把路人的衣扣当成螺丝钉来拧，还被卷入了流水线机器的皮带里，几近疯狂。《摩登时代》展现了无产阶级在资本家工厂里所受的剥削和压迫，为人们理解剩余价值规律提供了鲜活素材。

◆ 知识点定位

第五章资本主义生产揭示剩余价值规律是资本主义的绝对规律，第八章资本主义的经济危机和历史趋势阐明经济危机是生产相对过剩的危机。资本家通过延长工时、控制流水线速度、加强监督等措施来剥削和压榨工人，《摩登时代》里资本家唯利是图、加强剥削、压迫工人等细节，全面展现了资本主义的基本规律——剩余价值规律和经济危机带来的深刻影响，为学生理解资本积累理论、剩余价值分配理论、资本主义发展趋势奠定了基础。

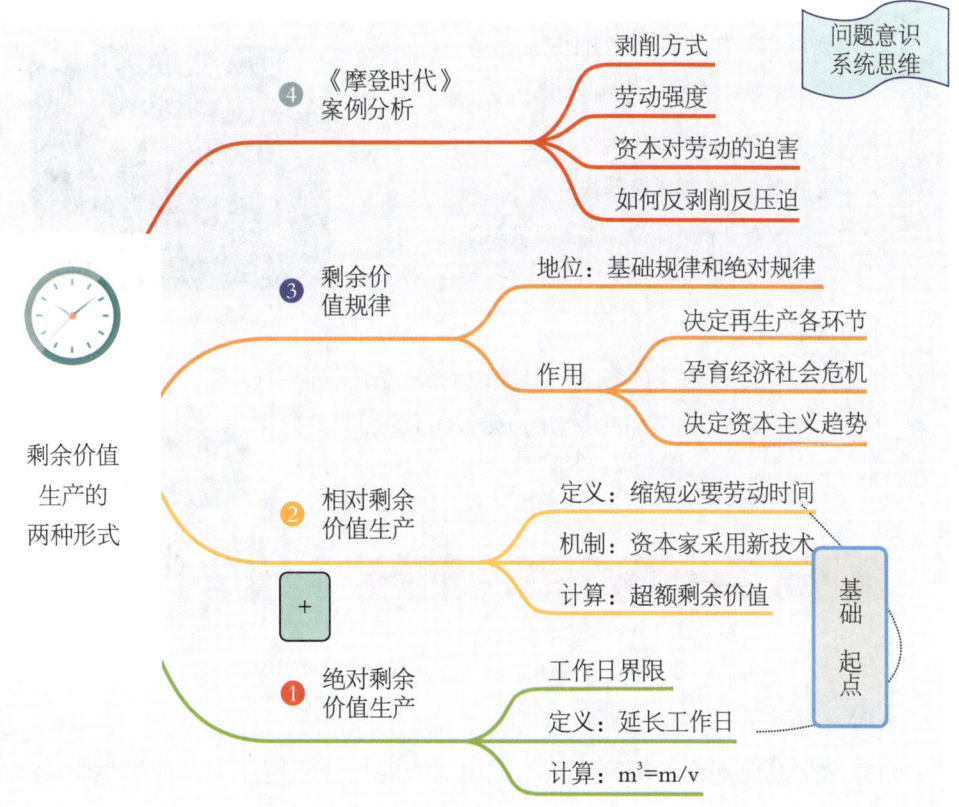

图4 《摩登时代》与剩余价值生产的两种方式思维导图

◆ 主要内容

影片《摩登时代》揭露资本主义社会中，各种创造发明都为资本家所有，成为他们剥削、压榨工人血汗的手段。影片一开始，工人查理双手拿着扳手，在机器的高效率驱赶下极度紧张地劳动。资本家坐在电视指挥台上还不断地叫喊"快！快！快！"，他们甚至企图依靠传送带和吃饭机来尽量缩短工人休息时间。在残酷的监管和压榨下，查理把一切形状类似的东西都误认为是螺丝帽，不停地用扳手去拧。高强度的体力劳动不仅摧残着工人的肉体，还摧残着他们的精神。《摩登时代》通过一个个滑稽而又辛辣的镜头，把20世纪30年代资本家剥削工人的手段揭露得淋漓尽致。

◆ 教学手段和方法

安排学生课下观看电影《摩登时代》，采用小组对抗赛或小组讨论汇报等形式分析资本家为了榨取剩余价值采取了哪些手段？资本对劳动者造成哪些迫害？无产阶级应该如何应对？培养劳动者主体意识，提升独立思考能力。

观看视频《摩登时代》思考并回答：
- 资本家通过哪些方式提高劳动强度？
- 资本家对劳动者形成哪些迫害？
- 提高剥削率的方式有哪些？
- 为了改变受剥削地位，工人阶级应该怎么办？

探究式学习：
由提高劳动强度而生产的剩余价值是相对剩余价值还是绝对剩余价值？
https://xuewen.cnki.net/CJFD-JWDP198004014.html

培养劳动者主体意识，坚定社会主义制度自信

图5 《摩登时代》与剩余价值规律教学设计

◆ 对应思政点

培养学生发现问题、探究成因与提出对策的综合应用能力；使学生学会运用马克思主义的立场、观点和方法理解资本主义经济关系，坚定制度自信。

4. 培养学生发现问题、探究成因与提出对策的综合应用能力

◆ 案例分析

沙林电草一体化虚拟仿真实验是教学团队开发的实验课程，被评为自治区级一流课程。该实验以库布其光伏治沙项目为原型，基于经济学、生态学、生物学的理论，运用虚拟仿真和交互技术，高度仿真了"造林治沙—光伏板上发电—板下甘草改土—板间种植"的立体生态光伏治沙模式的运营场景，模拟不同条件下的生态产业运行情况，寻找最佳的光伏发电和草本植物种植的组合方式，以实现沙漠治理、生态保护和可持续发展目标。通过实验可以分析影响资本周转速度的因素，锻炼复杂决策能力，树立生态文明价值观，激发建设美丽中国的责任担当。

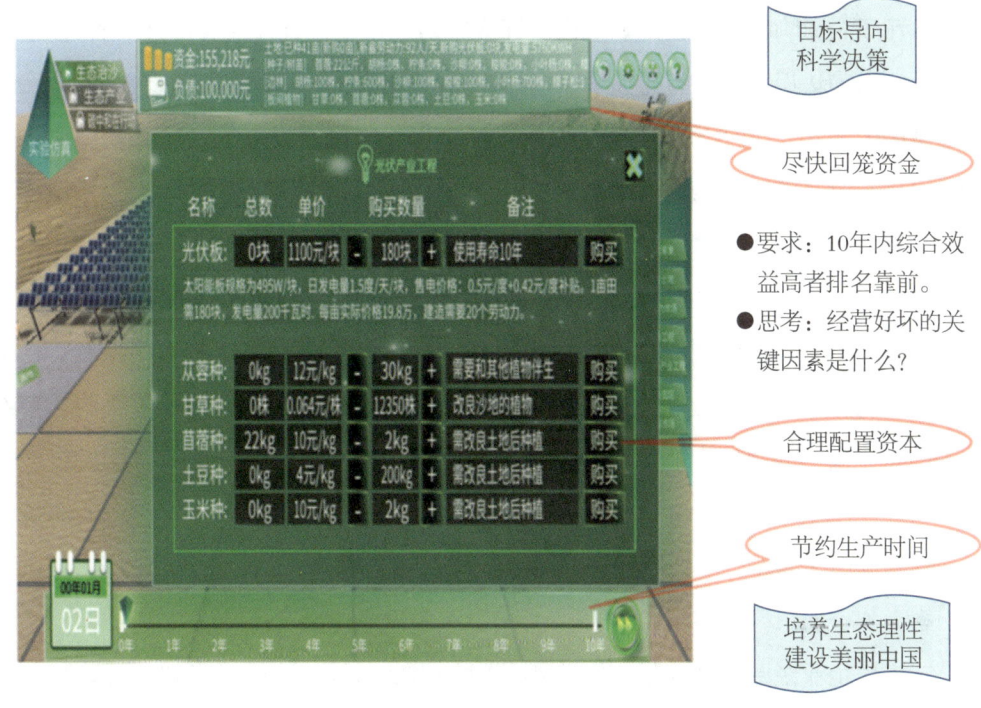

图6 沙林电草一体化与资本周转速度教学设计

◆ 知识点定位

第六章《资本主义流通》阐明单个资本的循环和周转是社会总资本再生产的基础，这一章是马克思主义政治经济学的重点和难点。利用沙林电草一体化虚拟仿真实验，可以清晰展现单个资本的循环和周转及其影响因素。学习这部分知识有助于理解资本循环和周转对社会化大生产的现实意义，树立绿色发展观与综合效益观。

◆ **主要内容**

实验设计了绿色资金筹资、治沙空间划分、造林治沙工程、"光伏+"产业工程、综合效益评价等模块。学生完成实验，可以掌握沙漠生态环境修复理论基础及应用原理、"光伏+"沙漠生态产业链构建及产品开发、资本循环与周转、BES 综合效益评价模型等经济学、生态学等多学科知识理论，拓展学生的知识体系，增强对理论实践应用场景的认知。实验设计了多要素评价的推演路径，学生只有从诸多选择中做出科学决策，才能顺利完成每一步操作，这能有效强化学生的问题意识，锻炼其解决复杂问题的系统思维和科学决策能力。

◆ **教学方法与手段**

指导学生完成沙林电草一体化虚拟仿真实验。通过小组竞赛、头脑风暴分析经营效益好坏的影响因素，激发学生自主探究学习的主动性；在造林治沙实验过程中，引导学生正确认识人与自然的关系；通过30年实验周期设定及生态、经济和社会综合效益评价模式，促使学生正确认识生态环境保护与经济发展的关系，增强生态环境保护意识和生态环境治理能力。

◆ **对应思政点**

使学生思考在生产经营过程中，如何处理好当代与未来的关系、短期利益与长期利益的关系，逐步树立生态理性价值观，在生产、生活中遵循人、自然、社会和谐发展的客观规律，激发建设美丽中国的责任担当，使学生理解科学决策、节约时间对经营效益的重要影响，培养学生发现问题、探究成因与提出对策的综合应用能力。

5. 自觉学习马克思主义经济学中国化最新成果

◆ **案例分析**

效益是企业经营、区域发展和治国理政的重要目标，也是经济学研究的首要问题。基于"两个结合"，习近平提出"经济效益、社会效益、生态效益同步提升"等重要论断，形成"以人民为中心"的综合效益观。综合效益观在根本立场、核心内容、评价方法、制度保障等方面回答了经济行为与发展目标的关系。综合效益观搭建了"政策—实践话语与学术—理论话语"链接机制，对构建中国经济学自主知识体系、推进中国式现代化建设、探索人类文明新形态有重要意义。

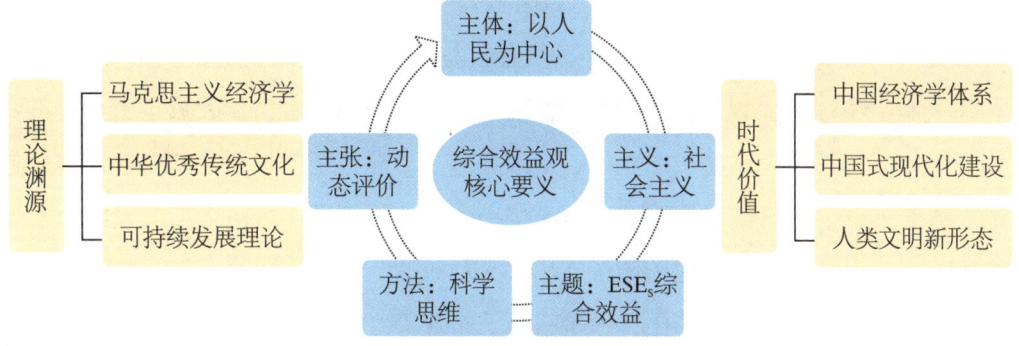

创新发展马克思主义，坚定中国特色社会主义理论自信

图7 "以人民为中心"的综合效益观的逻辑体系

◆ 知识点定位

导论一章阐明了经济学的研究对象和发展目的，第三章《价值规律》阐明市场经济的基本特征，第八章《资本主义的经济危机和历史趋势》分析了社会主义战胜资本主义的必然性。社会主义市场经济是马克思主义中国化的重要成果。科学的生产目的是保障社会主义市场经济发展的基础。习近平"以人民为中心"的综合效益观，是对社会主义生产目的理论、社会主义发展规律理论、马克思主义生产力理论的创新性发展；是对"义利统一""天人合一"等中华优秀传统文化的创造性转化。

◆ 主要内容

经济学是研究人类经济行为、经济现象及其规律的科学。商品经济条件下，人类的经济行为能否为其生存和发展带来效果和益处？带来多大的效果和益处？就是效益问题。效益是企业经营、区域发展和治国理政的重要目标，也是经济学研究的首要问题。社会主义市场经济和中国式现代化，在新中国发展史上、在社会主义发展史上、在人类社会发展史上都具有开创性意义，为中国经济学理论创新创造了有利的外部条件。挖掘习近平治国理政新思想、新举措、新方略蕴含的经济学原理，有助于构建中国经济学自主知识体系。

效益观的每次演进都推动经济学发展创新。在继承马克思主义社会效益观、借鉴可持续发展理念的基础上，习近平总书记逐步形成了"以人民为中心"的综合效益观。他指出，"推动经济持续健康发展，要求的是尊重经济规律、有质量、有效益、可持续的速度"，不能不顾客观条件盲目追求高速度；要"协调推进改革，注重改革的关联性和耦合性,力争最大综合效益""要树立正确发展思路,因地制宜选择好发展产业,切实做到经济效益、社会效益、生态效益同步提升,实现百姓富、生态美有机统一"。"以人民为中心"的综合效益观对推动经济学发展创新具有重要意义。一是运用马克思主义的立场、观点和方法,提出经济效益、社会效益和生态效益同步提升、有机统一的重要论断,突破了西方经济学"经济人"假设的狭隘视角限制;二是传承了中华优秀传统文化"义利统一"与"天人合一"思想,是对中华优秀传统文化的创造性转化;三是在承认企业等经营主体独立利益的同时,强调了社会责任和生态责任,突出了综合效益理念,为人类解决协调发展问题、可持续发展问题提供了中国方案。习近平经济思想是构建中国经济学自主知识体系的创新性成果,也为各分支学科研究经济规律、总结中国经验、探索中国道路提供了基本理论、基本方法和基本方略。

◆教学方法与手段

通过原著阅读指导学生挖掘"以人民为中心"的综合效益观的核心要义、思想渊源和时代价值;通过对比分析指出"以人民为中心"的综合效益观超越西方经济学的核心要点;通过思维导图厘清"以人民为中心"的综合效益观的逻辑架构,体会社会主义市场经济条件下的经济行为与发展目标之间的辩证关系。

◆对应思政点

使学生系统掌握马克思主义政治经济学核心概念和研究方法;学会运用马克思主义的立场、观点和方法分析社会主义的优越性,坚定"四个自信",为自觉践行习近平新时代中国特色社会主义思想奠定理论基础和思想基础。

# 政治学与行政学专业课程思政案例

政府管理学院　　杨中浩[①]

项目名称：中国政治思想史中"文武合一"教育的探索与实践

项目号：2023kcszzx23966

## 一、专业名称：政治学与行政学

## 二、专业介绍

### （一）专业简介

政治学与行政学专业是学习和研究政治现象及其发展规律的专业，对于推进我国治理体系和治理能力现代化具有重要作用，也是兼具政治性、理论性、应用性和实践性等多种属性的专业。我校于 2007 年开始招收政治学与行政学专业本科生，师资队伍稳定，专业教师均毕业于区内外知名院校，累计向社会输送毕业生 500 余名，面向自治区及全国各级各类党政机关、企事业单位、科研院所及社团，以服务于边疆地区基层政府为目标，培养政治学或行政学方面的应用型人才。在课程建设上构建通识教育课程、专业教育课程和实践教学体系有机融合的课程体系，将创新创业教育融入全程实践教学体系，推进教学、科研、实践紧密结合，坚持理论与实践并重，注重培养学生的教学与科研能力，是我校的特色专业。

### （二）培养目标

本专业坚持社会主义办学方向，顺应国家、地区职业教育改革发展趋势，注重满足学生个性化发展需求，为学生继续深造创造条件。培养既具有深厚教育情怀、

---

[①] 杨中浩，政府管理学院讲师。主要从事中国思想、两岸关系研究与教学工作。讲授中国政治思想史、比较政治制度等课程。

先进教育理念与较高教学技能，又具有扎实的政治学与行政学理论、专业知识与应用能力，能在职业院校从事教学、研究及管理工作的人才，预期毕业生毕业 5 年后，职业发展状况良好，大部分学生能够成为思想素质、业务素质和综合能力突出的基层公务员、政治学类专业课教师、政治理论课公共课教师及管理人员。

### （三）毕业要求

在熟悉中国特色社会主义的基本理论与制度的基础上，通过专业学习，应获得以下 11 项的知识、能力和素质：师德规范、教育情怀、工匠精神、教学能力、专业知识与能力、专业实践能力、班级指导、综合育人、职业指导、学会反思、沟通合作，将其表现在师德师风、教学水平、政治与人文素养、专业能力、终身发展 5 个方面。

### （四）核心课程情况

本专业核心课程包括：政治学原理、公共行政学概论、比较政治制度、中国政治制度史、公共政策分析、宪法与行政法、当代中国政府与政治、地方政府与政治、国际政治学概论、外交学导论、职业教育心理学、职业教育学。

### （五）负责人及教学团队

杨中浩，男，汉族，博士研究生，现为政府管理学院政治学与行政学系教师，本科毕业于台湾师范大学国文系，亦是中国台湾地区省级武术教练，对此课题内容能充分理解与掌握。主要研究领域是中国思想、两岸关系等。

人才建设方面，通过十余年的建设，政治学与行政学专业师资队伍较为稳定，目前专任教师 5 人，其中博士 4 人、硕士 1 人；副教授 2 人、讲师 3 人，专业教师均毕业于区内外知名院校，专业基础扎实，科研能力强，学缘结构、年龄结构合理。

## 三、以中国政治思想史课程为例的思政元素梳理

### （一）课程思政架构思想及实施设想

2020 年，教育部印发《高等学校课程思政建设指导纲要》（以下简称《纲要》），明确了课程思政建设的总体目标和重点内容，即要在全国所有高校、所有学科专业全面推进，围绕政治认同、家国情怀、文化素养、道德修养等重点优化课程思政内

容供给,提升教师开展课程思政建设的意识和能力,建立健全协同推进课程思政建设的体制机制,构建全员全程全方位育人大格局,坚定学生理想信念,切实提升立德树人的成效。构建全面覆盖、类型丰富、层次递进、相互支撑的课程思政体系。

中国政治思想史是具备中国特色的政治思想课程,体现在四个方面:首先,由纵向维度分析,中国政治思想史贯穿商周至清末民初时期,细分为商周时期、先秦时期、两汉时期、魏晋时期、宋明时期、清与民国时期,展现中国政治思想在不同时期的演进变化;其次,从横向维度分析,探讨每个时期的主流政治思想,如先秦诸子、汉初黄老、魏晋玄学、宋明理学、民国初年政治思想,内容丰富;再次,由中国思想的特征,即主体性和内在道德性进行分析,主体性致使中国思想始终围绕着"人",进而衍生出伦理与政治关系,而内在道德性引导中国政治思想走上"内圣外王"的道路,对内是修养德行,对外是治国平天下,故政治哲学与道德哲学是中国思想的一体两面;最后,由政治思想的特征分析,治国、平天下需要治理与军事能力,这也是中国政治思想中隐而不显的部分,自西周以降,王官之学散落民间,原本文武合一的教育演化为文武分离,只有少数知识分子能窥其貌并掌握,"兵事为儒学之至精,非寻常士流所能及也"。以上四部分是《中国政治思想史》的特点,亦契合了《纲要》中强调的政治认同、家国情怀、文化素养、道德修养等思政元素。

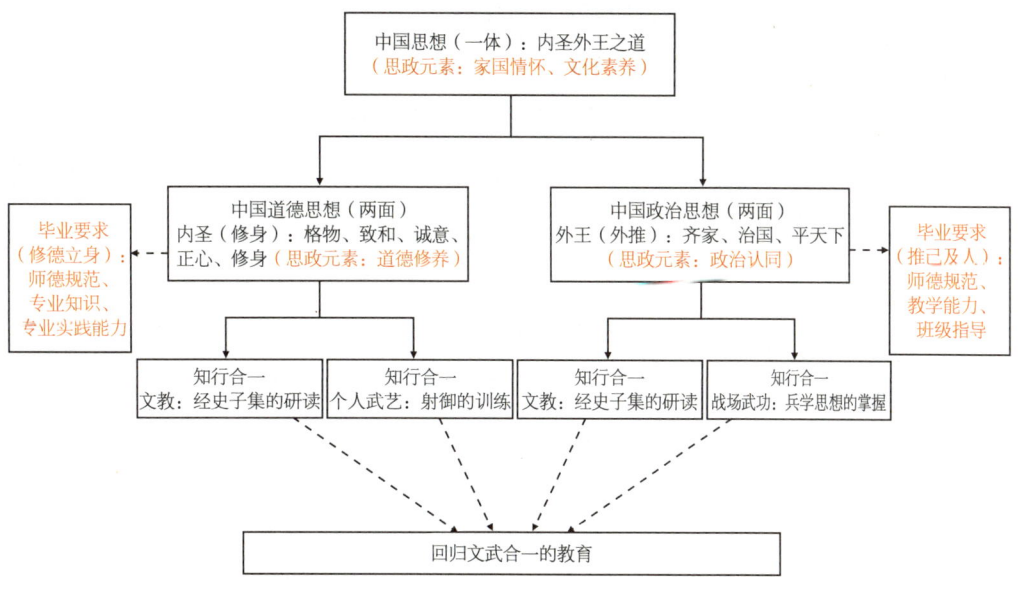

《中国政治思想史》(文武合一教育探索与实践)课程思政整体思路

### (二) 课程思政元素与实施

◆ **案例分析**

本案例旨在通过研读《礼记·乐记第十九》《论语·八佾》《礼记·射义》《荀子·议兵》等经典篇章，使学生深入周朝礼乐制度的内涵，包括了反求诸己、推己及人、文武合一、仁者无敌等观念，进而深刻体悟中国传统文化中的政治哲学与道德哲学，及其知行合一的态度。最后，通过对射艺的初步修习，期待学生将自身塑造为才德兼备、文武合一的知识分子。

◆ **知识点定位**

结合中国政治思想史课程中第一章第三节（西周初期的"敬天保民"思想）、第二章第二节（孔子的礼仁学说与德治主张）、第三章第三节（荀子的礼治思想），对先秦的儒家政治思想进行归纳，提取其中"武"的元素，以射艺为例，让学生接触实际的射艺，引导学生深入理解中国传统政治思想中的立德修身、推己及人的理念，将价值观塑造、知识传授和能力培养融为一体，培育学生成为德才兼备、文武合一、知礼守法的现代公民与未来教师，具备职业素养与情操。

◆ **主要内容**

（1）礼乐制度："武"的转化

《礼记·乐记第十九》："且女独未闻牧野之语乎？武王克殷反商。未及下车，而封黄帝之后于蓟，封帝尧之后于祝，封帝舜之后于陈。下车而封夏后氏之后于杞，投殷之后于宋，封王子比干之墓，释箕子之囚，使之行商容而复其位。庶民弛政，庶士倍禄。济河而西，马散之华山之阳，而弗复乘；牛散之桃林之野，而弗复服。车甲衅而藏之府库，而弗复用。倒载干戈，包之以虎皮；将帅之士，使为诸侯；名之曰建櫜。然后知武王之不复用兵也。散军而郊射，左射狸首，右射驺虞，而贯革之射息也。裨冕搢笏，而虎贲之士说剑也。祀乎明堂而民知孝。朝觐然后诸侯知所以臣，耕藉然后诸侯知所以敬。五者，天下之大教也。食三老五更于大学，天子袒而割牲，执酱而馈，执爵而酳，冕而总干，所以教诸侯之弟也。若此则周道四达，礼乐交通。则夫《武》之迟久，不亦宜乎！"

文化素养：以弓箭为例，将其由战场兵器转变为教育与竞赛中的器物，从杀人的单一属性转为修身、娱乐、体育、军事等多重属性，由射术转变为射艺、射礼，代表西周时期人文精神的昂扬。

道德修养与政治认同：说明中国政治思想的内涵于当时奠定基础，即在"圣王"的教化下培养德才兼备、文武合一的知识分子。

（2）礼乐制度：射礼的过程

《论语·八佾》：君子无所争，必也射乎。揖让而升，下而饮，其争也君子。

文化素养与道德修养：对射礼的过程进行探究，首先，射礼具备射术实战性的特质；其次，射礼展现公平竞争、谦虚有礼的特征；最后，射礼符合儒家"推己及人"的理想，体现在"下而饮"一词，下而饮是指由胜者为不胜者酌酒献爵，称为饮不胜者，并不是胜者趾高气扬勉强不胜者饮酒，而是鼓励不胜者再接再厉，期盼不胜者在下次的比试中更进一步，获得佳绩。

（3）礼乐制度：射艺的要点

《礼记·射义》：……故射者，进退周还必中礼，内志正，外体直，然后持弓矢审固；持弓矢审固，然后可以言中，此可以观德行矣。……夫君臣习礼乐而以流亡者，未之有也。……射者，仁之道也。射求正诸己，己正然后发，发而不中，则不怨胜己者，反求诸己而已矣。

文化素养与道德修养：对射艺的要领进行深入探讨，可以发现射艺是仁德的体现，内在的心性与外在的射姿互为依托，知识分子的内心中正不偏，故外在表现正直，则可以言中；反之则不中，故不中者应反思自身内在心性是否有所偏失，而不应嫉妒胜者。

家国情怀与政治认同：政治人物凭借对射艺的修习，实践修身、齐家、治国、平天下的政治理想。

（4）"武"与兵

《荀子·议兵》：陈嚣问孙卿子曰："先生议兵，常以仁义为本。仁者爱人，义者循理，然则又何以兵为？凡所为有兵者，为争夺也。"孙卿子曰："非女所知也。彼仁者爱人，爱人故恶人之害之也；义者循理，循理故恶人之乱之也。彼兵者，所以禁暴除害也，非争夺也。故仁人之兵，所存者神，所过者化，若时雨之降，莫不说喜。是以尧伐驩兜，舜伐有苗，禹伐共工，汤伐有夏，文王伐崇，武王伐纣，此两帝、四王皆以仁义之兵行于天下也。故近者亲其善，远方慕其义；兵不血刃，远迩来服；德盛于此，施及四极。《诗》曰：'淑人君子，其仪不忒。'此之谓也。"

家国情怀与政治认同：回顾前三则案例，西周将"武"转化为修德立身的礼乐制度，提升了武的内涵，但并没有扬弃武的本质，在政治过程中，文治与武功不可偏废，即使经历孔子、孟子到荀子，"武"仍是儒家落实仁义、实践政治理想的重要手段。

◆教学手段与方法

教学手段上，结合传统教学手段（教科书）与现代化教学手段（电脑与投影），同时以传统武术器械作为教具，如弓箭与刀枪，用以解说相关政治制度（礼乐制度）。

在教学方法上，结合讲授法、直观演示法与角色扮演法。首先，在多媒体的辅助下，配合教材与课件的内容，对学生讲授中国传统政治思想中的武艺思想，以及在不同朝代的演变；其次，使用弓箭等教具，向学生展示其在礼乐制度中的功能；最后，透过角色扮演法，让学生感受作为文武合一的知识分子（士）所应具备的责任与能力。

◆对应思政点

文化传承：通过对传统中国政治思想的理解，能秉持知行合一的态度，掌握并坚持树德立身、文武合一的自我锻炼方式，并将其传承给下一代。

民族精神：通过对中华文化的深刻掌握，增强文化自信与民族自豪感，弘扬民族精神。

社会责任：引导学生对所学科目进行整合，对日常生活与政治生活中的事件具备反思能力。

职业精神：培养学生未来的工作能力，使其能够将课程中学习到的人性论、法治观、社会观等带入工作中，具备系统教育、引导与领导的能力。

# 旅游人类学（专业选修课程）课程思政案例

旅游学院　阿荣娜[①]

项目名称：旅游人类学课程思政育人体系的构建　项目号：2023kcszzx23793

## 一、专业名称：旅游管理专业

## 二、专业介绍

### （一）专业简介

旅游管理专业是内蒙古自治区品牌专业（2008年），始设于1992年，是自治区最早经教育部批准开设的旅游管理专业。1993年正式招收旅游管理专业专科生，2000年开始招收本科生。2018年10月获批硕士研究生学位点，并获批民族学一级学科博士授权点。现已形成本、硕一体的人才培养模式，且具备蒙古语、汉语、英语三语教学的优势特色。旅游管理专业作为旅游学院的核心专业，秉承学院"立足内蒙、服务全国、面向世界"的办学理念，以民族旅游、生态旅游为教学科研重点，以立德树人、服务社会为专业发展方向，努力将本专业建设成为北疆旅游的动能与源泉。

### （二）培养目标

旅游管理ISEC项目以OBE课程体系为指导，通过国际化课程的设置和教学方法的改革，在思维、团队合作、表达与交流、主动学习等方面培养学生的综合能

---

[①] 阿荣娜，蒙古族，中山大学管理学博士，内蒙古师范大学副教授，现任旅游学院旅游系系主任，兼任时空社会学学会理事。主要从事旅游与社会时空、乡村旅游可持续发展等方面研究。讲授旅游人类学、旅游消费者行为学、旅游研究方法等课程。

力。同时，本专业在文旅融合的大背景下，将旅游与文化、管理、经济等其他学科充分整合，以旅游开发与策划、旅游企业运营与管理为培养重点，着重培养具有创新意识、创新思维和创新能力的高素质旅游管理创新型人才。相较于传统教学模式，ISEC课程教学特点集中体现在：基于学生学习成果的教学设计；采用过程性学习评价为主的评估方式；明辨性思维贯穿教学；引导学生主动学习；国际化人才的学习环境。

### （三）毕业要求

通过专业学习，学生应该具有正确的政治方向、坚定的理想信念，能够践行社会主义核心价值观，具有强烈的社会责任感和宽广的国际视野以及深厚的道德责任意识。树立正确的世界观、人生观和价值观、具有强烈的人文情怀，积极向上，心理健康，热爱体育活动，具有良好的身体素质。通过相关理论的系统学习和研究，使学生系统掌握旅游人类学课程知识。了解国内外有关旅游学的发展动态和学术前沿问题。具有一定的人文学科、思维学科的相关知识，具备较强的外语听说读写能力，能熟练运用各种工具处理文字、查阅资料。具有运用所学理论分析和解决社会现实问题的基本能力和对旅游前沿问题研究的基本科研创新能力。

## 三、课程简介

### （一）核心课程简介

旅游人类学课程是一门旅游管理类专业核心主干课程。课程全面系统阐释旅游人类学的旅游凝视、生活方式型移民、文化涵化等理论，并在课程中融入思政教育。让学生掌握人类学视角下的旅游，树立以人为本的旅游可持续发展理念，提高组织与管理的科学性和预见性，提高服务水平和能力。课程内容与时俱进，体现思想性、科学性与时代性。课程采用实践案例和最新学术观点讲解知识内容。课程坚持OBE理念，结合旅游管理专业知识设置讨论或作业，激发学习兴趣，增强实践能力和创新能力。

### （二）课程涵盖内容

旅游与文化：研究旅游活动如何影响和反映目的地的文化现象，包括仪式、认同、社会性别、符号体系等。

旅游中的人际关系：分析旅游中主客间的互动，以及这种互动如何影响双方的文化认知和行为模式。

旅游与遗产：探讨旅游活动对遗产地的影响，包括物质文化遗产和非物质文化遗产的保护与传承。

旅游与博物馆：研究博物馆作为旅游景点时，如何展示和传播文化，以及游客在博物馆中的体验和感受。

此外，旅游人类学还关注旅游活动的跨文化性质，通过人类学的视角研究旅游过程中出现的社会文化现象，从而深化对旅游本质的理解。这门课程不仅有助于理解旅游活动的社会文化意义，还为旅游规划和管理提供了新的视角和方法。

### （三）课程对学生的影响

理解旅游活动对社会文化的影响；分析旅游中的文化交流和互动；探讨旅游开发与社区建设的联系；研究旅游的可持续发展问题。

通过这门课程，学生将获得对旅游现象的深入理解和分析技能，为未来的旅游研究和实践活动打下坚实的基础。

## 四、课程支撑毕业要求指标点情况

通过本课程的学习，使学生达到以下具体目标：

课程目标1：树立质量、服务、责任、创新四个意识，具备严谨认真、精益求精、追求完美、勇于创新的职业精神，弘扬劳动光荣、技能宝贵、创造伟大的时代风尚。【毕业要求1 工匠精神】

课程目标2：系统掌握旅游学、人类学等方面的基础理论、知识和方法。熟练掌握旅游管理专业课程的理论知识与专业技能，了解我国旅游业发展前沿和未来趋势，具备旅游业新业态的学习和创新能力，了解旅游管理相关职业背景知识。具有从事与旅游管理相关的实际工作和研究工作的初步能力。【毕业要求5 专业知识与能力】

## 五、旅游人类学课程思政元素梳理

### （一）涵化——旅游中的文化变迁

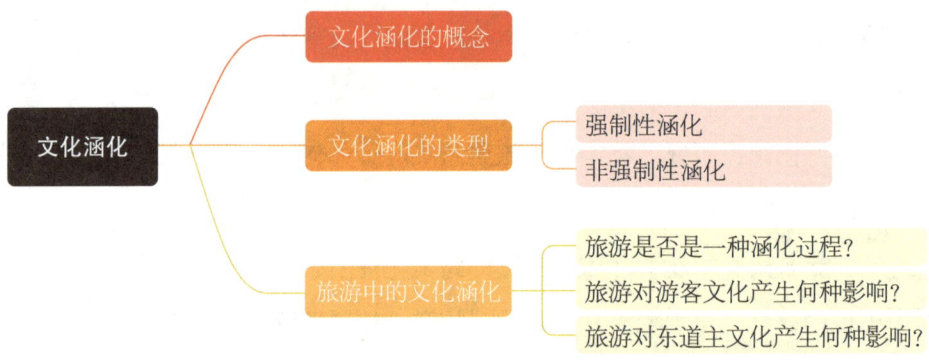

图 1　文化涵化知识图谱

◆案例分析

旅游人类学包括九章内容，“涵化：旅游中的文化变迁”是第二章的前半部分。第一章讲了旅游人类学的概论，铺垫了文化人类学的知识，旅游人类学的发展历程，在此基础上认知旅游与文化变迁之间的关系，也为后面讲解旅游人类学的理论打下基础。本部分通过掌握知识点、分析案例进行学习。在已掌握“涵化的概念”与“涵化的类型”的基础上学习旅游中的文化涵化，运用所学知识通过云南丽江纳西族东巴纸案例（学习材料如图所示）分析几部分内容。

第37卷 第3期　2017年5月　中南民族大学学报（人文社会科学版）　Joumal of South-Cemtral University for Nationlities(Humunities and Social Sciences)　Vol.37 No.3　May 2017

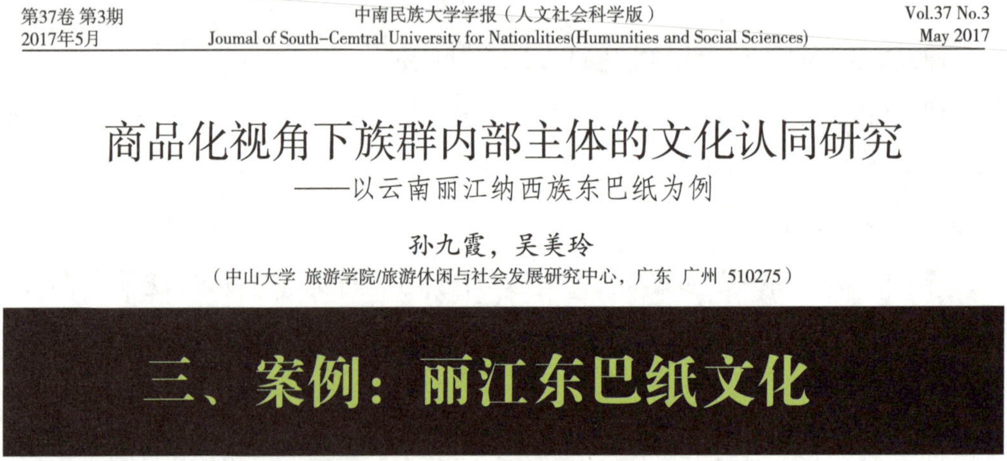

商品化视角下族群内部主体的文化认同研究
——以云南丽江纳西族东巴纸为例

孙九霞，吴美玲
（中山大学 旅游学院/旅游休闲与社会发展研究中心，广东 广州 510275）

三、案例：丽江东巴纸文化

图 2　云南丽江纳西族东巴纸案例学习材料

◆知识点定位

学习者是大学三年级旅游管理专业学生，课前学习和课前任务的完成需要教师进行有效地管理和督促,同时,课堂中对重要的知识点进行深入讲解,并设计教学案例,逐步培养学生独立学习的习惯,通过教师的引导和启发,使学生能够积极思考并主动发表自己的观点,对于知识在实际旅游目的地应用中做出更多的思考和挖掘。

学生基本掌握旅游管理专业知识体系与框架,熟悉本专业必需的基础理论、基本知识和基本技能。具有自主学习的能力,但还需要老师的指导和讲授,为旅游人类学的学习奠定了基础。在本节内容讲授之前,学生已掌握了旅游人类学的概念和研究内容,为本节课的学习奠定了知识基础。

◆ **主要内容**

(1) 课前基于学习平台学习 1 课时(20 分钟)

①学习目标(本周导学)。(2 分钟)

②阅读学习通中旅游影响下的文化变迁的案例,思考问题。(约需 15 分钟)

③在案例中标出思考问题后的答案。(3 分钟)

建议了解完相关文献后,按照自己的理解和记忆标记涵化在论文中的具体表现,帮助理解涵化的相关知识。

(2) 课堂中知识内化(20 分钟)

阶段一:知识学习。

学习涵化的概念;学习涵化类型及其特征。

阶段二:研究话题。

讨论:旅游活动对不同主体文化产生的影响。

分析总结:旅游活动对不同主体文化产生的具体影响。

阶段三:案例分析。

案例视频。

阶段四:课后思考。

发布作业;课堂总结。

◆ **教学方法**

(1) 情感教学法:好的教学在于共情。教师鼓励学生大胆讨论并表达自己的情绪,倾听其他同学的感受,学生重新认知主题知识并逐渐产生学习热情。教师引导学生对读书会、田野调查汇报内容进行再思考,让学生试图用社会案例以及自身经验来感受和解释这个话题，学生表现出兴趣并产生了对旅游人类学的热爱。

（2）案例研究法：案例分析是理解并掌握抽象思想和理论的方法，尤其是联系并针对时事和经典案例进行讲授，更能激发学生兴趣。第一，基于近5年发表的旅游人类学相关实证研究论文，通过实实在在的中国民族旅游地案例，共同学习和分析旅游人类学理论的中国应用。第二，邀请其他院校旅游人类学专家举办讲座，用实地案例的系统研究展示旅游民族学的理论与认知。第三，通过"特种兵式旅游""淄博烧烤"等新兴旅游现象认知和反思旅游民族学相关理论，例如2023年的课程。

（3）联想教学法：我校旅游管理系专业全国统招，学生多数来自内蒙古、辽宁、吉林、贵州、安徽、广西、新疆、福建、湖南等的多个少数民族聚集地，有蒙古族、壮族、白族、苗族、侗族、彝族等多个少数民族，对于旅游民族学探讨的文化与社会议题有着天然的地域优势。课程中，探讨相关议题时，联想家乡旅游情况进行举例、分析和反思。

◆ 对应思政点

对于文化变迁，要持一个相对客观公正的态度，对于弱势群体的文化保护，并非单纯地拒绝发展。文化商品化实质是利用原有的文化资源和外来文化的元素进行文化再生产的过程，而这一过程在某种程度上影响了族群内部主体的文化认同。族群内部主体的文化认同是多维度、多层次的，既包含了对价值观念的认同，又包含对文化符号、文化身份的认同。

### （二）旅游原真性

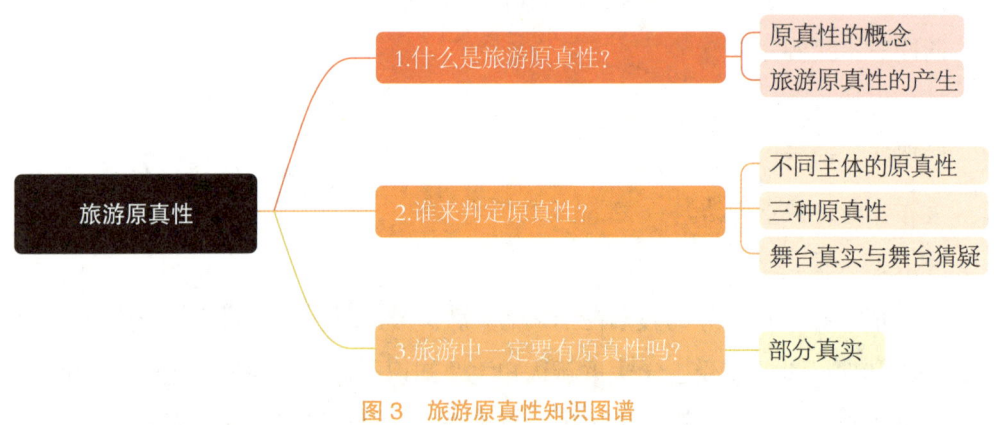

图3 旅游原真性知识图谱

◆ 案例分析

本部分以任务驱动的方式，通过完成案例掌握知识点的学习。在已掌握的"旅游原真性的概念"和"旅游原真性的判定主体"的基础上，分析理解原真性三种认知的概念、特点，以及旅游情形的类型等几部分内容。

◆ 知识点定位

大学三年级旅游管理专业学生，对旅游人类学相关概念已有了解，但是缺乏用宽阔的视野具体了解旅游人类学这门课程。将论文案例解读应用到教学课件的制作，利用相关论文案例解读解决教学问题的意识不强。具有自主学习的能力，但还需要老师的指导和约束。同时，学生对专业课的了解不足，课堂参与度不够积极，会导致翻转课堂的课前预习不充分，任务完成不够理想，从而影响课堂知识的内化和迁移。因此，课前的学习和课前任务的完成需要教师进行有效的管理和督促，同时，课堂中对重要的知识点进行深入讲解，并设计教学案例，逐步培养学生独立学习的学习习惯，通过教师的引导和启发，使学生能够积极思考并主动发表自己的观点，对于知识在实际教学中的应用做出更多的思考和挖掘。在学习本节内容之前，学生已掌握了"旅游与文化变迁"相关的知识，有了一定基础，并熟练掌握在网络平台上如何进行课前学习。

◆ 主要内容

（1）课前基于学习平台学习1课时

①学习综述，了解本章大致内容。（3分钟）

②通过观看概念与案例PPT了解旅游原真性的概念与类型。（10分钟）

③阅读相关内容提前思考"谁来判定原真性？"这一问题。（7分钟）

（2）课堂中知识内化

阶段一：知识学习。

学习旅游原真性的概念以及判定主体；学习"三种认知下的原真性"；学习"旅游情形的类型"。

阶段二：研究话题。

讨论：旅游中一定要有"原真性"吗？分析：旅游中的部分真实。

阶段三：案例分析。

论文阅读；论文解读。

阶段四：课后思考。

论文阅读；分析问题。

◆教学方法

在课程教学方法上，尝试运用BOPPPS教学模式开展课程内容，通过现实案例引导课程议题（Bridge-in），设定课程学习目标（Learning objectives），基于提问贯穿前测模式（Pre-assessment）与参与性学习（Participatory Learning），结合课后思考题与课后文献阅读完成后测模式（Post-assessment），并在课程后再次总结课程内容（Summary）。

◆对应思政点

主要开展学生对目的地的情感投入、对环境的关注与保护、对不同文化的尊重与包容等方面的培养。通过设定情感、态度、价值观类目标，可以培养学生的情感体验和情感表达能力，增强他们的环境意识和文化素养。

（三）旅游移民

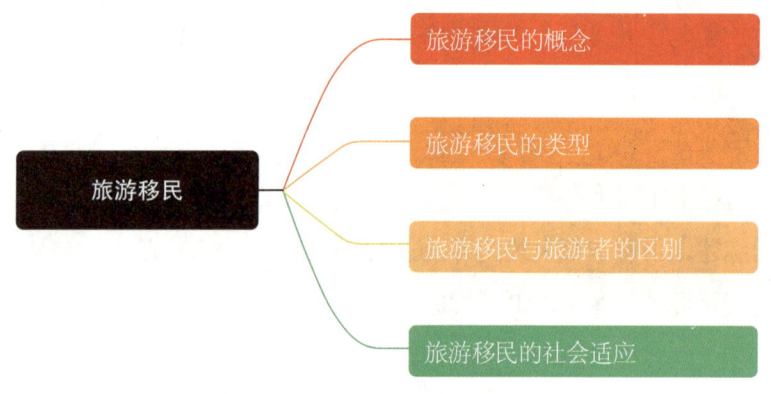

图4　旅游移民知识图谱

◆案例分析

本部分以任务驱动的方式，通过完成案例掌握知识点的学习。在已掌握的"旅游移民的概念"和"旅游移民的类型"的基础上，讨论分析在不同角度下旅游移民与旅游者的区别，以及通过案例分析掌握旅游移民的社会适应过程等几部分内容。

◆知识点定位

大学三年级旅游管理专业学生，对旅游人类学相关概念已有了解，但是缺乏用宽阔的视野具体了解旅游人类学这门课程。将论文案例解读应用到教学课件的制作，利用相关论文案例解读解决教学问题的意识不强。具有自主学习的能力，但还需要老师的指导和约束。同时，学生对专业课的了解不足，课堂参与度不够积极，会导致翻转课堂的课前预习不充分，任务完成不够理想，从而影响课堂知识的内化和迁移。因此，课前的学习和课前任务的完成需要教师进行有效的管理和督促，同时，课堂中对重要的知识点进行深入讲解，并设计教学案例，逐步培养学生独立学习的学习习惯，通过教师的引导和启发，使学生能够积极思考并主动发表自己的观点，使同学对于知识在实际教学中的应用做出更多的思考和挖掘。在本节内容讲授之前，学生已掌握了"旅游移民的概念"和"旅游移民的类型"，有了一定基础，并熟练掌握在网络平台上如何进行课前学习。

◆ **主要内容**

（1）课前基于学习平台学习1课时

①学习综述，了解本章大致内容。

②通过观看概念与案例PPT了解旅游移民的概念与类型，以及案例。

③阅读"从异化到共鸣：旅游小企业主移民向往的生活"相关论文。

④提前了解"三亚回族社区穆斯林旅游移民"。

（2）课堂中知识内化

阶段一：知识学习。

学习旅游移民的概念；学习不同类型的旅游移民及其特征。

阶段二：研究话题。

讨论：多维度下旅游移民与旅游者的区别；分析：不同维度下旅游移民与旅游的区别。

阶段三：案例分析。

论文阅读；论文解读。

阶段四：课后思考。

论文阅读；分析问题。

◆ **教学方法**

任务驱动法、讲授法、提问法、小组讨论法、演示法。通过情境式启发、案例，并结合多媒体课件及传统讲授教学，系统阐明多维度下旅游移民与旅游者的区别，并反思旅游中的旅游移民对旅游目的地有何影响，以及社会适应的过程。通过情景启发式教学和案例教学,引导帮助学生理解重点与难点问题。

◆ 对应思政点

通过对"旅游移民"的探讨与学习,培养学生全球视野和跨文化交流能力;培养学生对于旅游移民的开放和包容态度;培养学生对旅游移民的社会影响和可持续发展的关注。

# 民航企业管理课程思政建设探索与实践

旅游学院　刘正鼎[①]

项目名称：航空服务艺术与管理专业"课程思政"育人体系的构建

项目号：2023kcszzx23863

## 一、专业名称：航空服务艺术与管理

## 二、专业介绍

### （一）专业简介

航空服务艺术与管理专业为内蒙古师范大学与北京广慧金通教育科技有限公司校企合作办学专业，2008年开始招生，是我国最早开设的空中乘务本科专业之一。2008—2019年，该专业以旅游管理或音乐表演空中乘务方向进行招生；2019年3月，内蒙古师范大学获批航空服务艺术与管理专业，成为全国首批获批该专业的12所本科院校之一。2020年该专业获批自治区一流本科专业；2021年，以该专业为主要依托，旅游学院获批首批国家级现代产业学院。

### （二）培养目标

本专业围绕"民航强国"战略，立足于社会需求和行业需要，培养具有坚定中华民族共同体意识、厚植教育情怀、良好人文和科学素养，掌握民航服务与管理理论和技能、职业教育基本理论和技能、会展服务与策划理论和技能，具有航空服务与管理、会展服务与管理、教育教学等能力，具备国际视野和较高职业素养，全面贯彻党和国家方针政策的优秀职业教育师资和高素质应用型、创新型、复合型人才。

---

① 刘正鼎，旅游学院讲师，主要从事旅游管理、航空服务艺术与管理教学与研究工作，讲授导游业务、民航企业管理等课程。

### （三）毕业要求

通过专业学习，学生能够践行社会主义核心价值观，贯彻党的教育方针。热爱职业教育事业，具有积极的情感、端正的态度、正确的价值观。学生能够系统掌握航空服务艺术与管理专业课程的理论知识与专业技能，了解我国航空服务业发展前沿和未来趋势，具备航空服务业新业态的学习和创新能力，了解航空服务艺术与管理相关的职业背景知识。具备较熟练的实际操作技能，能够积极主动将本专业所学知识与技能融会贯通运用于行业实践；能够综合运用航空服务与管理专业知识对教材进行有效解读，掌握重难点教学策略，具备将专业知识转化为教学活动的教学设计、组织、评价等教学能力，同时具有一定的教学研究能力。具有终身学习与可持续发展的意识，能够根据专业领域的新变化，发挥创新能力以适应时代发展的需求。

### （四）核心课程情况

本专业核心课程包括：新生研讨课、民航概论、管理学、艺术学概论、民航服务礼仪、客舱服务、客舱设备操作训练、客舱安全管理、民航企业管理，客舱乘务员综合实训、航空面试技巧、民航商务运营管理、民航专业英语（一）（二）、综合英语（一）（二）、航空地理、市场营销学、饮食文化、内蒙古历史、内蒙古民俗。

### （五）教学团队

航空服务艺术与管理专业师资团队由校企共同组成，其中，学校教师16名，企业教师19名。学历结构上，博士5人，硕士12人，本科18人；职称结构上，教授2人，副教授4人，讲师10人，企业内部评审高级职称3人、中级职称8人，导师3人。

## 三、以民航企业管理课程为例的思政元素梳理

### （一）课程介绍

民航企业管理课作为航空服务艺术与管理专业的一门核心课程，旨在培养学生掌握现代民航企业的运营与管理知识，了解民航业的发展趋势，以培养学生在实际工作中应用管理学知识的能力。在当前中国式现代化新征程的背景下，本课程积极探索思政元素的融入，以"思政+"人才培养模式为指导，培养既具备专业技能又具

备高尚职业道德和社会责任感的民航企业管理人才。

### （二）课程目标

思政目标：通过课程学习，使学生深刻理解民航企业的社会责任和使命，增强国家意识和民族自豪感，培养具有高尚职业道德和敬业精神的民航人才。

知识目标：系统掌握民航企业管理的理论知识，了解民航行业的前沿动态和发展趋势，提升分析问题和解决问题的能力。

实践能力和创新精神目标：课程强调理论联系实际，通过案例分析、模拟操作等方式，使学生能够在实践中运用所学知识，培养解决实际问题的能力。同时，鼓励学生提出创新性的观点和解决方案，培养其创新精神和实践能力。

素质目标：培养学生良好的职业道德和团队协作精神，具备高度的责任感和敬业精神，能够适应民航企业快速发展的需求。

### （三）课程思政元素梳理

在民航企业管理课程中融入思政元素需要注重理论与实践的结合、历史与现实的贯通以及国内与国际的交融。通过多方面的教育和引导，帮助学生树立正确的价值观、提高职业素养和实践能力、增强国际竞争力和合作意识。

价值观塑造：在课程中强调民航企业的社会责任和担当，培养学生对民航行业价值观的正确理解和认同。例如，在讨论民航企业的经营管理时，可以引入企业对环境保护、社会公益等方面的贡献，引导学生思考企业的社会责任。

历史文化传承：介绍民航企业的历史演变和文化发展，让学生了解民航行业的悠久历史和深厚文化底蕴。这有助于学生增强文化自信，并在学习中更好地理解和应用民航企业的管理理念和方法。

爱国主义精神：在课程中融入爱国主义教育内容，如介绍我国民航事业的发展历程、重大成就和国际地位等，激发学生的爱国情感和民族自豪感。

职业道德教育：强调民航企业管理中职业道德的重要性，培养学生具备诚信、责任、创新等职业素养。通过案例分析、角色扮演等方式，让学生在实践中体验和感悟职业道德的内涵和价值。

创新思维培养：在课程中注重培养学生的创新思维和实践能力，鼓励学生提出新颖的想法和解决方案。例如，在讨论民航企业的创新战略时，可以引导学生思考如何结合新技术、新业态等创新要素来推动新质生产力的发展。

1. 中国特色社会主义市场经济制度为民航企业的健康发展提供了有力保障

◆案例分析

在中国特色社会主义市场经济制度下，民航企业作为国家基础设施建设和经济社会发展的重要支撑，得到了迅速发展和壮大。例如，近年来，国内航空公司不断优化航线网络、提升服务质量，国际航线不断拓展，满足了人民群众日益增长的出行需求。同时，国家政策的扶持也为民航企业提供了更加稳定和公平的竞争环境，进一步激发了企业活力，推动了行业的健康可持续发展。

◆知识点定位

中国特色社会主义市场经济制度是我国经济体制改革的重要成果，它结合了社会主义基本制度和市场经济的优势，为民航企业的健康发展提供了有力保障。在这一制度下，民航企业能够充分发挥市场主体的作用，自主经营、自负盈亏，同时受到国家宏观调控的指导和支持，确保了行业的稳定发展和国家利益的实现。

◆主要内容

中国特色社会主义市场经济制度为民航企业的健康发展提供了以下有力保障：

公平竞争的市场环境：国家通过制定相关法律法规和政策措施，维护了民航市场的公平竞争秩序，保障了企业的合法权益。

稳定的政策环境：国家政策的稳定性和连续性为民航企业提供了长期发展的信心，企业可以根据国家规划和发展战略制订自身的发展计划。

多元化的融资渠道：在社会主义市场经济制度下，民航企业可以通过多种渠道筹集资金，包括银行贷款、发行债券、股票上市等，为企业的发展提供了充足的资金支持。

创新的激励机制：市场经济鼓励企业创新，民航企业也在技术创新、管理创新、服务创新等方面不断取得新成果，提高了企业的核心竞争力和市场占有率。

◆教学手段和方法

案例分析法：通过剖析国内外民航企业发展的典型案例，引导学生深入理解中国特色社会主义市场经济制度对民航企业健康发展的保障作用。

小组讨论法：组织学生分组讨论民航企业在市场经济条件下的发展策略和挑战，培养学生的团队协作能力和分析问题能力。

实地考察法：组织学生参观民航企业，了解企业的运营情况和市场环境，增强学生的实践能力和感性认识。

◆ 对应思政点

改革开放与现代化建设：通过讲解民航企业在改革开放和现代化建设中的重要作用，引导学生认识到改革开放是强国之路、富民之路。

社会主义核心价值观：强调民航企业在发展过程中要遵循社会主义核心价值观，诚信经营、服务社会、回报社会。

国家利益至上：引导学生认识到民航企业的发展要服务于国家利益，为国家的经济社会发展贡献力量。

法制精神：通过讲解民航企业遵守法律法规的重要性，培养学生的法制意识和法律素养。

2. 从中国民航业的发展历史事件两航起义体现爱国人士作出的贡献

◆ 案例分析

两航起义，是指1949年11月9日"中国航空公司"和"中央航空公司"的员工在中国共产党地下组织的策动下，在刘敬宜和陈卓林两位总经理率领下在香港举行起义，宣布脱离国民党政权，投向祖国怀抱。两航起义的成功，打击了国民党政权的残余势力，壮大了新中国的民航事业。

在两航起义中，爱国人士克服重重困难，坚定信念，为了新中国的民航事业和国家的利益，不惜牺牲个人的安全和利益。他们的英勇行为，体现了对祖国的深厚感情和对新中国的坚定信心。

◆ 知识点定位

这一历史事件体现了中国民航业在特定历史时期的发展脉络，以及爱国人士在国家危难时刻所展现出的爱国情怀和英勇行为。同时，也反映了新中国成立后，国家对于民航事业的重视和支持，以及民航事业在国家发展中的重要地位。

◆ 主要内容

两航起义的背景：国民党政权崩溃前夕，两航员工在地下党的策动下，为了维护国家利益和民航事业的未来，决定起义。

起义过程：刘敬宜和陈卓林两位总经理率领员工宣布起义，并成功地将大批航空器材和技术人员带回祖国。

起义意义：两航起义打击了国民党政权的残余势力，为新中国的民航事业奠定了基础，同时也提升了新中国的国际地位。

◆ **教学手段和方法**

讲授法：通过讲述两航起义的历史背景和过程，让学生了解这一事件的重要性和意义。

讨论法：引导学生就两航起义中的爱国精神和牺牲精神进行讨论，深入理解爱国人士的贡献。

案例分析法：通过分析两航起义的具体案例，让学生认识到爱国人士在国家危难时刻所发挥的重要作用。

多媒体教学法：利用图片、视频等多媒体资料，直观地展示两航起义的历史场景和人物形象。

◆ **对应思政点**

爱国主义精神：两航起义中的爱国人士为了国家的利益和民航事业的未来，不惜牺牲个人的安全和利益，体现了深厚的爱国主义精神。

集体主义精神：在起义过程中，两航员工团结一心、共同奋斗，体现了集体主义精神的力量。

革命精神：两航起义是在新民主主义革命时期发生的重大事件，体现了革命精神在推动历史进步中的重要作用。

历史责任感：爱国人士们深知自己的历史责任，为了国家的未来和民航事业的发展而努力奋斗，体现了强烈的历史责任感。

通过以上分析，我们可以看到两航起义不仅是中国民航史上的重要事件，更是爱国人士为了国家利益和民航事业的未来所作出的巨大贡献。这一历史事件对于我们今天的青年学生来说，具有重要的启示意义。我们应该学习爱国人士的精神品质，为国家的繁荣富强和民航事业的发展贡献自己的力量。

3. 中国"两个一百年"奋斗目标中民航企业的作用

◆ **案例分析**

在中国实现"两个一百年"奋斗目标的进程中，民航企业作为重要的国家基础设施，发挥了不可替代的作用。以近年来民航业的发展为例，随着国家经济的快速增长和人民生活水平的提高，民航企业积极响应国家号召，通过优化航线网络、提升服务质量、加强技术创新等措施，为国家经济发展、社会进步和人民福祉作出了重要贡献。

◆知识点定位

"两个一百年"奋斗目标是中国共产党在党的十八大、党的十九大等会议上提出的重要战略目标，包括到建党一百年时全面建成小康社会、在新中国成立一百年时建成富强民主文明和谐美丽的社会主义现代化强国。民航企业作为国民经济的重要组成部分，其发展目标与国家战略目标紧密相关，为实现"两个一百年"目标作出了积极贡献。

◆主要内容：

促进经济发展：民航企业通过开辟国际航线、加强国际合作，为国家的对外贸易和经济发展提供了重要支撑。据统计，近年来中国民航客运总量持续增长，为国内外经济交流和合作提供了便捷高效的交通方式。

服务人民出行：民航企业不断提升服务质量，优化旅客体验，满足了人民群众日益增长的出行需求。通过引进新技术、改善设施、提升服务水平等措施，民航企业为旅客提供了更加安全、舒适、便捷的航空运输服务。

推动科技创新：民航企业在技术创新方面取得了显著成果，推动了行业的技术进步和产业升级。通过引进和研发新技术、新设备，民航企业提高了运输效率、降低了运营成本、增强了安全性能。

促进区域协调发展：民航企业通过优化航线网络、加强区域间合作，促进了区域经济的协调发展。特别是在支持西部大开发、中部崛起、东北振兴等国家重大战略中，民航企业发挥了重要作用。

◆教学手段和方法

讲授法：通过讲解"两个一百年"奋斗目标的内涵和民航企业的发展历程，引导学生理解民航企业在实现国家战略目标中的重要作用。

案例分析法：结合具体案例，分析民航企业在促进经济发展、服务人民出行、推动科技创新等方面的具体贡献。

小组讨论法：组织学生分组讨论民航企业如何更好地服务国家发展战略、实现自身发展目标等问题，培养学生的合作精神和创新能力。

实践教学法：安排学生参观民航企业、了解实际运营情况和技术创新成果，增强学生的实践能力和感性认识。

◆对应思政点

爱国主义精神：引导学生认识到民航企业的发展与国家的发展息息相关，培养学生的爱国主义精神和社会责任感。

服务人民宗旨：通过了解民航企业在服务人民出行方面的具体贡献，引导学生树立为人民服务的宗旨意识。

创新精神：鼓励学生关注民航企业的技术创新和产业升级，培养学生的创新意识和创业精神。

国际视野：在分析民航企业参与国际合作的过程中，培养学生的国际视野和跨文化交流能力。

4.民航精神与爱国情怀对民航人力资源管理的影响

◆案例分析

以东方航空股份有限责任公司为例，该航空公司长期秉承"安全第一、服务至上"的民航精神，并将其与爱国情怀紧密结合。在人力资源管理方面，该企业注重选拔和培养具有爱国情怀和民航精神的员工，通过各类培训和教育活动，不断增强员工的国家意识和职业使命感。这种精神文化的熏陶，使得员工在工作中更加敬业、负责，为企业的发展贡献自己的力量。

◆知识点定位

民航精神：指民航行业在长期发展过程中形成的独特精神文化，包括安全、服务、创新、奉献等方面的内涵。

爱国情怀：指个体对祖国的深厚感情和责任感，表现为对国家的忠诚、热爱和奉献。

民航人力资源管理：指民航企业为实现其战略目标，通过科学的方法和手段，对人力资源进行规划、招聘、培训、激励和留用等管理活动。

◆主要内容

塑造企业文化：民航精神作为企业文化的核心，能够引导员工树立正确的价值观和行为准则，增强企业的凝聚力和向心力。

提升员工素质：通过弘扬民航精神，能够激发员工的职业热情和责任感，提升员工的综合素质和业务能力。

优化人才结构：民航精神强调团队协作和奉献精神，有助于企业选拔和培养具有团队合作精神和奉献精神的优秀人才，优化人才结构。

增强员工归属感：爱国情怀能够激发员工对祖国的热爱和忠诚，使员工更加珍惜在民航企业的工作机会，增强员工的归属感和忠诚度。

提升员工使命感：爱国情怀能够激发员工的使命感和责任感，使员工更加关注国家和社会的发展需求，积极投身民航事业的建设和发展。

促进员工发展：爱国情怀能够激励员工不断学习和进步，提升自身的能力和素质，为民航事业的可持续发展提供有力的人才保障。

◆ **教学手段和方法**

讲授法：通过课堂讲授的方式，向学生介绍民航精神和爱国情怀的内涵及其对民航人力资源管理的影响。

案例分析法：结合具体案例，分析民航精神和爱国情怀在民航人力资源管理中的实际应用和效果。

小组讨论法：组织学生分组讨论民航精神和爱国情怀对个人和企业的影响，以及如何在民航人力资源管理中更好地弘扬这两种精神。

实践教学法：安排学生参观民航企业，了解民航精神和爱国情怀在企业管理中的具体体现，增强学生的实践能力和感性认识。

◆ **对应思政点**

爱国主义精神：引导学生深刻理解民航精神和爱国情怀的内涵，培养学生的爱国主义精神和社会责任感。

职业道德：通过民航精神和爱国情怀的熏陶，引导学生树立正确的职业道德观念，增强职业使命感和责任感。

团队协作：民航精神强调团队协作和奉献精神，有助于培养学生的团队协作能力和奉献精神。

个人发展：通过弘扬民航精神和爱国情怀，激励学生不断学习和进步，实现个人价值的最大化。

5. 推进国家治理体系和治理能力现代化与民航企业信息化建设的关系

◆ **案例分析**

在推进国家治理体系和治理能力现代化的过程中，民航企业作为重要的经济和社会活动参与者，其信息化建设对于提升治理效率、优化资源配置等方面起到了关键作用。以中国南方航空集团有限公司为例，该企业通过构建先进的信息化系统，实现了航班信息的实时更新、乘客服务的智能化以及安全管理的数字化，有效提升了企业运营效率和治理水平。同时，该企业的信息化建设也为国家治理体系和治理能力现代化提供了有力支持，如通过提供准确的航班数据、客流信息等，为政府部门的决策提供了科学依据。

◆知识点定位

国家治理体系和治理能力现代化：指国家在政治、经济、文化、社会等领域的管理体系和治理能力达到现代化水平，以适应现代社会发展的需要。

民航企业信息化建设：指民航企业在运营和管理过程中，通过应用信息技术手段，实现业务流程的自动化、智能化和数字化，提高运营效率和服务质量。

◆主要内容

提升治理效率：民航企业信息化建设通过实现信息的快速传递和共享，有效提升了政府部门的决策效率和执行效率。

优化资源配置：通过信息化手段，民航企业能够更准确地预测市场需求和变化，从而优化资源配置，提高资源利用效率。

增强风险防控能力：信息化技术的应用有助于民航企业及时发现和应对潜在风险，提高风险防控能力，为国家治理提供有力保障。

提供政策支持：政府通过制定相关政策，鼓励和支持民航企业加强信息化建设，提升行业竞争力。

营造良好环境：国家治理体系和治理能力现代化为民航企业信息化建设提供了良好的制度环境和市场环境，有助于企业更好地开展信息化建设。

促进国际合作：随着国家治理体系和治理能力现代化的推进，我国在国际上的影响力逐渐增强，为民航企业开展国际合作提供了更多机会和平台。

◆教学手段和方法

讲授法：通过课堂讲授的方式，向学生介绍国家治理体系和治理能力现代化与民航企业信息化建设的基本概念、发展历程和相互关系。

案例分析法：结合具体案例，分析民航企业信息化建设在推动国家治理体系和治理能力现代化方面的具体作用和实践经验。

小组讨论法：组织学生分组讨论国家治理体系和治理能力现代化与民航企业信息化建设的关系、挑战和对策等问题，培养学生分析问题和解决问题的能力。

◆ 对应思政点

改革创新：强调民航企业信息化建设是国家治理体系和治理能力现代化的重要推动力，引导学生认识到改革创新的重要性。

社会责任：民航企业作为重要的社会和经济活动参与者，其信息化建设不仅关乎企业自身发展，也关乎国家治理体系和治理能力现代化的推进，培养学生的社会责任感。

国际视野：随着国家治理体系和治理能力现代化的推进，我国在国际上的影响力逐渐增强，民航企业作为重要的国际交流窗口，其信息化建设需要具有国际视野和全球意识。

团队协作：民航企业信息化建设需要多部门、多领域的协同合作，培养学生的团队协作能力和沟通能力。

# 民航服务礼仪课程思政建设探索与实践案例

旅游学院　孟芳旭[①]

项目名称：航空服务艺术与管理专业"课程思政"育人体系的构建　项目号：2023kcszzx23863

## 一、专业名称：航空服务艺术与管理

## 二、专业介绍

### （一）专业简介

航空服务艺术与管理专业为内蒙古师范大学与北京广慧金通教育科技有限公司校企合作办学专业，2008年开始招生，是我国最早开设的空中乘务本科专业之一。2008-2019年，该专业以旅游管理或音乐表演空中乘务方向进行招生；2019年3月，内蒙古师范大学获批航空服务艺术与管理专业，成为全国首批获批该专业的12所本科院校之一。2020年该专业获批自治区一流本科专业；2021年，以该专业为主要依托，旅游学院获批首批国家级现代产业学院。

### （二）培养目标

本专业围绕"民航强国"战略，立足于社会需求和行业需要，培养具有坚定中华民族共同体意识、厚植教育情怀、良好人文和科学素养，掌握民航服务与管理理论和技能、职业教育基本理论和技能、会展服务与策划理论和技能，具有航空服务与管理、会展服务与管理、教育教学等能力，具备国际视野和较高职业素养，全面

---

① 孟芳旭，旅游学院航空服务艺术与管理系系主任，讲师。主要从事应用型本科院校航空服务艺术与管理专业教学研究。讲授管理学、民航客舱服务与管理等课程。

贯彻党和国家方针政策的优秀职业教育师资和高素质应用型、创新型、复合型人才。

### （三）毕业要求

通过专业学习，学生应该能够践行社会主义核心价值观，贯彻党的教育方针，热爱职业教育事业，具有积极的情感、端正的态度、正确的价值观。学生能够系统掌握航空服务艺术与管理专业课程的理论知识与专业技能，了解我国航空服务业发展前景和未来趋势，具备航空服务业新业态的学习和创新能力，了解航空服务艺术与管理相关的职业背景知识。具备较熟练的实际操作技能，能够积极主动将本专业所学知识与技能融会贯通，运用于行业实践；能够综合运用航空服务与管理专业知识对教材进行有效解读，掌握重难点教学策略，具备将专业知识转化为教学活动的教学设计、组织、评价等教学能力，同时具有一定的教学研究能力。具有终身学习与可持续发展的意识，能够根据专业领域的新变化，发挥创新能力以适应时代发展的需求。

### （四）核心课程情况

本专业核心课程包括：新生研讨课、民航概论、管理学、艺术学概论、民航服务礼仪、客舱服务、客舱设备操作训练、客舱安全管理、民航企业管理，客舱乘务员综合实训、航空面试技巧、民航商务运营管理、民航专业英语（一）（二）、综合英语（一）（二）、航空地理、市场营销学、饮食文化、内蒙古历史、内蒙古民俗。

### （五）教学团队

航空服务艺术与管理专业师资团队由校企共同组成，其中，学校教师16名，企业教师19名。学历结构上，博士5人，硕士12人，本科18人；职称结构上，教授2人，副教授4人，讲师10人，企业内部评审高级职称3人、中级职称8人，导师3人。

## 三、以民航服务礼仪课程为例的思政元素梳理

依据教育部印发的《高等学校课程思政建设指导纲要》，结合我校航空服务艺术与管理专业培养目标和课程实际，以家国情怀、文化素养、道德修养、职业理想和职业道德教育为一级思政目标，以中国特色社会主义和中国梦教育、社会主义核

心价值观教育、中华优秀传统文化教育、铸牢中华民族共同体意识等方面为二级思政目标，以具体知识点为三级思政目标，设计循序渐进、符合民航服务礼仪课程要求和知识架构的案例库。

家国情怀：在中国优秀传统文化与国际交往礼仪的学习中树立爱党、爱国、爱社会主义、爱人民、爱集体的思想。在礼仪本质的探索与个人修养的学习中，引导学生积极践行社会主义核心价值观。

工匠精神：在优秀航空公司与典型民航服务代表人物案例的学习中树立质量、服务、责任、创新四个意识，让学生具备严谨认真、精益求精、追求完美、勇于创新的职业精神，弘扬劳动光荣、技能宝贵、创造伟大的时代风尚。

沟通合作：通过第三章沟通与交流的内容学习，能在未来的工作中与同行和社会公众进行有效沟通。

国际视野和跨文化知识：在第六章国际交往礼仪的学习中，让学生具有良好的礼仪风范，尊重世界文化的差异性和多样性，能够参与国际交流与合作。

创新发展：在航空公司企业文化、客舱服务礼仪与地面服务礼仪的学习中，让学生理解终身学习的意义，具有制订学习和职业发展规划的意识。能够在岗位工作中应对新的发展变化，具有创新精神与创新能力。

## （一）礼仪之邦：文化传承，民族精神的延续

◆ 案例分析

在源远流长的华夏文明长河中，中国以"礼仪之邦"著称。礼仪文明作为我国传统文化的一个重要组成部分，对我国社会历史的发展产生了广泛深远的影响。礼仪，贯穿了国人生活的方方面面，承载着深厚的道德、文化与思想内涵。时至今日，我们要将代表着中华民族文化本质的，对今天仍有积极、普遍意义的传统礼仪加以传承，并不断完善和发扬。深挖"礼仪之邦"背后蕴藏的思政元素，融入课程教学，对加强学生中华优秀传统文化教育、培育学生的文化素养、塑造正确价值观意义非凡。

◆ 知识点定位

本课程第一章第一节，涉及我国礼仪的形成和发展。礼仪承载着深厚的文化底

蕴，是民族身份的独特标识。中式传统婚礼、冠礼，蕴含着家庭和睦、香火传承的祈愿；相见礼蕴含着中国人"谦逊""恭敬"的品质。礼仪文化贯穿于生活的方方面面，体现了古人的道德观念、社会秩序和文化内涵。本课程让学生在学习中增强文化自信，感受爱国情怀、民俗风情传承，激发学生守护民族文化的使命感，弘扬中华优秀传统文化的决心。

◆ 主要内容

礼仪文化是中国传统文化的核心内容之一，其中蕴含着中国传统文化价值观念的思想精华和道德精髓，因此，科学地阐述中国礼仪文化的思想内涵，分析其转变为价值取向和引导行为规范的路径，将中国礼仪文化融入社会主义核心价值观的培育和践行，以礼仪文化教育促进社会主义核心价值观教育，就是把价值观教育落小、落细、落实的重要措施。

"礼"是中华优秀传统文化的集中体现，是具有连续性、创新性、统一性、包容性、和平性的中华文明。钱穆先生曾强调"礼是中国文化之心"。以"礼"为心也代表了中华文明区别于其他世界文明间的显著标识。中国循礼而兴、社会因礼而和，个体也在礼仪的涵养中找到人生意义。因此，礼仪在建构国家制度、维系社会秩序、促进人心凝聚的同时直接或间接地推动了文明的传承，树牢了社会共同价值追求的方向标，让处于一定社会环境下的个体来路可寻、未来可期，给国家、社会及个人以文化层面的确定性。因此，礼仪以其对于国家社会进步的表征作用，和对民族、人民团结的纽带作用，满足了人民对美好生活的向往，促进了文化自信的养成。

现代礼仪传承中华优秀传统文化的爱国、奉献、团结等精神基因，是擦亮时代新人底色最好的资源，将其融入时代新人培育的全流程、各环节，能够强化学生的家国情怀、使命担当。现代礼仪十分注重个人道德修养，这与时代新人培育"以德为先"的价值取向十分契合，明礼、知礼、行礼不仅是社会的基本要求，也是青年的人生必修课。时代新人首先是具有家国情怀的新人。传统礼仪文化要求中华儿女礼遇国家，"天下兴亡，匹夫有责""以身许国，护国佑民"；礼遇家庭，以家礼、家训、家规族约加强家庭教育。虽然爱国教育与家庭教育间通过科考、入仕、兵役等途径统一，但家国情怀的滋养更多来自于礼仪文化对于社会治理刚柔相济基本需求的满足，以及对于人的自省自觉践履的激发。同时，礼文化为涵养社会风气提供有益滋养，通过对明礼、知礼、行礼的倡导，实现社会关系的协调与社会矛盾的缓解，形成良好的文明风尚，成就共同文化价值观的熏染和协调各方利益关系的特殊纽带，促进社会和谐稳定。反过来，这种文明风尚的养成也会让处于"拔节孕穗期"的青年自觉树牢理想信念与价值理念，对陈规陋习说不，在双向循环中提升整个社会的文明程度，营造风清气正的良好社会氛围。

◆ 教学手段和方法

教师通过讲述和PPT展示，系统梳理中国礼仪的形成和发展脉络，并介绍各时期的代表作品。

学生在课前对老师给的预习材料进行深入研究，准备课堂展示，提高他们的研究能力和表达能力，培养学生的团队合作精神和自信心。

学生课堂展示研究成果，教师点评和总结，强调礼仪文化是中国传统文化的核心内容之一，其中蕴含着中国传统文化价值观念的思想精华和道德精髓。

◆ 对应思政点

文化自信：习近平总书记多次强调，"文化自信是一个国家、一个民族发展中最基本、最深沉、最持久的力量。"党的二十大报告对文化自信亦有专门论述："全面建设社会主义现代化国家，必须坚持中国特色社会主义文化发展道路，增强文化自信。"作为标志时代最灵敏的晴雨表，文化自信程度决定了文化强国建设的进程。源远流长、博大精深的中华优秀传统文化孕育了中华民族礼仪之邦的气质品格，古代先贤多以礼自居、以礼待人，礼仪成为传统士大夫修身、齐家、治国、平天下的逻辑起点。促进新时代青年明礼、知礼、行礼，对于弘扬和培育社会主义核心价值观、建设文化强国、培育担当民族复兴大任的时代新人具有历史与现实层面的多重意义。

铸牢中华民族共同体意识：中华礼仪文化是各民族文化的集大成者，在各民族文化禀赋、价值体认等差异存在的前提下，生活在中华大地的各个民族，经过长期的彼此接触、相互融会、协同内聚，在礼仪文化上逐渐呈现出共同发展、交融一体的趋势，形成了"共同的历史记忆"。各民族优秀传统礼仪文化都是中华礼仪文化的组成部分，以中华礼仪文化为主干聚集的各民族礼仪文化，根植于中华民族的文化沃土里，成为各族人民人心凝聚、精神相依的精神纽带，成为民族情感交融的载体平台。

社会主义核心价值观：将礼仪文化中蕴含的向善、为和、有序的价值观念，放进现代文化的框架下进行科学的阐释，就可以融入社会主义核心价值观，使之与友善、和谐、文明、法治等现代价值观念相联系，成为涵养核心价值观的重要源泉。

### （二）习近平"典"亮全人类共同价值丨仓廪实而知礼节，衣食足而知荣辱

◆ 案例分析

在全球发展高层对话会上的讲话第二段，习近平主席引用中国古代哲人的话"仓廪实而知礼节，衣食足而知荣辱"，阐述物质文明建设与精神文明建设的关系，并用亲身经历畅谈感想："这些年，我走遍中国城镇乡村，也访问过不少国家。我深深感受到，只有不断发展，才能实现人民对生活安康、社会安宁的梦想。"

◆ 知识点定位

本课第一章礼仪的形成和发展等知识点学习，通过《习近平"典"亮全人类共同价值》系列"仓廪实而知礼节，衣食足而知荣辱"的内容，学习全人类共同价值。它是习近平新时代中国特色社会主义思想的一个重大理论创新，是推动构建人类命运共同体的理论基石。

◆ 主要内容

"仓廪实而知礼节，衣食足而知荣辱"语出春秋时期齐国著名政治家管仲，廪是指米仓。意思是老百姓粮食充足了才会懂得礼仪，吃穿不愁了才会知道荣辱。这句话出自《管子·牧民》，原文为"仓廪实则知礼节，衣食足则知荣辱"。司马迁在《史记·管晏列传》中将"则"易为"而"，强调"仓廪实""衣食足"是"知礼节""知荣辱"的前提和基础。

环顾世界，发展是人类社会的永恒主题。要解决好各种全球性挑战，根本出路在于实现发展。面对重重挑战和道道难关，我们必须攥紧发展这把钥匙，唯有发展，才能保障人民的基本权利；唯有发展，才能消除冲突的根源；唯有发展，才能满足人民对美好生活的热切向往。正如习近平主席所指出的："这是一个充满挑战的时代，也是一个充满希望的时代。我们要认清世界发展大势，坚定信心，起而行之，拧成一股绳，铆足一股劲，推动全球发展，共创普惠平衡、协调包容、合作共赢、

共同繁荣的发展格局。"

◆ **教学手段和方法**

诵读法：指导学生诵读《管子·牧民》，感受其优美韵律和情感表达，"仓廪实""衣食足"是"知礼节""知荣辱"的前提和基础。

讨论法：组织学生进行小组讨论或全班讨论，分享齐桓公在管仲的辅佐下"九合诸侯，一匡天下"，成为春秋时期的第一个霸主与"仓廪实则知礼节，衣食足则知荣辱"的思想指导的影响，培养学生的思辨能力和表达能力。

◆ **对应思政点**

爱国主义教育：通过赏析诗词，引导学生深刻理解中华优秀传统文化的思想精华和时代价值，增强民族自豪感和文化自信。

文化自信：通过文艺作品传承和弘扬中华优秀传统文化，展现中华文化的独特魅力和时代价值，提升国家文化软实力。

## （三）以修身处世的道德理念涵养培育社会主义核心价值观

◆ **案例分析**

中华传统道德理念中的修身、齐家、治国，对应的正是社会主义核心价值观中个人、社会和国家三个层面，为社会主义核心价值观提供了基本的逻辑框架。

习近平总书记多次强调，"要继承和弘扬我国人民在长期实践中培育和形成的传统美德"，强调"中华优秀传统文化是中华民族的精神命脉，是涵养社会主义核心价值观的重要源泉"。中华优秀传统文化已经成为中华民族的基因，植根在中国人内心，潜移默化影响着中国人的思想方式和行为方式。今天，我们提倡和弘扬社会主义核心价值观，必须从中汲取丰富营养，否则就不会有生命力和影响力"。

◆ **知识点定位**

本案例支撑"礼仪的本质和礼仪修养"的基本知识，涉及礼仪本质的深度剖析、探讨礼仪与道德的关系、个人礼仪修养的培养等。

◆ **主要内容**

通过梳理我国古代"礼"和"仪"的内涵进而探讨礼仪的本质与核心。中国礼仪文化博大精深，蕴含着丰富的思想内涵，代表着社会的价值观念。从基本框架看，礼仪文化蕴含着善良、和谐、秩序的价值观念：第一，追求善良的价值观念。从个人的视角看，礼仪是一种"向善"的价值追求。孟子认为，"辞让之心，礼之端也"，它同"恻隐之心""羞恶之心""是非之心"皆为"善端"，由此形成仁、义、礼、智"四德"，进而达到至善。礼仪表现出善良的人性，雍容大度的仪态，彬彬有礼的行为，庄重诚敬的仪式，表明与人为善的态度，善良宽容的心灵。第二，追求和谐的价值观念。从社会的视角看，礼仪是一种"为和"的价值追求。儒家强调，"礼之用，和为贵"。礼仪是以建立和谐关系为目标的行为规范，礼让包含对自我的克制，对他人的理解，体现以礼待人的尊重、乐群贵和的美德。第三，追求秩序的价值观念。从国家的视角看，礼仪是一种"有序"的价值追求。"礼，经国家，定社稷，序民人，利后嗣者也""国无礼则不宁"。孔子以礼为基础，提出一套完整的规范体系，进而建立有条不紊的社会秩序。礼仪是经世治国的道德秩序，人们遵循礼仪规范，各就其位，各司其职，国家就会秩序井然。

通过说文解字的方式进行分析和推导，让学生感受礼仪的深刻内涵。深刻领悟礼仪对于和谐人际关系的建立，个人道德品质、价值观与个人形象的塑造的重要意义。

◆ 教学手段和方法

教师通过讲述和PPT展示，用说文解字的形式系统梳理从古至今"礼"和"仪"的内涵发展、推导概念定义。

组织学生进行小组讨论或全班讨论，分享课前和学习后对礼仪内涵、核心的不同理解和感悟；探讨如何提高个人礼仪修养。培养学生的思辨能力和表达能力。

教师点评和总结，强调礼仪"律己敬人"的深刻内涵。

◆ 对应思政点

文化传承与创新：通过学习中国古代文化的发展脉络，引导学生认识到中华民族悠久的文化传统和不断创新的精神。这种精神是推动社会进步和文化繁荣的重要力量。

社会责任感：青年兴则国家兴，中国发展要靠广大青年挺膺担当。通过学习，引导同学们要厚植家国情怀，锤炼品德修为，培养高尚情操和进取品格，树立远大理想，以奋斗姿态激扬青春，不负时代，不负华年。

社会主义核心价值观：在社会主义核心价值观的指导下，形成现代礼仪文化的价值取向。坚持以社会主义核心价值观为指导，深入挖掘中国传统礼仪文化的价值观内涵，对善良、和谐、秩序的价值追求进行提炼，与友善、和谐、文明、法治等现代价值观念联系起来进行科学阐释，从而使社会主义核心价值观建立在中国传统文化的深厚根基之上，使核心价值观落小为礼仪价值取向，从而将其更好地融入社会生活和个人生活。

### （四）深切的关怀 殷切的希望——习近平总书记给厦门航空全体员工的回信为推动民航业高质量发展、建设交通强国指引方向

◆ 案例分析

作为国家重要战略产业，民航业是交通强国建设的重要组成部分和有力支撑。习近平总书记给厦门航空全体员工的回信充分体现了总书记对民航业的高度关心和重视，是对广大民航干部职工的极大激励。

◆ 知识点定位

本案例涉及民航服务礼仪课程中厦门航空企业文化与厦航乘务员制服寓意知识点。厦门航空有限公司成立于1984年7月，是我国首家按现代企业制度运营的航空公司。在厦门工作时，习近平曾亲自为处于初创阶段的厦航协调解决多个难题，并对厦航的改革发展一直给予关怀指导。目前，厦航运营的国内外航线达到400余条，年旅客运输量近4000万人次，曾获得飞行安全五星奖、中国质量奖等荣誉。近日，厦航全体员工给习近平总书记写信，汇报公司成立40年来依靠改革创新取得的发展成绩，表达不忘初心、锐意改革，努力把公司做强做优做大，积极助力海峡两岸融合发展的决心。

习近平在回信中说，我在厦门工作时，曾参与厦航的初创，40年来一直关注着公司的成长。如今看到白手起家的厦航实现了跨越式发展，我很欣慰。

习近平强调，新时代新征程上，希望你们弘扬优良传统，坚持改革创新，增强核心竞争力，筑牢安全底线，在服务经济社会发展、促进两岸交流合作上积极发挥作用，为推动民航业高质量发展、建设交通强国贡献更多力量。

◆ **主要内容**

形象符号：民航乘务员制服越来越成为航空公司的形象符号，乃至一个国家的形象代言，穿上制服，会使乘务员心中产生职业的特殊感、责任感和荣誉感。

习近平和厦航的故事：40年风雨兼程，从白手起家到实现跨越式发展，厦航在习近平直接关心和指导下成长，是我国民航业发展的缩影，也是在党的领导下国有企业坚持改革创新发展壮大的生动实践。

厦航因改革而生：惟改革者进，惟创新者强，惟改革创新者胜。在习近平的指导下，厦航逐步确立了"党的事业、国家形象、民族自尊、家庭幸福、个人成长"的企业宗旨，明确了"服务体制机制改革，服务经济社会发展，服务海峡两岸交流"的职责使命，在党的领导下各项事业稳步前行。

◆ **教学手段和方法**

案例分析法：厦航是全国首家按现代企业制度运营的航空公司，是我国民航体制改革的成果。通过厦航从白手起家时的"一穷二白"，到如今机队规模超过210架、航线网络通达六大洲，40年间取得跨越式发展的案例，引导学生认识到改革创新的重要性。

讨论法：组织学生进行小组讨论或全班讨论，热议习近平总书记给厦门航空有限公司全体员工的重要回信，让学生表达自己的感悟与思考。教育引导学生深刻理解并自觉实践民航业的职业精神和职业规范，增强职业责任感、爱岗敬业、无私奉献、开拓创新的职业品格和行为习惯，培养学生良好的表达能力。

◆ **对应思政点**

工匠精神：赓续"民航精神""厦航精神"，全心站好每一班岗、坚实守护每一位旅客的出行安全，继承和发扬"厦航精神"，提升专业水平，苦练岗位本领，做好旅客出行服务。以更加饱满的热情和务实的工作作风投身到旅客服务工作中。

改革创新：40年间厦航取得跨越式发展成就，引导学生认识到改革创新的重要性。

社会责任：引导学生增强社会责任感。立足岗位，树立远大理想，勤奋学习知识，勇于担当奉献，增强核心竞争力，筑牢安全底线，以更大的决心和更扎实的行动推动民航业高质量发展，为建设交通强国作出新的更大贡献。

## (五）外事接待礼仪与大国风范

◆ **案例分析**

伴随全球化进程加速，中国在国际舞台日益活跃，外事接待礼仪举足轻重。在国际会议、商务洽谈、文化交流活动中，中国代表着装得体、举止优雅，遵循国际通行礼仪规范，同时巧妙融入中国文化元素。接待外宾参观故宫、长城等历史遗迹时，专业讲解员详细介绍文化渊源，传递中华历史底蕴与文明魅力。

◆ **知识点定位**

本案例涉及课程中第六章国际交往礼仪的知识点，展现开放包容、热情好客的大国形象。引导学生模拟外事接待场景，培养跨文化交际能力、民族自豪感与国际视野，传播中国友好声音，践行人类命运共同体理念。

◆ **主要内容**

迎送国宾：从礼宾礼仪的规范细节、接待规格、外事接待的基本原则等方面作详细介绍，帮助学生对涉外礼仪知识有了更为全面且清晰的认识。强调了礼仪在外交活动中所发挥的不可忽视的重要作用。在涉外接待服务过程中，每一名工作人员都应当掌握、牢记周恩来在1951年为外交人员制定的十六字方针："站稳立场，掌握政策，熟悉业务，严守纪律"。所谓外事接待工作的基本原则，既是对我国外事接待工作所提出的关键性要求，又是接待服务人员在具体工作中所须遵守的行动指南。引导学生要努力提升专业能力，以饱满的热情和扎实的学识，积极投身于伟大的外交事业，在国际舞台上展现中国青年的风采。

中国特色大国外交形象：中国特色大国外交形象的建构在于维护国家利益，实现"两个一百年"奋斗目标，进而实现中华民族伟大复兴。习近平总书记提出"讲好中国故事，传播好中国声音，展示真实、立体、全面的中国""展现可信、可爱、可敬的中国形象"的要求，为中国特色大国外交形象建构的目标定位提供了指引。

◆ **教学手段和方法**

角色扮演法：让学生模拟外事接待场景，锻炼跨文化交际能力，培养学生民族自豪感与国际视野，传播中国友好声音，践行人类命运共同体理念。

案例分析法：以讲故事和案例分享的形成展示跨文化交流中的中国故事和中国风采。例如周恩来"再急的事也不能忽视外交礼仪"。

◆ 对应思政点

爱国主义精神：培养学生的爱国主义精神和社会责任感。让学生深刻理解青年学生作为国家的希望，在国际交往中，应当时刻牢记我国是历史悠久的文明古国、美名远扬的礼仪之邦，应当将个人的形象与国家的形象紧密联系起来，肩负起有志青年应负的时代重任，为维护礼仪之邦的国家形象作出贡献。

国际视野和人类命运共同体意识培养：当下，越来越多的中国青年活跃在国家发展建设的各个领域、各个层面。鼓励学生以志愿者等身份在世界的舞台上，展现自己的风采，参与先进文化传播和对外开放交流等活动，唱响新时代最强音。引导学生认识到人类社会的共同目标，培养全球视野和人类命运共同体意识。

# 电子信息工程专业核心课程思政案例

物理与电子信息学院　张　珏[①]

项目名称：电子信息工程专业融入课程思政教育教学研究

项目号：2023kcszzx23808

## 一、专业名称：电子信息工程

## 二、专业介绍

### （一）专业简介

内蒙古师范大学物理与电子信息学院从1993年开始招收培养应用电子技术专业专科生，2001年春季开始招收电子信息工程专业本科生，2021年获批电子信息专业硕士研究生学位点。

电子信息工程专业是一个涉及电子和信息工程方面的专业，主要学习信号获取、变换、传输、处理及电子设备与信息系统等方面的理论与技术，接受电子与信息工程实践的基本训练。毕业生具有宽领域工程技术适应性，就业面广，可从事电子产品研发、生产以及技术管理工作，也可从事通信设备、计算机控制系统等的安全运行及维护管理，以及计算机软件开发等工作。

### （二）培养目标

本专业深入贯彻党的教育方针，坚持立德树人，面向国家和区域经济发展及社会发展需要，立足内蒙古、面向华北、服务国家，培养具有坚定中华民族共同体意

---

[①] 张珏，物理与电子信息学院讲师，硕士生导师。主要从事智慧农牧信息与智能感知研究工作。主讲模拟电子技术、数字电子技术、C语言程序设计、传感器应用技术、工程制图等课程。

识、厚植教育情怀、具有良好人文和科学素养、具备社会主义核心价值观、德智体美劳全面发展的社会主义建设者和接班人；培养具有扎实的基础知识、团队意识和沟通能力，具有社会责任感和职业道德，具备电子电路技术、智能信号信息处理、电子系统开发和计算机技术与应用等领域的工程基础和专业基础，能够在信息与通信、电子技术、信号获取与处理、计算机应用、人工智能等领域从事系统分析、设计、应用开发及项目运行管理等工作的高素质应用型、创新型、复合型人才。重点聚焦培养适应内蒙古及华北地区经济发展需求，能够在区域经济发展中发挥关键作用的电子信息类优秀工程师人才。

### （三）毕业要求

通过专业学习，毕业生应获得工程知识、问题分析、设计开发解决方案、研究和使用现代工具、工程与社会、环境和可持续发展、职业规范、个人和团队、沟通、项目管理及终身学习12个方面的知识、能力和素质。

### （四）核心课程情况

参照《普通高等学校本科专业类教学质量国家标准》，并与本专业实际相结合，开设如下专业核心课程：

**专业核心课程表**

| 课程名称 | 学分 | 学时 | 开课学期 | 考核方式 | 任课教师所在教研室 |
| --- | --- | --- | --- | --- | --- |
| C语言程序设计 | 4 | 80 | 1 | 考试 | 电子教研室 |
| 电路分析 | 4 | 64 | 2 | 考试 | 电子教研室 |
| 模拟电子技术 | 4 | 64 | 3 | 考试 | 电子教研室 |
| 数字电子技术 | 4 | 64 | 3 | 考试 | 电子教研室 |
| 高频电子线路 | 3.5 | 56 | 4 | 考试 | 电子教研室 |
| 信号与系统 | 4 | 64 | 4 | 考试 | 电子教研室 |
| 单片机基础与应用 | 2.5 | 48 | 6 | 考试 | 电子教研室 |
| 自动控制原理 | 3.5 | 56 | 5 | 考试 | 电子教研室 |
| 数字信号处理 | 3.5 | 64 | 5 | 考试 | 电子教研室 |
| 通信原理 | 4 | 64 | 6 | 考试 | 电子教研室 |

### （五）教学团队

电子信息工程专业拥有 13 名专任教师，其中 7 人具有博士学位，具有高级职称的教师占比 50% 以上。近年来，多名教师在自治区、内蒙古师范大学教学技能大赛中获奖，获批国家自然科学基金项目 2 项，省部级项目 11 项，厅局级项目 5 项，以及横向项目 3 项。教师们共发表论文 80 余篇，其中 SCI、EI 收录 40 余篇，出版著作 3 部。教学团队致力于培养学生的创新能力和实践应用能力，不断提高为国家和内蒙古自治区经济建设、社会发展服务的能力和水平。

## 三、以模拟电子技术课程为例的课程思政元素梳理

### （一）"技术革新与传承"——探寻功率放大电路的发展与应用

◆ 案例分析

梳理功率放大电路的发展脉络，引导学生深入理解"技术革新与传承"的观点，认识到电子技术的发展与社会、科技进步的紧密关系。此案例旨在帮助学生建立对电子技术历史演变的认识，增强科技自信，同时培养科学唯物主义立场和观点。

◆ 知识点定位

本案例支撑"第四章 功率放大电路"的基本知识，涉及不同类型的功率放大电路及其工作原理与应用。通过"技术革新与传承"的视角，探讨功率放大电路与社会发展和科技进步的内在联系。

◆ 主要内容

1. 功率放大电路的发展历程

从最早的晶体管功率放大电路，到集成电路的发展，再到现代的高效功率放大技术，展示不同历史时期的主流功率放大电路设计及其特点。

2. 晶体管到现代高效技术的技术背景与历史条件

分析功率放大电路产生的技术背景和历史条件：晶体管的发明与发展推动了早期功率放大电路的应用，集成电路技术的突破则大幅提升了功率放大电路的性能和集成度、现代高效功率放大技术与节能环保需求的紧密联系等。通过代表电路的分析，让学生感受不同功率放大电路的技术魅力和实际应用价值，如 A 类放大电路的线性工作特点、B 类放大电路的高效率与交越失真、D 类放大电路的脉宽调制技术及其在现代音响设备中的应用等。

3. 从功率放大电路的演进看电子技术的发展精神

引导学生理解"技术革新与传承"的深刻内涵，即每个时代都有其独特的电子技术和代表性电路，它们不仅反映了当时的科技水平和应用需求，也体现了电子技术的不断创新和发展。

◆ 教学手段和方法

1. 情境模拟法

带领学生参观电子科技博物馆或电路实验室，在功率放大电路的相关情境创设下，让学生身临其境地感受技术发展的历史和实际应用的魅力。通过现场讲解和互动，让学生深入了解各类功率放大电路的工作原理和应用场景，增强学习体验和对技术革新的理解。

2. 实验操作法

组织学生在实验室动手搭建和调试不同类型的功率放大电路。通过实际操作，使学生理解各类电路的设计原理和性能特点，培养动手能力和问题解决能力。同时，通过实验数据分析，加深学生对理论知识的掌握。

3. 案例分析法

教师选择具有代表性的功率放大电路案例，如经典的 A 类放大电路、B 类放大电路、D 类放大电路等，详细分析其设计原理、技术特点及应用实例。通过案例分析，帮助学生理解不同类型功率放大电路的优缺点及其适用场景。

◆ 对应思政点

1. 技术传承与创新

通过学习功率放大电路的发展脉络，引导学生认识到科技进步的历史轨迹和科学家不断创新的精神。这种精神是推动科技进步和社会发展的重要力量。

2. 历史责任感

理解"一代又一代之电子技术"不仅是对科技历史的尊重，也是对未来的期许。作为新时代的大学生，应该肩负起传承和创新电子技术的历史责任，为创造属于我们这个时代的电子技术贡献力量。

（二）"从晶体管到集成电路"——半导体器件的技术进步与社会影响

◆ 案例分析

深入探讨半导体器件的演进历程，从晶体管到集成电路，展示半导体技术的进步对社会的深远影响。本案例旨在帮助学生理解半导体器件技术的演进轨迹，以及其在推动现代科技发展和社会变迁中的关键作用。

◆案例分析

晶体管的发明推动了电子器件的小型化和可靠性的提升，集成电路的问世则使电子设备更加高效和智能，为现代计算机、通信设备的普及奠定了基础。通过不同技术节点的案例分析，引导学生认识到半导体器件的发展不仅反映了科技水平的提升，也满足了社会的实际需求，体现出"技术革新与传承"的重要性。

◆知识点定位

本案例支撑"半导体器件"基础知识，包括晶体管和集成电路的类型、结构和应用，帮助学生理解技术进步对社会发展的推动作用及技术革新的重要性。

◆主要内容

1. 晶体管的发明与革命性影响，技术进步与社会变迁的紧密关系

解析半导体器件技术发展的历史背景和需求动因，如晶体管取代真空管。探讨社会需求对技术进步的推动作用，让学生理解科技革新与社会进步的双向关系，加深对"技术革新与传承"主题的理解。

2. 集成电路的诞生与技术革新

探讨集成电路的发明历史——Jack Kilby 和 Robert Noyce 在 1958 年几乎同时提出集成电路概念和技术。分析从小规模集成电路到超大规模集成电路的技术演进及其功能增强、功耗降低、成本效益提升的成果。通过案例分析和技术背景探讨，展示集成电路在计算机、通信和消费电子中的广泛应用，引导学生理解其技术革新意义，培养历史责任感与创新精神，为新时代科技发展奠定基础。

3. 半导体器件的社会影响与应用扩展

讨论半导体器件在通信、计算机、消费电子等领域的广泛应用，如手机、电脑、互联网基础设施等。分析半导体技术在推动信息社会和数字化经济发展中的关键作用，即促进了全球信息化进程和社会经济的转型。

◆教学手段和方法

1. 讲授与互动讨论

教师通过讲述和展示 PPT 详细介绍晶体管和集成电路的发明历史、技术原理和应用影响。

2. 案例分析和学生研究

学生分组选择特定的半导体器件发展阶段或应用领域进行深入研究，准备课堂展示和小组讨论，提升研究能力和表达能力。

◆ 对应思政点

1. 科技与社会发展的密切关系

分析晶体管和集成电路等半导体器件的发明和技术进步如何推动了信息社会和数字经济的发展、如何促进了全球化进程和社会变革。

2. 技术创新与社会进步

探讨半导体技术在通信、计算机、消费电子等领域的广泛应用如何改变了人们的生活方式和社会交往模式、如何推动了社会经济的现代化和信息化。

3. 科技发展的历史责任与未来挑战

引导学生反思技术发展对人类社会的历史责任，同时展望半导体器件技术在未来的应用前景和技术创新面临的挑战，培养学生的历史使命感和创新精神。

### （三）"放大电路"——技术创新与科技进步的驱动力

◆ 案例分析

探讨放大电路的发展历程，从早期的单管放大电路到现代复杂的集成放大电路，展示放大电路技术的进步如何对社会产生深远影响。本案例旨在帮助学生理解放大电路技术演进轨迹，以及其在推动现代科技发展和社会变革中的关键作用。

◆ 知识点定位

本案例围绕放大电路的基础知识展开，涉及放大电路的基本原理、发展历史及其对科技和社会发展的影响。

◆ 主要内容

1. 放大电路技术的起源与发展

分析放大电路技术的发展如何塑造了当今社会的生活方式、工作方式以及文化交流模式。探讨早期电子管放大器的发明及其在通信、广播等领域的应用。分析电子管放大器技术的局限性，如功耗大、体积大等问题，如何推动对新型放大电路技术的探索与研发。

2. 放大电路在科技进步中的关键作用

探讨放大电路在音视频处理、通信信号增强等方面的应用，如音频放大器、射频放大器等。分析放大电路技术的不断创新如何推动了电子设备性能的提升和功能的扩展,促进科技领域的创新与进步。

◆教学手段和方法

1. 理论讲授和演示

教师通过讲述和展示 PPT 详细介绍晶体管和集成电路的发明历史、技术原理和应用影响。

2. 案例分析和项目设计

分析实际应用中的放大电路案例,例如其在音频放大、无线通信、医疗设备等领域的应用,让学生理解不同场景下电路设计的要求和挑战。组织学生进行放大电路的项目设计,要求他们根据特定需求设计电路、进行仿真验证,并最终实现电路搭建和测试,从而提升其工程设计能力和团队合作能力。

◆对应思政点

1. 科技发展与伦理道德

讨论放大电路的发展背景和科技竞争对伦理道德的影响。引导学生思考在科技进步中如何平衡技术发展与伦理原则,避免技术滥用和伦理风险。

2. 国家战略与科技发展

介绍放大电路在国家战略中的重要性,探讨国家政策在科技创新上的引导作用。通过案例分析或讨论国家对放大电路技术研究的支持和投资,引导学生理解科技发展与国家发展战略的紧密关系。

3. 全球视野与文化理解

探讨放大电路技术在全球范围内的应用和发展,引导学生理解科技进步对全球化和跨文化交流的重要性。通过国际合作项目或案例分析,培养学生的全球视野和文化理解能力。

### (四)集成运算放大电路——科技创新与社会责任的融合

◆案例分析

面对国际技术封锁,中国在集成电路和芯片领域经历了艰难的自主研发历程。通过长期的努力和创新,中国成功开发了高性能的集成运算放大电路,应用于各类电子设备。通过分析华为、中芯国际等公司的案例,展示在技术封锁下国产芯片的突破与成就,强调自主创新在关键技术领域的重要性。探讨这些技术在提升国家科技实力、保障国家安全和经济自主权方面的重大意义。

◆知识点定位

分析集成运算放大电路的工作原理、特性和基本应用，了解国产集成运算放大电路的研发过程和关键技术，以及其在各类电子设备中的应用实例，探讨国内外集成电路技术的最新进展与趋势、国产芯片的未来发展方向和挑战。

◆主要内容

1. 集成运算放大电路基础

介绍基本工作原理、主要组成部分和电路模型。讲解增益、带宽、输入输出阻抗等关键性能指标。

2. 放大电路在科技进步中的关键作用

回顾国产芯片的发展历程，特别是在国际技术封锁中的挑战和突破。介绍自主研发的核心技术和创新点，强调科技自主的重要性及其对国家安全和社会发展的影响。

◆教学手段和方法

1. 理论讲解与案例分析

通过多媒体教学，讲解集成运算放大电路的理论知识。结合华为、中芯国际等企业的案例，进行详细分析，增强学生对其在实际应用中的理解。

2. 讨论与互动

组织学生分组讨论国产芯片发展的历史与挑战，鼓励学生发表见解，增强其参与感和自主学习能力。

◆对应思政点

1. 民族自豪感与爱国主义情怀

通过介绍国产芯片在技术封锁中的突破，激发学生的民族自豪感和爱国主义情感。

2. 创新意识与社会责任

强调自主创新在科技发展中的重要性，培养学生的创新意识和责任担当。引导学生思考科技发展的伦理问题，培养其社会责任感和道德判断力。

3. 团队合作与实践能力

通过实验和讨论，培养学生的团队合作精神和实践操作能力，提升综合素质。

### （五）放大电路中的反馈机制——科技原理与生活智慧的融合

◆ 案例分析

放大电路中的反馈机制（正反馈和负反馈）在电子电路中起到了稳定和优化信号的作用。正反馈用于产生振荡信号，负反馈则可以减小失真、提高稳定性和频率响应。通过对电子放大电路中反馈机制的详细解析，展示其在实际电路设计中的重要作用，进而引申到日常生活中的反馈机制，强调反馈在改进和优化行动中的重要性。

◆ 知识点定位

介绍放大电路的基本概念和工作原理，反馈的定义及类型（正反馈和负反馈），了解反馈机制在放大电路中的具体应用，包括负反馈对增益、稳定性和失真的影响，展示反馈机制在现代电子技术中的创新应用，如自适应控制系统和智能电子设备中的反馈调节。

◆ 主要内容

1. 放大电路基础及反馈机制

了解放大电路的基本构成与工作原理，增益、输入输出阻抗等基本参数。了解正、负反馈在放大电路中的应用，生活中的正反馈和负反馈实例以及如何在生活中应用积极的反馈机制。

2. 反馈与个人成长

通过反思和反馈机制，思考个人如何不断改进和成长。讨论反馈在团队合作和社会交往中的作用。

◆ 教学手段和方法

1. 理论讲解与案例分析

通过多媒体教学，讲解放大电路中的反馈机制及其应用。结合日常生活中的实例，分析反馈在个人成长和团队合作中的重要性。

2. 实验与实践操作

组织学生进行放大电路设计与调试实验，观察和分析反馈机制对电路性能的影响。通过角色扮演和小组活动，模拟生活中的反馈机制，培养学生的实践能力和合作精神。组织学生分组讨论反馈机制在学习和生活中的应用，鼓励学生分享自己的经验和心得。

◆ 对应思政点

1. 积极反馈与个人成长

通过学习反馈机制,鼓励学生在生活中建立积极的反馈循环,增强自我改进和成长的意识。引导学生进行自我反思,通过反馈机制不断改进和优化自己的行为和习惯,提升自我管理能力。

2. 团队合作与社会责任

强调反馈在团队合作中的作用,培养学生的合作精神和社会责任感。通过积极的反馈机制,培养学生的积极心态和创新意识,激发其对未来的憧憬和追求。

# 化学专业核心课程思政案例

化学与环境科学学院　　王晓丽[①]　　王莎莎[②]　　启黎明[③]　　刘　丹[④]　　常　迎[⑤]

项目名称：化学专业核心课程全方位融入思政元素的有效途径与实践

项目号：2023kcszzx23846

## 一、专业名称：化学

## 二、专业介绍

### （一）专业简介

化学专业设立于1952年，是党和国家在边疆民族地区最早设立的本科专业之一。2006年，化学专业获批高等学校首批自治区级品牌专业，2007年获批为教育部、财政部特色专业建设点。本专业开设的主干课程如无机化学、分析化学、仪器分析、物理化学均为自治区级精品课程。2010年和2015年，物理化学、分析化学教学团队分别入选自治区级优秀教学团队，2019年化学专业获批自治区级一流专业，有机化学课程获批自治区一流课程，2021年化学专业获批国家级一流专业。本专业

---

[①] 王晓丽，化学与环境科学学院教授，博士生导师。主要从事环境分析化学、固废利用等研究工作。

[②] 王莎莎，化学与环境科学学院讲师，硕士生导师。主要从事纳米材料在能源催化领域的研究工作。

[③] 启黎明，化学与环境科学学院讲师，分析化学教研室主任，硕士生导师。主要从事分析化学及仪器分析课程建设，发光检测体系及设备的设计及研究工作。

[④] 刘丹，化学与环境科学学院讲师，硕士生导师。主要从事可见光催化、过渡金属催化的研究工作。

[⑤] 常迎，化学与环境科学学院副教授，硕士生导师。主要从事功能高分子及有机无机杂化材料的合成及其在电催化新能源领域的研究工作。

秉持为国家办好民族民航企业管理教育的理念,是自治区培养基础化学师资的重要基地,多名校友成为基础化学教学骨干教师,在自治区中学化学教育尤其是民族教育中作出了突出贡献。

### (二)培养目标

本专业贯彻党的教育方针和国家教师教育相关政策要求,以立德树人为根本任务,立足内蒙古自治区,面向全国,培养具有坚定的政治理想、高尚的师德精神,熟悉党的民族政策,具有系统扎实的化学基础知识及熟练的实验操作技能,具备良好的化学学科素养、先进的教育理念、勇于创新的意识和一定国际视野,具有突出育人水平、终身学习发展能力、"四有"好老师品质的高素质、专业化、创新型的化学教育人才,毕业五年后成为拥有较强教育教学改革和研究能力的中学化学骨干教师。

### (三)毕业要求

本专业毕业要求严格而全面,旨在确保学生具备扎实的化学专业素养和卓越的教育能力。学生需系统掌握化学基础知识与实验技能,深入理解化学原理,能够熟练运用现代化学分析方法和仪器。在教育理论与实践方面,要求学生掌握教育学、心理学基本原理,具备化学课程设计与实施、教学评价与反思的能力。同时,需通过教育实习积累实际教学经验,展现良好的课堂教学组织与管理能力。此外,毕业要求还包括培养学生的科研素养与创新能力,鼓励学生参与科研项目,撰写毕业论文,展现独立思考与解决问题的能力。综上所述,化学专业毕业要求旨在培养具备全面素养和卓越能力的中学化学教师。

### (四)核心课程情况

本专业核心课程包括:无机化学、分析化学、有机化学、物理化学及其实验等课程。

### (五)教学团队

化学专业教学团队始终坚持贯彻习近平总书记关于教育的重要论述,全面贯彻党的教育方针。在专任教师队伍中,获得国家明德教师奖1人、自治区教学名师1

人、自治区教坛新秀 2 人，获自治区教学技能大赛二等奖 1 人、第二届内蒙古自治区高校教师教学创新大赛一等奖 1 人。围绕化学（师范）专业建设，"十三五"以来，学院获得自治区级教学成果二等奖 1 项、三等奖 1 项；1 人荣获自治区青年教师教学技能大赛二等奖，2 人荣获学校青年教师教学技能大赛二等奖。

### 三、化学专业各核心课程的思政元素梳理

#### （一）以无机化学课程为例的思政元素梳理

1. "侯氏制碱法"，加强中华优秀传统文化教育与科学思维的培养

◆ 案例分析

侯氏制碱法，即"联合制碱法"，是中国近代化学家侯德榜在抗日战争期间为解决国内制碱需求而发明的。该方法不仅为中国制碱工业的发展作出了巨大贡献，同时也蕴含着丰富的思政元素。

◆ 知识点定位

通过案例分析、小组讨论等方式，引导学生探究侯氏制碱法的创新精神和科学精神。

培养学生的批判性思维和团队协作精神。结合侯氏制碱法的发明过程，培养学生的爱国情怀、民族自豪感和科学精神，激发学生的创新精神和社会责任感。

◆ 主要内容

讲述历史背景：通过讲述侯氏制碱法的历史背景，引导学生了解当时的社会背景和制碱工业的需求情况，从而培养学生的历史意识和社会责任感。

讲解原理与工艺：通过详细讲解侯氏制碱法的原理和工艺，使学生掌握其基本原理和关键技术，培养学生的科学素养和实践能力。

分析思政元素：结合侯氏制碱法的发明过程，引导学生分析其中的思政元素，如爱国情怀、创新精神、科学精神等，培养学生的思想道德素养和社会责任感。

开展小组讨论：通过小组讨论的方式，让学生分享自己对侯氏制碱法的理解和感悟，培养学生的批判性思维和团队协作精神。

◆ 教学手段和方法

分组学习：学生分组查阅相关资料，教师设置讨论题目和时长。学生可以现场

提问和讨论，增强学习的互动性和实效性。

互动式研讨：在学习通上上传有关制碱法的相关文献，学生根据文献展开深层次讨论学习，了解其他制碱法与侯氏制碱法的异同，学会举一反三，融会贯通。

◆ 对应思政点

爱国情怀：侯德榜在美国获得博士学位后，放弃国外的高薪和优厚待遇，毅然回国，为国家的制碱工业作出贡献。这种爱国情怀和民族责任感是值得我们学习和传承的。

创新精神：侯德榜在开发新制碱工艺的过程中，不畏艰难，勇于创新，经过数百次实验和分析，最终发明了侯氏制碱法。这种创新精神是推动科技进步和社会发展的重要动力。

科学精神：侯氏制碱法的发明过程体现了科学精神的本质——追求真理、实事求是、勇于创新。通过学习和探究侯氏制碱法，可以培养学生的科学精神和求真精神。

社会责任感：侯氏制碱法的发明不仅解决了当时国内制碱的需求问题，还推动了制碱工业的发展和技术进步。这种社会责任感是我们在学习和工作中应该具备的。

2. "元素周期律"，树立辩证唯物主义观点以及社会责任感

◆ 案例分析

元素周期律是化学学科中的基础理论内容，它揭示了元素性质随原子序数递增而呈现周期性变化的规律。在教授元素周期律的过程中，我们不仅可以传授化学知识，还可以融入思政元素，培养学生的科学精神、辩证唯物主义观点以及社会责任感。

◆ 知识点定位

结合元素周期律的学习，使学生树立由量变到质变的辩证唯物主义观点，理解客观事物间的相互联系和内部规律，培养学生的科学精神和工匠精神。

◆ 主要内容

引入案例：介绍门捷列夫发现元素周期律的历史背景。门捷列夫在1869年制成了第一张元素周期表，他大胆地为尚待发现的元素留出了位置，并且预言了新元素的发现。这一成就不仅展现了科学家的智慧和勇气，也体现了科学精神和工匠精神的重要性。

案例分析：分析门捷列夫发现元素周期律的过程和方法，引导学生理解科学发现的偶然性和必然性，以及科学家在探索真理过程中锲而不舍的精神。讨论元素周期律在化学学科中的地位和作用，以及它如何推动化学学科的发展。同时，引导学生认识到科学知识的价值和应用前景。

拓展思考：结合元素周期律的学习，引导学生思考如何运用辩证唯物主义观点看待客观事物间的相互联系和内部规律。引导学生讨论科学精神和工匠精神在现代社会中的意义和价值，以及如何在自己的学习和生活中践行这些精神。

◆ 教学手段和方法

教学方法：采用案例讨论、课堂教学、思维启发和课后交流等多种教学方法相结合，激发学生的学习兴趣和主动性。

教学手段：利用学习通等在线学习平台上丰富的学习资源和互动方式，促进学生的自主学习和合作学习。同时，采用线下答疑等形式，及时解答学生的疑问和困惑。

◆ 对应思政点

通过本案例的学习，学生不仅能够掌握元素周期律的基本知识和应用技能，还能够深刻理解科学精神和工匠精神的重要性，以及辩证唯物主义观点在认识世界和改造世界中的指导作用。同时，通过案例分析和讨论交流等方式，学生的实验技能和探究能力也得到了提高。在教学过程中，我们还应该注重培养学生的社会责任感和公民意识，引导他们关注社会问题和科技发展对人类社会的影响。

3. "双碳引领"，知识传授与价值引领的有机结合

◆ 案例分析

碳族作为元素周期表中的一个重要族系，不仅具有丰富的化学性质，还蕴含着丰富的思政教育资源。通过碳族元素的教学，可以培养学生的科学精神、辩证思维能力和社会责任感，实现知识传授与价值引领的有机结合。

◆ 知识点定位

掌握碳族元素的基本性质、原子结构特点和重要化合物的性质，了解碳族元素在自然界的存在和用途。通过案例分析、实验探究等方式，培养学生的观察能力、分析能力和解决问题的能力，提高学生的科学素养。培养学生的科学精神，激发学生对科学的兴趣和热爱。引导学生树立辩证唯物主义观点，理解事物间的相互联系

和内部规律。增强学生的社会责任感，认识到科学技术对社会发展的重要性。

◆主要内容

介绍碳族元素最外层电子数、化合价、氧化物和氢氧化物的性质等。分析碳族元素原子结构的特点，如价电子数、电子层排布等，理解其性质递变的原因。

介绍碳族元素在自然界的存在与用途：介绍碳族元素在自然界中的存在形式，如石墨、金刚石、二氧化硅等。

分析碳族元素及其化合物的重要用途：如石墨在电极、铅笔芯等方面的应用，金刚石在切割、磨削等领域的应用，二氧化硅在玻璃、陶瓷等行业的应用等。

◆教学手段和方法

案例教学：通过具体案例（如石墨和金刚石的对比）来引导学生理解碳族元素的性质和用途，以及它们在社会生产中的应用。

实验探究：通过实验探究碳族元素及其化合物的性质，培养学生的观察能力和分析能力。

小组讨论：组织学生进行小组讨论，分享对碳族元素的理解和感悟，培养学生的团队协作能力和批判性思维。

◆对应思政点

结合碳族元素的教学，引导学生思考科学技术对社会发展的推动作用，培养学生的社会责任感。

引入碳族元素中的典型代表（如石墨和金刚石）进行对比，分析它们性质的不同以及用途的差异，引导学生理解事物内部结构与外部功能之间的关系，树立辩证唯物主义观点。

讲述我国科学家在碳族元素研究领域的贡献，激发学生的爱国情怀和民族自豪感。

## （二）以分析化学课程为例的思政元素梳理

1. 介绍当代分析化学的前沿发展，紧跟时代发展，切实体会社会赋予科技工作者的职责

◆案例分析

在国际竞争日趋激烈并越发明显表现为国家科技创新实力较量的今天，青年人才需要从事关国家富强、民族振兴的高度来把握科技发展规律，提升自身科学素养，

有效运用科学技术助力国家发展。

◆ **知识点定位**

本案例支撑第一章绪论、第二章定性分析、第五章酸碱滴定法、第六章络合滴定法、第七章氧化还原滴定法、第八章沉淀滴定法、第九章重量分析法、第十章分光光度法，从当代分析化学的前沿发展、社会热点问题及国家发展需求入手，掌握分析化学学科中的知识点在各领域中的应用实际。从前沿发展中掌握国家科技发展需求及人才培养需求，增强学生学科认同感，促进学生规划未来发展。

◆ **主要内容**

分析化学是关于测定物质的质和量的科学，还是表征和测量的科学，是研究物质的化学组成的分析方法及相关原理的科学——这是对学科的定义，也是分析化学的主要任务及职责。分析化学是一种方法学，从四大滴定法到重量分析法，再到分光光度法，都是为了满足实际社会发展需求建立起来的方法学。通过举例，如社会热点国标水硬度的测定方法及实际水样品测定、国标法测定铁矿石中铁含量、三聚氰胺事件等问题中寻找分析化学方法的优势与劣势；以2017年的诺贝尔化学奖冷冻电子显微术为例说明科技前沿中分析化学工作者的任务；再到前沿文献：如快速检测方法的建立、显像技术的发展、检测器件的设计等帮助学生掌握前沿分析的动态，增强学生的学科认同感和社会使命感。

◆ **教学手段和方法**

讨论展示法：教师将学生随机分组，使得学生自由组合，按照各自的兴趣，查找相应前沿文献，按照汇报的形式进行探讨研究，结合社会热点问题加以理解，并回答其他同学的提问。这种教学方法能充分调动学生的参与性和创造性思维，培养学生的表达能力和自信心。

案例讲解法：将热点案例带到课堂当中，引起学生共鸣，从中寻找蛛丝马迹，激发学生的兴趣，提高学科认同。

◆ **对应思政点**

提高科学素质：科学素质是国民素质的重要组成部分，是社会文明进步的基础。公民具备科学素质是指崇尚科学精神，树立科学思想，掌握基本科学方法，了解必要科技知识，并具有应用其分析判断事物和解决实际问题的能力。提升科学素质，对于公民树立科学的世界观和方法论，对于增强国家自主创新能力和文化软实力、全面建成社会主义现代化强国，具有十分重要的意义。

2. 引入科学家的典型案例，赓续创新奋斗的精神血脉

◆案例分析

习近平总书记指出，一代又一代科学家心系祖国和人民，不畏艰难，无私奉献，为科学技术进步、人民生活改善、中华民族发展作出了重大贡献。科学家"胸怀祖国、服务人民的爱国精神，勇攀高峰、敢为人先的创新精神，追求真理、严谨治学的求实精神，淡泊名利、潜心研究的奉献精神，集智攻关、团结协作的协同精神，甘为人梯、奖掖后学的育人精神"，是伟大建党精神的时代观照，是大德、公德、品德在科技界的生动写照，是在全社会汇聚正能量、振奋精气神、激励更多人报国为民、赓续创新奋斗的精神血脉。

◆知识点定位

本课第一章绪论、第五章酸碱滴定法、第九章分光光度法从理论出发，引入科学家的典型案例，如布朗斯特、奥斯特瓦尔德、朗伯、比尔等科学家的实际案例，使学生深刻地体会科学家精神的可贵之处，从科学家个人的发展历程中，学习其坚持不懈的精神和实事求是、严谨认真的科学态度。

◆主要内容

以提出里程碑式的理论及方法的科学家的个人案例为例，如布朗斯特、奥斯特瓦尔德、朗伯、比尔等科学家，包括目前前沿发展的分析化学学科领域中的科学家，深入体会他们的科学精神，培养艰苦朴素的生活作风、严谨认真的科学态度以及坚持不懈的科学精神。

◆教学手段和方法

互动式讲座与研讨会：邀请前沿专家、学者或从业者，分享个人在前沿领域的成果，感受学科魅力，体会老一辈人的科学精神。学生可以现场提问和讨论，增强学习的互动性和实效性。

案例展示：从前沿文献中分享前沿发展，掌握前沿动态，了解该团队对于分析前沿发展作出的贡献，体会科学精神，感受学科魅力。

◆对应思政点

科学精神：引导学生体会老一辈科学家对科技发展作出的贡献，体会科学研究的不易与难能可贵，尊重科学成果，感受科研魅力，领悟科学精神。

3. 建立"量"的概念，感受"量"与"质"的哲学

◆案例分析

量与质的辩证关系揭示了事物发展变化的内在规律，即量变和质变的相互转化、相互渗透的辩证关系。这种关系是事物发展过程中不可或缺的两个方面，共同推动着事物从量变到质变，再在新质的基础上开始新的量变，如此循环，不断前进。该规律是自然规律，符合自然的发展也符合人类的发展。

◆知识点定位

本案例支撑第三章误差与实验数据的处理、第五章酸碱滴定法、第六章络合滴定法、第七章氧化还原滴定法中的关于滴定曲线及数据的统计学处理的基本知识，分析化学中定量是很重要的任务之一，且以上方法的滴定曲线及数据分析均包含统计学内容，从化学的角度观察量变引起的质变，从而感悟其中奥妙与哲学。

◆主要内容

从统计学的角度切入，建立"量"的概念，理解分析工作者的任务与目标；再从四大滴定的滴定曲线及溶液性质变化、滴定突跃的理解，感受"量"变引发的"质"变，从而实现定量的目的，与此同时感受辩证思维在自然科学中的体现，感受自然科学与规律的契合与魅力。

◆教学手段和方法

案例展示：通过实际案例推导，从统计学角度出发，建立"量"的概念。

实验操作：通过实验操作及实验现象来感受分析化学中的理论与实际如何结合，感受如何实现"量"变引发的"质"变。

◆对应思政点

通过自然辩证法来理解分析化学学科中的问题，从而映射至个人发展的过程，体会自然的发展规律，从而顺应规律实现个人发展，培养坚持不懈的精神。

## （三）以有机化学课程为例的思政元素梳理

1. 追溯有机化学发展史，培养学生的科学精神，文化认同，增强民族自信

◆案例分析

通过梳理有机化学发展史，向学生介绍科学家的事迹以及人生经历，培养学生的创新精神、批判精神和科学精神，帮助学生树立正确的人生观和价值观。同时，介绍我国科学家的代表性成果，深植家国情怀，培养学生的文化认同，增强民族

自信。

◆ **知识点定位**

本课程绪论部分中，涉及有机化学发展史部分，以时间发展为线索，引入不同历史时期化学家在有机化学领域的重大贡献以及事迹，让学生了解有机化学发展历程。本案例也涉及我国有机化学发展历史，引导学生认识到有机化学的发展并非一蹴而就，而是众多科学家共同努力实现的。

◆ **主要内容**

"近代化学之父"——法国化学家拉瓦锡通过一系列实验事实，推翻了统治化学理论界达百年之久的"燃素说"，建立了以氧化为中心的燃烧理论，使化学这门学科前进了一大步。向学生介绍拉瓦锡对科学孜孜不倦的探索精神，通过实验事实提出新的学术思想的创新精神，以及敢于挑战权威理论的批判精神，培养学生的科学思维与创新意识，帮助学生树立正确的人生观和价值观。

我国关于有机化合物的记载可以追溯到《周礼》，根据《周礼》记载，当时已经设有专司染色、制酒和制醋的官员，并开始使用胶。引导学生认识到在有机化学领域，中国古代文明也远远早于西方国家，进而帮助学生增强文化认同，增强民族自信。

◆ **教学手段和方法**

教师通过讲述和PPT展示，系统梳理有机化学发展脉络，并介绍各时期的重要科学家及其人生经历。

讨论式教学：教师通过超星课堂将学生随机分组，使学生自由组合，每组选择一个感兴趣的科学家或科学事件进行调研，结合自身学习生活经历加以理解，以论文形式提交调研报告，进而提高学生的写作和表达能力，培养学生的团队合作精神和自信心。

◆ **对应思政点**

创新精神和科学精神：通过杰出科学家的人生经历，引导学生学习科学家的创新精神和科学精神，帮助学生树立正确的人生观和价值观。

文化自信：通过介绍我国化学的发展历程，引导学生认识我国悠久的化学发展史和不断创新的精神。

2. 追溯诺贝尔化学奖，启发科学思维，树立严谨的科学态度

◆案例分析

手性是自然界的基本属性之一，和日常生活联系非常密切。诺贝尔化学奖曾三次授予该领域的化学家。因此，通过了解生活中的手性现象，认识到手性无处不在，进而引起学生的学习兴趣。通过学习有机化学中的对映异构现象的判别以及在合成中的应用，启发学生的科学思维并树立严谨的科学态度。

◆知识点定位

本课第六章对映异构，通过学习旋光异构以及有机化学中的对映异构现象，更加深刻地理解有机化学的价值和意义。通过学习诺贝尔化学奖获得者的科研事迹和成果，引导学生认识到创新对推动社会进步、科技发展的重要意义；向学生介绍我国科学家在该领域的杰出贡献，培养学生的社会责任感。

◆主要内容

对映异构与分子的对称性：对映异构现象是自然界的基本属性之一，介绍自然界中的对映异构现象，引起学生的学习兴趣；以著名的反应停事件为例，沙利度胺的右手型和左手型的药效完全不同，右手型的确具有催眠作用，但左手型却具有强烈的致畸作用。引导学生树立正确的科学观以及严谨的科学态度。

诺贝尔化学奖：目前为止诺贝尔化学奖三次授予不对称合成领域的有机化学家，向学生介绍科学家的研究内容及其重要意义，让学生认识到实践创新对推动社会进步、科技发展的重要意义，激发学生进行科研创新的内在动力和潜力。

◆教学手段和方法

实践调研：在学习通发布任务，让学生以图片或视频的形式记录生活中的手性现象，让学生自己总结手性现象的特点，教师进行点评和总结，强调手性现象是自然界的基本属性之一，具有重要意义，提高学生的观察能力和思考能力。

多媒体辅助：利用视频、图片等多媒体资料向学生展示不对称合成领域的发展以及该领域的诺贝尔化学奖获得者的资料，并向学生介绍我国在该领域的发展现状，启发学生的科学思维并树立严谨的科学态度。

◆对应思政点

科学精神：让学生从实际生活经验中加深对手性现象的理解，培养学生善于思

考的能力，并与微观化学分子中的手性现象结合，培养学生的科学精神。

**严谨的科学态度**：通过反应停事件，让学生认识到科学是双刃剑，从众多科学家的研究生涯中，引导学生认识到严谨的科学态度的重要性。

**社会责任**：引导学生认识到科研工作者的社会责任，鼓励他们积极投身于科研工作中，为实现中华民族伟大复兴的中国梦贡献力量。

3. 结构决定性质，掌握内因和外因的辩证关系

◆ 案例分析

有机化学强调"物质的结构决定性质，性质决定应用"。唯物辩证法认为，内因是事物变化的决定因素，全面地看待问题是重要的思维方法。以思维导图的方式，梳理不同化合物结构的变化对其性质的影响，进行比较学习。

◆ 知识点定位

将每一章节的有机化合物的结构、性质及其规律的内容作为素材，训练学生的科学思维。通过对比分析，引导学生认识到结构决定性质，从化合物结构考虑问题，抓住内因，多方位分析。在通过解释现象、分析现象得出本质以及不同化合物的联系与区别的分析过程中，不断地启发和培养学生的科学思维，逐渐形成缜密的思维推导能力。

◆ 主要内容

烯烃具有碳碳双键，容易发生亲电加成；而苯环也具有碳碳双键，却容易进行亲电取代反应。具有碳氧双键的醛酮类化合物却容易进行亲核加成反应。分析不同结构中碳的杂化态，不同元素的电负性，以及化合物成键方式，让学生深刻理解不同化合物结构的差异，引导学生认识到结构和性质之间的关系，为以后学生成为专业化学教师奠定基础。

◆ 教学手段和方法

教师通过讲述和PPT展示，系统梳理不同化合物的物理化学性质。

**模型分析法**：有机化合物微观结构较为抽象，且各种轨道的成键方式难以理解，利用模型，将微观结构具象化，辅助学生思考和理解。

**小组讨论与总结**：通过学习通对学生进行分组，以小组的形式完成思维导图，并总结不同化合物结构特点，以及不同结构决定化合物的不同性质。

**角色扮演法**：首先，引导学生仔细阅读和分析高中课本中的相关内容，然后模

拟教师岗位的工作场景，让学生扮演教师角色，体验教师工作的特点和要求，加深对教师职业的理解和认同。

◆对应思政点

辩证思维：通过对比分析，加深学生对于结构决定性质的理解。引导学生多方位考虑问题，培养从本质入手解决问题的能力。

职业精神：通过职业教育，培养学生的敬业精神、责任意识和团队合作精神，引导学生树立正确的职业观和就业观。

### （四）以物理化学课程为例的思政元素梳理

1. 引入科学家的事迹，激发学生严谨的科学态度，培养学生的创新意识

◆案例分析

习近平总书记指出，坚持弘扬科学家精神是"做好人才工作的精神引领和思想保证"。

在物理化学课程的学习中介绍知识点相关的科学家的理论和实验成果是学习本课程固有的需求。课前布置任务，利用网络资源让学生搜集科学家的事迹，如 N. L. S. Carnot、B. P. E. Clapeyron，了解他们当时所处的社会背景，及其对科研的贡献。

◆知识点定位

本课程第二章第九节 Carnot 循环知识点学习。通过引导学生了解科学家的故事可以激发学生的学习和创新热情，增强学生的社会责任感，从而实现科学教育和人文教育的融合。

◆主要内容

Carnot 在《关于火的驱动能力的反思》的著作中，利用语言和逻辑的推演创造性地利用"理想实验"的思维方法，提出了可逆热机模型，为提高热机效率指明了方向。他的学弟 Clapeyron 利用数学化的方式完善了 Carnot 的结论，即 Carnot 循环 $p-V$ 图。Carnot 循环 $p-V$ 图的分析涉及四步可逆过程及其结果。介绍热机效率，延伸出冷冻系数、热泵等相关知识。

◆教学手段和方法

学生分享对科学家事迹的读后感，提高学生的表达能力和自信心，激励学生学

习积极性。

教师点评和总结，强调Carnot的贡献，即Carnot循环$p$-$V$图是由Clapeyron在Carnot研究成果的基础上分析及解析得出，为整个热力学的进一步发展创造了条件。

◆ 对应思政点

科学家精神：通过对科学家的事迹和成就的介绍，激发学生的创新意识，引导学生树立科学精神。

知识传承：结合科学家精神，培养学生的团队协作能力，树立知识传承和发展的理念。

2. 日常生活中常见的现象与理论的结合，促进科学理论的发展

◆ 案例分析

物理化学学科理论性强，与自然规律紧密相连。自然界符合热力学第一定律的反应或过程未必能自发发生，引导学生思考自发反应还应该遵循什么条件。列举日常生活中的自发现象，如热传导、溶质扩散、水的流动，通过小组讨论引导学生总结这些现象变化的方向和限度。

◆ 知识点定位

学习热力学第二定律，介绍自发变化的共同特征。借助生活实例，引导学生深入思考，扩展学生思维的深度和广度，培养学生良好的思维习惯和推理能力。

◆ 主要内容

介绍自发变化的定义，借助生活和生产实践中我们经常遇到的许多只能自发单方向进行的过程，总结这些过程的方向和限度，进而寻找自发变化的共同特征及其本质。

◆ 教学手段和方法

讨论法：教师罗列出热传导、溶质扩散、水的流动等常见的现象，使得学生分组讨论，总结出这些现象变化的方向和限度；进一步结合热力学第一定律中关于体积功计算的例子，引导学生分析自发变化的实质。这种教学方法能够提高学生的课堂参与度，培养学生的归纳总结能力。

◆ 对应思政点

客观规律：学习热力学第二定律时，将辩证唯物主义的"实践是检验真理的唯一标准"贯穿于物理化学的学习中，引导学生树立正确的世界观。任何有价值的

理论的提出和建立都具有生产实践和科学实验的基础，并且会对实践起一定的指导作用。

**科学思维**：通过列举自然现象—启发思考—归纳共性规律的策略，引导学生形成全局意识和集体意识，培养学生从现象到本质的逻辑思维能力。

3. 学以致用，用所学知识解释实际现象

◆ 案例分析

课堂上给同学们展示《爱莲说》中莲叶"出淤泥而不染"的诗词，引导学生思考为什么莲叶会有这样的美誉；并让学生观察日常生活中的自然现象动图，提出新问题——生活中常见的液滴、气泡、莲叶上的水珠为何呈球形，引发学生思考，激发学生学习知识的热情。

◆ 知识点定位

学习本课程第十三章第二节弯曲表面上的附加压力知识点。借助中华传统优秀文化和日常生活中的常见现象，激发学生的学习兴趣和求知欲。

◆ 主要内容

以问题驱动引出授课内容——附加压力，引导学生探究附加压力的产生原因、方向、大小；并能够运用所学知识去解释日常生活中常见的现象，并扩展其在科技前沿的应用。

◆ 教学手段和方法

教师讲授与探究讨论结合，动画演示辅助理论理解，引导学生自己分析、总结得到结论，加强学生对知识的理解；让学生用所学知识点解释一些常见的自然现象；并给学生展示一些新型的界面材料。这种教学方法能够提高学生的课堂参与度，培养学生解决问题的能力，同时扩宽学生的知识面。

◆ 对应思政点

**文化自信**：莲叶"出淤泥而不染"象征高贵、洁净的中华传统美德，坚定文化自信。

**理论联系实际**：利用所学知识解释日常生活中的常见现象，培养学生运用理论解决实际问题的能力。

**民族自豪感**：展示我国科学家江雷院士的新型界面材料，让学生感知基本知识在科技发展中的应用，激发学生科技报国的信念。

# 地理科学专业核心课程思政案例

地理科学学院 姜洪涛[①]

项目名称：土壤地理学课程思政建设　项目号：2023kcszzx23828

## 一、专业名称：地理科学

## 二、专业介绍

### （一）专业简介

内蒙古师范大学地理科学专业设立于1952年，是国家在边疆民族地区较早成立的专业之一。2005年被评为自治区级品牌专业，2012年获批全国高校"综合改革试点"专业，2018年获准地理学一级学科博士学位授权点，2019年和2020年分别获批自治区级和国家级一流本科专业建设点，2023年顺利通过教育部普通高等学校师范类专业二级认证。经过多年的发展历程，已形成本、硕、博一体化的地理教育人才培养体系。经过多年的实践探索，形成了目标明确、协同整合的人才培养模式，构建了结构合理、教学科研能力强的师资队伍。多年来，先后获得了全国普通高等学校优秀教学成果特等奖1项、教育部教学成果二等奖1项、自治区级教学成果一等奖5项，打造了包括精品课程、一流课程的专业核心课程体系，与其他高校联合建立了"高原地理四方阵""高原地理课程群虚拟教研室"国家级虚拟教研室，建立了教学实训中心、教育实践基地和科研实验平台"三位一体"的教学、科研支撑体系，成为北部边疆地区师范教育的摇篮。

---

[①] 姜洪涛，地理科学学院讲师，硕士生导师。主要从事自然地理、土地整治方面教学与研究工作。讲授土壤地理、地籍管理、土地整治学等课程。

## （二）培养目标

践行社会主义核心价值观，具有对习近平新时代中国特色社会主义的思想认同、政治认同、理论认同和情感认同，能够深刻把握铸牢中华民族共同体意识的价值意蕴。对教育事业有坚定信念和高度使命感，遵守师德规范，立德树人，能够充分发挥地理学科在培养学生的国情认知、国土安全、环境保护和文化传承等家国情怀方面的优势，培育学生的地理学科核心素养，成为学生成长的引路人。

## （三）毕业要求

贯彻习近平新时代中国特色社会主义思想，掌握马克思列宁主义、毛泽东思想和中国特色社会主义理论体系，自觉践行社会主义核心价值观，明确党和国家的教育方针政策并贯彻落实，以立德树人为己任，注重为人师表，知晓中学地理教育实践中立德树人的基本任务。严格遵守中小学教师职业道德规范及职业行为十项准则，具有依法执教意识，立志成为有理想信念、有道德情操、有扎实学识、有仁爱之心的好老师。

## （四）核心课程情况

本专业核心课程包括：地球科学概论、地质学基础、地图学、地貌学、气象与气候学、土壤地理学、植物地理学、综合自然地理学、人文地理学、经济地理学、区域分析方法、地理信息系统原理、遥感原理与应用、中国地理、世界地理、中学地理教学设计、中学地理课程标准与教材研究。

## （五）教学团队

团队始终坚持贯彻习近平总书记关于教育的重要论述，全面贯彻党的教育方针，在课程资源、思政建设方面具备强大的实力和丰富的经验。姜洪涛老师讲授的土壤地理课程被评为国家级一流课程，他主持了多项省级和厅局级科研课题，发表学术论文20余篇，主编专著1本、教材2本。海春兴教授是"地理科学"国家级、自治区级一流专业建设点负责人，也是"地理科学"国家级综合专业改革试点负责人，他主持了多个本科人才培养方案的制订，主编了科学出版社"十三五"规划教材《土壤地理学》，并发表了2篇教学相关论文。郝润梅老师在自然地理和土地资源学科方向从教34年，致力于自然地理学、土地资源管理和生物地理的教学与科研工作。周瑞平老师专注于资源与环境的教学和研究，被评为内蒙古师范大学"教书育人"先进个人。李晓佳老师从教 11 年，主要从事土地管理和自然地理的教学和研究工作，发表了 3 篇教学相关论文。团队老师们的专业背景和教学经验为课程资源思政建设提供了坚实的基础，确保课程内容不仅具有学术深度，还能充分融入思政教育元素，培养德才兼备的新时代人才。

## 三、以土壤地理学课程为例的思政元素梳理

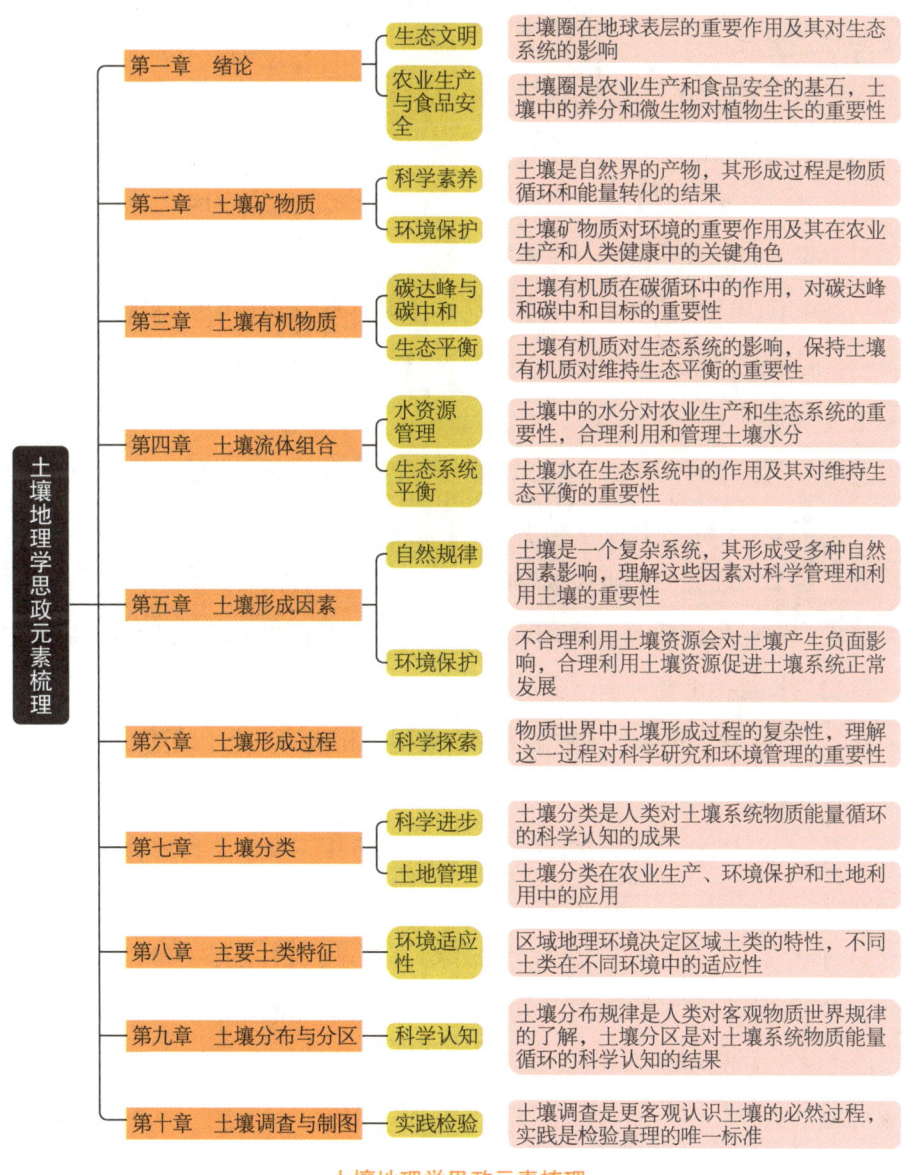

土壤地理学思政元素梳理

## （一）土壤圈在生态文明与农业生产中的重要作用

◆ **案例分析**

习近平生态文明思想强调生态保护和农业生产要服务人民、服务社会、服务国家发展大局。这意味着生态保护和农业生产不仅是环境和经济问题，更是关系到社会福祉和国家未来的重要战略。在实践中，许多农业和生态保护项目积极参与社会服务，用实际行动宣传绿色发展理念和食品安全的重要性，推动生态文明和农业现代化建设，为国家发展和人民生活质量提升贡献了重要力量。

◆ **知识点定位**

本课程绪论部分中，涉及习近平生态文明思想的内涵。土壤地理学作为研究土壤在地球表层的分布及其与生态系统关系的学科，直接关系到生态文明建设和农业生产。习近平总书记强调，绿水青山就是金山银山。土壤作为生态系统的重要组成部分，对生态平衡和农业生产具有不可替代的作用，同时土壤健康直接影响农业生产和食品安全。因此习近平生态文明思想在土壤地理学课程中的体现，是将生态保护与农业发展紧密结合，通过科学的土壤管理和保护，实现可持续发展。

◆ **主要内容**

习近平总书记2005年8月在浙江湖州安吉考察时提出"绿水青山就是金山银山"，指出生态环境的保护不仅是为了当代人的福祉，也是为了子孙后代的长远利益。习近平总书记在党的二十大报告中还引用"治国有常，而利民为本"，强调生态文明建设和农业生产是国家发展的基础。土壤作为农业生产的基石，其养分和微生物对植物生长至关重要。在土壤地理学中，我们要认识土壤圈在地球表层的重要作用及其对生态系统的影响，理解土壤在农业生产和食品安全中的基础作用。

◆ **教学手段和方法**

讨论展示法：教师通过超星课堂将学生随机分组，使学生自由组合，选择"生态文明建设的重要性"或"农业生产与食品安全的挑战"作为专题，结合辅助参考资料分组讨论，并以论文形式展示研究成果，结合现实生态保护和农业生产案例进行讲解，并回答其他同学的提问。这种教学方法能充分调动学生的参与性和创造性思维，培养学生的表达能力和自信心。

◆ **对应思政点**

坚持党的领导：在新时代中国特色社会主义生态文明和农业生产发展中，党的领导是根本保证。通过加强党对生态文明和农业生产的领导，确保生态环境保护和农业生产工作始终沿着正确的方向发展。

以人民为中心：生态保护和农业生产工作要坚持以人民为中心的导向，深入生活、扎根人民，推动生态环境和农业生产的改善，为人民群众创造更美好的生活环境和安全的食品供应。

### （二）土壤矿物质的科学素养与环境保护的重要性

◆ **案例分析**

习近平生态文明思想强调科学素养的培养和环境保护要服务人民、服务社会、服务国家发展大局。这意味着科学素养的提升和环境保护不仅是个人和社会的需求，更是国家发展的战略。在实践中，许多科学教育项目和环境保护活动积极参与社会服务，用科学知识和实际行动宣传环保理念，推动科学素养提升和环境保护，为国家发展和人民生活质量提升贡献了重要力量。

◆ **知识点定位**

本课程第二章内容中，涉及习近平生态文明思想的内涵。土壤矿物质作为土壤的重要组成部分，其形成过程是物质循环和能量转化的结果。土壤矿物质在环境保护中具有重要作用，同时在农业生产和人类健康中扮演关键角色。因此，习近平生态文明思想在土壤地理学课程中的体现，是通过科学的土壤矿物质研究和保护实现环境保护与农业可持续发展的统一。

◆ **主要内容**

2016年，习近平总书记在"科技三会"上强调科学素养的重要性，指出科学素养是国家创新能力的基础，是提升国家综合竞争力的重要保障。2018年5月18日至19日，习近平总书记在全国生态环境保护大会上还指出，要把生态环境列为民生的优先领域。土壤矿物质作为自然界的产物，其形成过程是物质循环和能量转化的结果，对环境有着重要作用。在土壤地理学中，我们要认识土壤矿物质对环境的重要作用及其在农业生产和人类健康中的关键角色，理解科学素养在土壤矿物质研究中的重要性。

◆ **教学手段和方法**

讨论展示法：教师通过超星课堂将学生随机分组，使学生自由组合，选择"土壤矿物质的科学研究"或"土壤矿物质与环境保护"作为专题，结合辅助参考资料分组讨论，并以论文形式展示研究成果，结合现实土壤研究和环境保护案例进行讲解，并回答其他同学的提问。这种教学方法能充分调动学生的参与性和创造性思维，培养学生的表达能力和自信心。

◆ 对应思政点

强化科技引领下的战略保障：土壤矿物质研究与环境保护的成功依赖党的科学发展战略的领导，这确保了科研目标始终围绕国家需求，推动土壤矿物资源的保护与可持续开发，助力生态环境的全面改善。

聚焦人民需求，提升科学素养：在土壤矿物质研究与环境保护工作中，坚持服务于人民需求，通过加强教育与传播，提升公众科学素养和环保意识，使科学研究的成果真正惠及人民生活。

传承与创新中华智慧：中华传统文化中蕴含着丰富的土地利用和环境保护理念，通过现代土壤科学与矿物质研究的结合，进一步弘扬这一文化瑰宝，为全球生态治理贡献中国智慧。

### （三）土壤有机质在碳中和与生态平衡中的关键作用

◆ 案例分析

碳达峰与碳中和以及生态平衡理念强调，生态保护要服务人民、服务社会、服务国家发展大局。这意味着生态保护不仅是环境问题，更是关系到社会福祉和国家未来的重要战略。在实践中，许多生态保护项目和活动积极参与社会服务，用实际行动宣传绿色发展理念和生态平衡的重要性，推动生态文明和可持续发展，为国家发展和人民生活质量提升贡献了重要力量。

◆ 知识点定位

本课程第三章内容中，涉及碳达峰与碳中和以及生态平衡理念的内涵。土壤有机质作为土壤的重要组成部分，在碳循环中起着关键作用。土壤有机质不仅在碳循环中起到重要作用，对实现碳达峰与碳中和目标具有重要意义，同时对生态系统的平衡和健康也至关重要。因此，碳达峰与碳中和以及生态平衡理念在土壤地理学课程中的体现，是通过科学的土壤有机质管理和保护实现碳中和与生态平衡的统一。

◆ 主要内容

习近平总书记在 2023 年 7 月举办的全国生态环境保护大会上强调碳达峰与碳中和的重要性，指出实现碳中和是国家应对气候变化、推动绿色发展的关键。土壤有机质作为碳循环的重要组成部分，其在碳达峰与碳中和目标中的作用不容忽视。在土壤地理学中，我们要认识土壤有机质在碳循环中的作用，理解其对碳达峰与碳中和目标的重要性，同时要认识土壤有机质对生态系统的影响，理解保持土壤有机质对维持生态平衡的重要性。

◆ 教学手段和方法

讨论展示法：教师通过超星课堂将学生随机分组，使学生自由组合，选择"土壤有机质在碳循环中的作用"或"土壤有机质与生态平衡"作为专题，结合辅助参考资料分组讨论，并以论文形式展示研究成果，结合现实生态保护和碳中和案例进行讲解，并回答其他同学的提问。这种教学方法能充分调动学生的参与性和创造性思维，培养学生的表达能力和自信心。

◆ 对应思政点

引领绿色发展方向：在党的坚强领导下，中国的碳中和目标成为全球生态治理的重要实践标杆。党的指导确保了从政策设计到技术实施各个环节的科学性和可操作性，为生态文明建设提供了坚实保障。

服务人民生态福祉：碳中和目标的实现将显著改善生态环境，减缓气候变化对生活的影响。通过推进绿色低碳经济减少碳排放，为人民提供更健康的生态系统和更宜居的生活环境。

弘扬传统文化中的生态伦理：中华文化中的生态伦理思想，如"以和为贵"与"节用爱物"，在碳中和实践中具有重要启示。通过科学技术与传统文化的结合，推动人与自然和谐共生，展现生态治理中的文化自信。

## （四）土壤水资源管理与生态系统平衡的科学探索

◆ 案例分析

水资源管理和生态系统平衡强调水资源管理要服务人民、服务社会、服务国家发展大局。这意味着水资源管理不仅是环境问题，更是关系到社会福祉和国家未来的重要战略。在实践中，许多水资源管理项目和活动积极参与社会服务，用实际行动宣传科学用水理念和生态平衡的重要性，推动水资源管理和生态文明建设，为国家发展和人民生活质量提升贡献了重要力量。

◆ 知识点定位

本课程第四章内容中，涉及水资源管理和生态系统平衡的内涵。土壤流体组合，特别是土壤水分,对农业生产和生态系统有着至关重要的作用。土壤中的水分不仅对农业生产和生态系统具有重要意义,同时在维持生态系统平衡中也起着关键作用。因此,水资源管理和生态系统平衡在土壤地理学课程中的体现,是通过科学的土壤水分管理和保护实现水资源管理与生态平衡的统一。

◆ 主要内容

2023年3月第36届"中国水周",习近平总书记强调水资源管理的重要性,指出"水是生存之本、文明之源"。土壤中的水分对农业生产和生态系统的重要性不言而喻。在土壤地理学中,我们要认识土壤中的水分对农业生产和生态系统的重要性,理解合理利用和管理土壤水分的必要性,同时要认识土壤水在生态系统中的作用,理解其对维持生态平衡的重要性。

◆ 教学手段和方法

讨论展示法:教师通过超星课堂将学生随机分组,使学生自由组合,选择"土壤水分的科学管理"或"土壤水与生态系统平衡"作为专题,结合辅助参考资料分组讨论,并以论文形式展示研究成果,结合现实水资源管理和生态保护案例进行讲解,并回答其他同学的提问。这种教学方法能充分调动学生的参与性和创造性思维,培养学生的表达能力和自信心。

◆ 对应思政点

统筹水资源管理与生态保护:水资源管理与生态平衡的发展得益于党的战略规划,这确保了科学用水与生态保护的有效结合,为可持续发展提供了重要保障。

优化水资源配置以造福人民:坚持将人民对清洁水源与健康生态的需求作为工作的出发点与落脚点,通过推动节水技术与政策优化,保障水资源的公平分配与高效利用,切实改善生活质量。

中华传统水治理文化的当代启示:古代水利工程和水资源管理经验展示了中华文化的生态智慧。通过现代技术的注入,这些经验在水资源治理与生态保护中焕发出新的活力,推动构建可持续的水生态系统。

## (五)理解土壤形成的自然规律与环境保护的重要性

◆ 案例分析

土壤形成的自然规律与环境保护强调自然资源管理要服务人民、服务社会、服务国家发展大局。这意味着自然资源管理不仅是环境问题,更是关系到社会福祉和国家未来的重要战略。在实践中，许多自然资源管理项目和活动积极参与社会服务，用实际行动宣传科学利用自然资源和环境保护的重要性，推动自然资源的科学管理和生态文明建设，为国家发展和人民生活质量提升贡献了重要力量。

◆ 知识点定位

本课程第五章内容中，涉及土壤形成的自然规律和环境保护的内涵。土壤作为一个复杂系统，其形成受多种自然因素的影响。土壤的形成过程体现了自然规律，不合理利用土壤资源会对土壤产生负面影响，因此理解这些自然因素对科学管理和利用土壤具有重要意义。同时，合理利用土壤资源可以促进土壤系统的正常发展。因此，土壤形成的自然规律和环境保护在土壤地理学课程中的体现，是通过科学的土壤资源管理和保护实现自然规律的科学利用与环境保护的统一。

◆ 主要内容

2013年5月24日，习近平总书记在第十八届中共中央政治局第六次集体学习中指出，自然规律是科学管理自然资源的基础，必须尊重自然、顺应自然、保护自然。2018年5月18日至19日的全国生态环境保护大会上，习近平总书记强调生态环境是关系到国计民生的重大问题，必须推动经济社会发展全面绿色转型。此外，2017年4月21日的全国国土资源工作会议上，习近平总书记再次强调自然资源管理应以科学为基础，注重资源高效利用和环境保护。土壤作为一个复杂系统，其形成受多种自然因素的影响，理解这些因素对于科学管理和利用土壤具有重要意义。因此，合理利用土壤资源，促进土壤系统的正常发展，是土壤地理学的重要研究内容。

◆ 教学手段和方法

讨论展示法：教师将学生按照超星课堂随机分组，使学生自由组合，选择"土壤形成的自然规律"或"土壤资源的合理利用"作为专题，结合辅助参考资料分组讨论，并以论文形式展示研究成果，结合现实自然资源管理和环境保护案例进行讲解，并回答其他同学的提问。这种教学方法能充分调动学生的参与性和创造性思维，培养学生的表达能力和自信心。

◆ 对应思政点

党的领导确保自然资源可持续管理：党的科学决策和政策实施是自然资源保护的核心支撑，保障了资源开发与环境保护的动态平衡，为实现可持续发展提供了方向引领。

推动资源高效利用以服务社会：自然资源管理应始终关注人民需求，通过科学技术的应用提高资源利用效率，减少浪费，为人民提供更多更好的环境福利。

发扬中华文化中的自然伦理观：中华文化中的"道法自然""节用裕民"等理念为自然资源管理提供了深刻的哲学基础。这些智慧与现代科学方法的结合，为全球资源管理提供了独特的中国方案。

# 土地资源管理专业核心课程思政案例

地理科学学院　王　考[①]

项目名称：土地资源管理专业"课程思政"育人体系的构建

项目号：2023kcszzx23956

## 一、专业名称：土地资源管理专业

## 二、专业介绍

### （一）专业简介

土地资源管理隶属于公共管理学科，是研究土地资源与资产利用、配置和管理的一门学科，定位为应用研究型学科。内蒙古师范大学土地资源管理专业是学校创办的第一个非师范类专业，也是自治区首个土地资源管理专业，1993年开始招收专科生，1998年开始招收本科生，2004年开始招收硕士研究生，2010年获批教育部第四批特色专业，2020年获批国家级一流本科专业建设点，有"自治区级教学团队"和"内蒙古土地利用与整治工程技术研究中心"，2023年土地经济学和土壤地理学获国家级一流本科课程。

本专业课程偏重管理、经济、资源、规划及"3S"等学科，培养"专—本—硕"毕业生1500多人，在各级自然资源管理、空间规划与设计、房地产评估与咨询、城市建设等部门从事土地资源教学、科研、管理及技术生产工作。

---

① 王考，地理科学学院副教授，硕士生导师。主要从事土地政策、国土空间规划与自然资源评价的教学与科研工作。讲授公共管理学、土地政策学、房地产开发与经营管理、自然资源执法监督等课程。

## （二）培养目标

本专业培养德、智、体、美、劳全面发展，掌握现代土地管理理论、方法和技术，能运用土地资源管理学科的基础理论、专门知识和专业技能，具备公共意识、公共精神、公共责任，具有创新精神、创业意识和创新创业能力，能适应社会发展要求，能够在党政机关、事业单位、社会团体、企业等从事土地管理或服务工作的创新应用型高级专门人才。本专业学生毕业5年后，预期将成为各相关岗位上道德素养高、工作能力强、实践效果好且发展后劲足的中坚力量。

## （三）毕业要求

通过专业学习，学生应该具有坚定的政治立场、良好的思想品德、健全的人格和社会责任感，德智体美劳全面发展，德才兼备。通过土地资源管理专业基础知识、基础理论和基本技能的学习，掌握测量、规划与管理、资源评估、土地政策分析、土地信息管理等土地资源管理技术方法；熟悉国家自然资源领域的方针、政策和法规；具备运用数理方法和计算机技术进行定量研究和解决土地资源管理问题的能力，具备土地资源利用与评价、国土空间规划、土地政策等方面的综合分析能力，具备较强的调查研究能力、口语与书面表达能力、自主学习能力、自我发展能力、环境适应能力与组织管理能力。具有正确的价值观和社会责任感，能够在土地资源管理实践中理解并遵守职业道德和规范，自觉履行责任；拥有健康的体魄、良好的心理素质，正确对待挑战与挫折。

## （四）核心课程情况

本专业核心课程包括：公共管理学、土地资源学、土地经济学、国土空间规划、地籍管理、测量学、土地信息系统、不动产估价、土地行政与土地政策学、自然资源评价等。

## （五）教学团队

土地资源管理教学团队是以土地资源管理专业教师队伍为成员，以国家级特色专业、自治区级品牌专业和重点建设专业为基础，以教学团队的课程建设为平台，以师资队伍建设、实验/实践性教学质量、教学改革与创新等教学质量工程建设为研究目标的提升建设团队。经过30多年的建设，形成稳定的具有边疆特色的土地资源管理专业人才培养方向：

1. 土地资源利用、规划与管理。主要研究土地资源调查、评价、规划与管理、土地整治、土地产权与地籍管理。

2. 土地经济与不动产经营管理。主要研究地租地价、土地市场，探索不动产评估的手段与方法。

3. 土地信息技术应用。主要研究"3S"技术在自然资源管理、利用与规划中的应用。

特色：采取线上与线下结合，课堂教学与野外实习、企业实践结合，实现行走的课堂与固定教室授课结合，达到理论指导实践、实践深化理论的教学目的。将技术应用的内容渗透到理论教学内容中，使管理学理论因技术含量的扩充而更具有实用性。学生将所学的理论知识与学校基础实践、专业实践、综合实践结合起来，通过指导教师指导、实习基地训练达到系统能力的综合提升。

优势：拥有专业教师年龄、学缘、职称结构合理的师资队伍，包括博士7名、教授4名，先后获得校级品牌专业、自治区品牌专业、自治区重点培育学科、国家级特色专业、自治区重点建设专业、自治区级教学团队、自治区一流专业、国家级一流专业等荣誉。在学科建设、综合实力、专业排名、就业前景上取得了长足的进步。2020年获批国家一流专业以来，一流课程建设成绩突出，土地经济学、土壤地理学获得自治区一流课程，土地经济学教学团队获得国家教师创新大赛三等奖，2023年土地经济学、土壤地理学获得国家级线上线下一流本科课程。

### 三、以房地产开发与经营管理课程为例的经济类课程思政元素梳理

#### （一）课程思政架构

1. 社会主义核心价值观教育

国家富强与房地产行业发展：在课程教学中，通过分析当前房地产行业的发展趋势、经济增长点以及对国家经济的贡献，引导学生深入理解国家富强与房地产行业的紧密关系，培养学生的大局意识和全局观念。

民主决策与公众参与：在房地产项目的开发和经营管理过程中，引入民主决策和公众参与的案例，让学生了解民主意识和参与能力在房地产行业中的重要性，培

养学生的民主素养和社会责任感。

城市文明建设分析：介绍房地产行业在促进城市文明建设中的积极作用，引导学生树立文明、和谐的城市发展理念，通过案例分析让学生理解房地产开发与经营管理中的文明行为和社会责任。

2. 诚信守法与职业道德教育

诚信守法意识培养：在讲解房地产交易、项目开发等过程中，强调诚信守法的重要性，通过案例分析让学生认识到不诚信行为带来的后果，培养学生的诚信意识和法律意识。

职业道德培养：在财务分析、项目评估等环节中，强调职业道德的重要性，如诚信、公正、责任等，通过案例分析让学生了解法律法规在房地产开发与经营管理中的应用，培养学生的职业操守和道德观念。

3. 团队协作与创新创业教育

团队协作能力培养：通过引入房地产项目开发、经营管理等实际案例，让学生分组进行讨论和分析，培养学生的沟通能力、合作精神和团队意识，让学生认识到团队协作在房地产行业中的重要性。

创新创业意识激发：通过案例分析让学生了解创新创业在房地产行业中的重要作用和前景，鼓励学生积极参与创新创业活动，培养学生的创新创业意识和能力。

4. 社会责任与可持续发展意识教育

社会责任意识培养：在讲解房地产行业对社会经济的影响时，引导学生树立社会责任意识，让学生了解房地产行业在推动经济发展、改善民生、保护环境等方面的作用和责任。

可持续发展观念强化：强调企业的社会责任和可持续发展观念，引导学生关注房地产开发对社会和环境的影响，鼓励学生参与社会公益活动和环保项目，培养社会责任感和环保意识。

（二）实施设想

课程设计：将课程思政内容融入房地产开发与经营管理的课程设计中，确保每个环节都体现思政教育的目标和要求。

案例教学：通过引入实际案例，让学生了解房地产市场的运行规律和政策法规。

课堂讨论：组织学生进行课堂讨论，针对房地产行业的热点问题展开讨论，培养学生的思考能力和表达能力。

实践教学：通过实地考察、模拟交易等形式，让学生亲身感受房地产市场的氛围，增强学生的实践经验。

通过上述实施设想构建一个具有鲜明思政特色的房地产开发与经营管理课程体系，实现专业教育与思政教育的有机结合，培养具有创新精神和实践能力的优秀高级技术人才。

（三）课程思政知识图谱

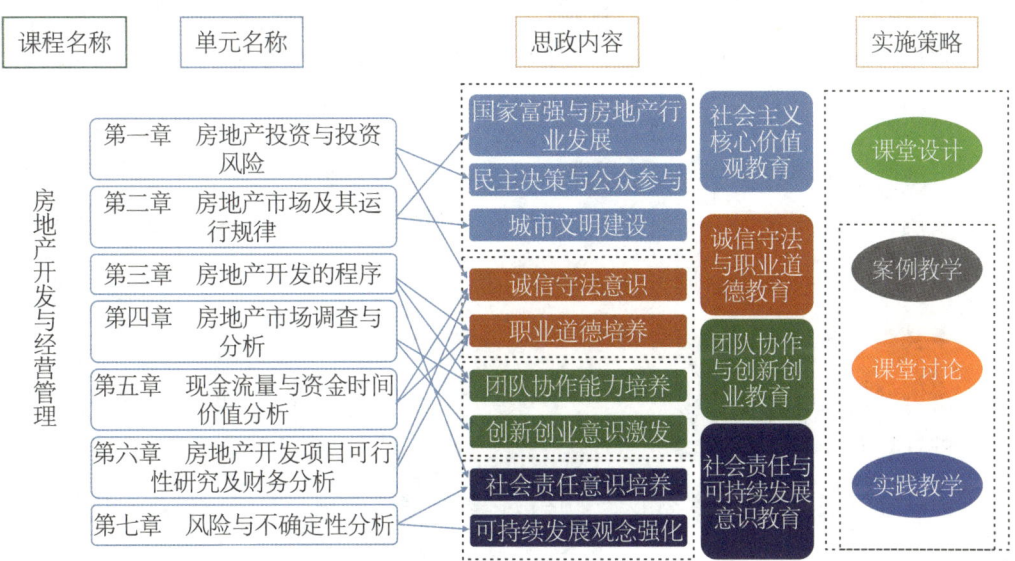

图 1　课程思政知识图谱

（四）课程思政案例

1. 以"房子是用来住的，不是用来炒的"来探讨房地产开发市场和经营市场的特征与发展

◆案例分析

引入成都市原城乡房产管理局党组书记、局长何立祥的贪腐案例，他利用职权"炒房"，一套房轻松赚到上百万。这个案例展示了在房地产市场中，当权力与投机行为结合时，会严重背离"房子是用来住的，不是用来炒的"这一定位，不仅扰乱了市场秩序，还损害了群众利益。

◆ 知识点定位

房地产市场的供需关系：分析当前房地产市场的供需现状，强调满足人民群众的基本居住需求是市场的首要任务。

房地产政策与调控：探讨国家如何通过政策调控来保持房地产市场的平稳健康发展，防止投机行为的发生。

◆ 主要内容

房地产市场的现状与挑战：分析当前房地产市场存在的问题，并指出这些问题对社会的负面影响。

"房住不炒"的意义与必要性：强调"房子是用来住的，不是用来炒的"这一理念的正确性和必要性，阐述其对于促进房地产市场平稳健康发展、保障人民群众居住权益的重要意义。

房地产市场的政策与调控：根据当前房地产市场形势，国家出台一系列政策与调控措施，如契税优惠力度加大、增值税政策调整、降低首付比例、取消限制性措施等，目的是促进当前房地产市场的止跌回稳和健康发展。

◆ 教学手段和方法

案例分析法：通过具体案例的讲解，让学生更直观地理解"房住不炒"的理念以及投机行为对市场的危害。

数据分析法：结合相关数据，如房价指数、销售面积、销售额等，分析房地产市场的现状和趋势，让学生更全面地了解市场情况。

小组讨论法：组织学生进行小组讨论，探讨如何更好地践行"房住不炒"的理念，以及作为个人和企业在市场中应如何行动。

◆ 对应思政点

社会主义核心价值观的体现：通过"房住不炒"的理念和实践，引导学生深入理解社会主义核心价值观中的"公正""诚信"等价值观在房地产市场中的体现。

法治意识的培养：强调国家通过法律手段对房地产市场进行调控和监管的重要性，培养学生的法治意识和法律素养。

社会责任感的培养：引导学生认识到作为社会的一员，应该积极践行社会责任，为促进房地产市场的平稳健康发展贡献自己的力量。

2. 以"工匠精神"探索行业执业人员在掌握专业技能的基础上，要具备的诚实守信、守法的职业精神

◆ **案例分析**

大国工匠陈铮同志在路面检测中的坚持和精准，苏文明在桥梁施工控制中的精益求精……这些案例展示了工程咨询师如何将工匠精神融入日常工作，确保检测服务品质，体现了诚实守信和守法的职业精神。不动产估价师在工作中对于每一个评估项目的精确把控，遵循职业道德规范，体现了诚实守信和守法的职业精神。强调评估工作中的细节和精准度，以及对于职业道德的坚守。

◆ **知识点定位**

能解释房地产开发项目动态盈利能力评价指标——财务净现值、财务内部收益率；

利用房地产开发项目动态盈利能力评价指标说明房地产开发项目的经济可行性。

◆ **主要内容**

利用房地产开发项目动态盈利能力评价指标，列举案例测算房地产开发项目的经济可行性评价。

能归纳总结出房地产开发项目盈利能力财务评价中动态评价和静态评价的区别。

通过对房地产开发项目静态盈利能力评价指标和动态盈利能力评价指标的学习，对房地产开发项目经济分析有系统的了解，进而学习探索此方法在其他工程项目可行性研究中的应用，初步具备分析经济问题、解决问题的综合素质与能力。

◆ **教学手段和方法**

案例教学：通过具体的案例展示，让学生直观了解不同行业中执业人员的工作场景和职业精神。

"专业知识+故事"代入法。利用与专业知识相关的故事引导入课程思政，与学生互动加深对思政资源的理解。例如利用"国王下棋"的故事告诉学生"时间+复利"可以产生巨大资金值，再利用复利计算公式让学生计算一年365天，每天进步0.01和退步0.01而产生的巨大差异，最终让学生意识到：积跬步以至千里，积懈怠以至深渊，从而励志努力。

| 国王下棋 | 励志公式 |
|---|---|
| 国王要重赏大臣，大臣的要求是：在棋盘的1个格子里放2粒麦粒，在第2个格子里放2粒，在第3个格子里放4粒，在第4个格子里放8粒，以此类推，以每一个格子里放的麦粒数都是前一个格子里放的麦粒数的2倍，直到放满第64个格子就行了。国王同意了，但很快发现，即使将国库所有的粮食都给大臣，也不够百分之一！ | $(1+0.01)^{365}=37.7834$<br>$(1-0.01)^{365}=0.0255$<br>每天进步一点点，一年后的成果巨大；每天懈怠一点，一年后不但没有收获，连资本都消耗殆尽。<br>$(1+0.02)^{365}=1377.4$<br>$(1-0.02)^{365}=0.0006$<br>只比你努力一点的人，其实已经甩你太远了。 |

| 第64个小格子麦粒数 | 9223372036854770000 |
|---|---|
| 总共米粒数 | 18446744073709600000 |

图 2　国王下棋和励志公式

教学内容融入思政资源。课堂分析"校园贷"等真实案例的演示文稿，引导学生分析案例的深层次内涵，从而建立正确的投融资观念和理性消费观念，以科学的态度防范风险，正确评价经济生活中的新问题和新事物；树立积极上进的世界观、人生观和价值观。

小组讨论：组织学生就案例中的职业精神进行讨论，分享自己的看法和体会。

角色扮演：让学生模拟不同行业中的执业人员进行角色扮演（测量工程师、自然资源局行政人员、村庄规划师），体验工作中的挑战和乐趣，加深对职业精神的理解。

专题讲座：邀请行业内的专家进行专题讲座，分享他们的经验和见解，帮助学生更好地理解和践行职业精神。

◆ 对应思政点

工匠精神是行业执业人员职业道德的核心，它要求从业者具备精湛的专业技能和良好的职业品质。

诚实守信和守法是行业执业人员必须遵循的基本准则，它们体现了工匠精神的诚信和法治精神。

在课程思政育人中，应加强对行业执业人员诚实守信、守法等职业精神的培养和教育，提高他们的职业素养和道德水平。

3. 以团队协作形式实践房地产市场调研、房地产开发项目可行性研究

◆ 案例分析

以呼和浩特市某房地产开发公司为例分析，该公司在进行新的房地产开发项目前，组织了一个由市场调研团队、策划团队、技术团队等多部门组成的联合调研组。

通过团队协作，各组之间信息共享、优势互补，最终成功完成了项目的市场调研和可行性研究，为项目的成功开发奠定了坚实基础。

◆ **知识点定位**

团队协作的重要性：在房地产市场调研和房地产开发项目可行性研究中，团队协作有助于整合各方资源，提高工作效率，确保研究的全面性和准确性。

市场调研与可行性研究的关系：市场调研是可行性研究的基础，通过团队协作，可以确保市场调研数据的准确性和可靠性，为可行性研究提供有力支持。

◆ **主要内容**

市场调研：全面收集和分析房地产市场的供求状况、价格趋势、风险状况和预期收益等信息，为项目的定位、开发规模和营销策略提供决策依据。

房地产开发项目可行性研究：在充分分析市场需求、项目定位、地理位置、交通便利度、配套设施等因素的基础上，对项目进行综合评价，确定项目的可行性和投资回报率。

◆ **教学手段和方法**

案例教学：通过实际案例的分析和讨论，使学生了解团队协作在房地产市场调研和房地产开发项目可行性研究中的具体应用和优势。

小组讨论：组织学生进行小组讨论，模拟团队协作的过程，培养学生的团队协作能力和解决问题的能力。

实地调研：鼓励学生进行实地调研，了解房地产市场的实际情况，加深对团队协作在市场调研中作用的理解。

◆ **对应思政点**

集体主义精神：团队协作体现了集体主义精神，即团队成员为了共同的目标和利益，相互协作、共同努力。这种精神有助于培养学生的集体荣誉感和责任感，增强他们的团队意识和协作能力。

诚信与责任：在团队协作中，每个成员都需要遵守诚信原则，对自己的工作负责，确保研究的准确性和可靠性。这有助于培养学生的诚信意识和责任意识，提高他们的职业道德素养。

创新精神：团队协作鼓励成员之间相互学习和借鉴，共同探索新的思路和方法。这种创新精神有助于培养学生的创新意识和创新能力，促进他们在房地产市场调研和房地产开发项目可行性研究中不断创新和进步。

4.房地产市场发展对社会的责任以及可持续发展

◆案例分析

某房地产开发商A公司在其最新项目中积极践行社会责任和可持续发展理念，在新项目中采用了节能建材、雨水回收系统和太阳能供电等绿色建筑技术，有效降低了能耗和碳排放；在项目开发过程中，注重低碳交通规划，如设置步行道、自行车道等，鼓励居民采用绿色出行方式；积极与当地居民沟通，了解其需求和期望，并在项目规划和实施中充分考虑社区利益，促进了社区和谐。通过绿色建筑、低碳技术和社区参与等多维度实践，实现了经济效益与环境效益的双赢。

◆知识点定位

房地产企业在追求经济效益的同时，应关注社会发展和环境保护，承担相应的社会责任。

房地产市场在满足当前需求的同时，不损害后代满足其需求的能力，包括经济、社会和环境三个方面的可持续发展。

◆主要内容

房地产作为国民衣食住行中重要的一项，在社会发展中不能仅考虑经济效益，还要考虑到社会责任。社会责任强调企业在追求经济利益的同时，也要关注社会、环境和员工等相关方的利益。

房地产市场风险预测，要求企业在发展过程中，注重经济、社会和环境三大支柱的平衡与协调，以期实现市场可持续发展。可持续发展策略有助于提升企业竞争力，使企业实现长期稳定的收益，避免因短视行为导致的未来成本增加和市场风险；建立完善的风险管理体系，对潜在风险进行识别、评估、监控和应对，以降低投资风险，增强房地产市场的可持续性发展。

◆教学手段和方法

讲座与讨论：邀请业内专家举办讲座，分享行业前沿动态和实践经验；组织学生讨论，激发他们的思考和参与热情。

实地考察：安排学生参观具有社会责任和可持续发展特色的房地产开发项目，加深他们的感性认识和实践体验。

项目式学习：以小组为单位，让学生围绕"地理楼"具体项目进行研究和分析，培养他们的团队协作能力和问题解决能力。

◆ 对应思政点

社会主义核心价值观：强调诚信经营、友善互助等价值观在房地产开发和投资中的重要性，引导学生树立正确的道德观和职业操守。

绿色发展理念：宣传绿色、低碳的发展理念，让学生认识到可持续发展对于国家和社会发展的重要意义。

社会责任感教育：培养学生的社会责任感，使他们意识到个人和企业在社会发展中的责任和义务，激发他们为社会作贡献的积极性和主动性。

# 地理科学专业核心课程思政案例

地理科学学院　　周丹丹[①]

项目名称：OBE 理念引领下地理科学（师范）专业"课程思政"育人体系构建

项目号：2023kcszzx23972

## 一、专业名称：地理科学

## 二、专业介绍

### （一）专业简介

地理科学专业设立于 1952 年，是国家在边疆民族地区较早成立的专业之一。2005 年被评为自治区级品牌专业，2012 年获批全国高校"综合改革试点"专业，2018 年获准地理学一级学科博士学位授权点，2019 年和 2020 年分别获批自治区级和国家级一流本科专业建设点，2023 年顺利通过教育部普通高等学校师范类专业二级认证。经过 70 年的发展历程，已形成本硕博一体化的地理教育人才培养体系。

### （二）培养目标

专业面向国家基础教育改革与发展需要，立足内蒙古、辐射全国，引领北部边疆地区教师教育发展，践行社会主义核心价值观，贯彻落实"立德树人"育人理念，铸牢中华民族共同体意识，培养具备良好的师德修养、科学素养和人文素养，具有扎实的地理科学理论素养及基础知识，熟练运用地理教学基本技能及现代教育技术手段，具备娴熟的地理教学能力和一定的创新及自我职业发展规划能力的中学地理教师。能在中学及其他教育机构从事地理科学的教学、教研和班级管理工作，毕业 5

---

[①] 周丹丹，地理科学学院副教授，硕士生导师。主要从事地理教育教学、土地退化及生态修复等领域的教学与研究工作。讲授中学地理教学设计、生态学等课程。

年左右能够胜任中学地理教师工作，部分成为骨干教师。

### （三）毕业要求

能够自觉践行社会主义核心价值观，具有对中国特色社会主义的思想认同、政治认同、理论认同和情感认同，具有牢固的中华民族共同体意识。能够贯彻党和国家的教育方针政策，以立德树人为己任，注重为人师表。严格遵守中小学教师职业道德规范，具有依法执教意识，立志成为有理想信念、有道德情操、有扎实地理专业学识、有仁爱之心的好老师。

理解中学地理教育工作的重要性和专业性，热爱地理教育事业，具有积极的从教意愿，对投身于中学地理教育事业具有强烈的使命感和责任感。具有一定的人文底蕴和科学精神，对学生有责任心和爱心，尊重学生人格，工作细心、有耐心，决心成为学生锤炼品格、学习知识、创新思维、奉献祖国的引路人。

扎实掌握地理学科的基础知识、基本理论原理、分析方法和应用技能，具备地理学科知识体系的基本思想和方法，理解地理学科核心素养内涵。了解地理学科与其他学科的关系，理解地理学科与人口资源环境及社会生产生活实际的联系，了解地理学科发展的前沿，具有一定的学科视野。对学习科学的相关知识有一定的了解，能运用形成学科教学知识。

能够准确把握中学地理课程标准的内涵和要点，以中学地理课程标准为依据，在现代教育理念的指引下，结合中学生身心发展规律和学科认知特点，综合运用相关教学知识和信息技术进行地理教学设计、实施和评价，根据获得的教学体验进行反思改进。能够独立开展中学地理教学实践，组织课堂教学及地理实践活动，具备初步的教学研究能力。

能够认识到德育在素质教育及人才培养中的地位和作用，树立德育为先的教育理念，了解中学德育的基本原理、内容和方法。掌握班级组织、建设和管理的基本程序、工作规律和基本方法，熟悉班级工作要点。在教育实习等教学活动中参与班主任工作，参与德育和心理健康教育等教育活动的组织与指导，获得积极的体验。

了解中学生身心发展及养成的教育规律，了解中学生世界观、人生观和价值观形成的过程及其教育方法。理解地理学科的育人价值，以地理学科核心素养培育为核心，能够有机结合学科教学开展育人活动。了解学校文化和教育活动的育人内涵和方法，参与设计和组织校园文化等主题教育活动和社团活动，对学生进行适切的教育和引导。

具有自我完善、自主发展的愿望，具备终身学习与专业发展意识，树立终身学习理念。了解国内外基础教育改革发展的趋势和前沿动态，能结合时代和中学教育发展需求对自身现状进行理性分析，对自己的学习和职业生涯进行合理规划。初步掌握主要的反思方法和技能，具有一定创新意识，能够在教育实践中收集信息、自我诊断、自我改进，学会运用批判性思维方法分析和解决教育教学问题。

理解学习共同体的作用和特点，具有团队协作精神，能通过团队进行合作学习和研究，具有团队合作的积极体验。具有一定的人际沟通能力和组织协调能力，具备较好的表达能力和沟通技巧，初步具备在中学地理教育实践中与学生、领导、同事、家长及社区沟通的能力。

### （四）核心课程情况

本专业核心课程包括：地图学、地貌学、气象与气候学、土壤地理学、植物地理学、人文地理学、经济地理学、区域分析方法、地理信息系统原理、遥感原理与应用、中国地理、世界地理、中学地理教学设计、中学地理课程标准与教材研究、内蒙古地理等。

### （五）教学团队

70余年薪火相传，专业现有一支以中青年教师为主，职称、年龄结构合理，学历层次高、具有良好的发展态势的师资队伍。这支队伍中，有"万人计划"国家级教学名师1人，国家"十二五"科技支撑计划项目首席科学家1人，自治区级教学名师2人，自治区五一劳动奖章获得者2人，获自治区哲学社会科学青年才俊奖1人，入选"新时代专业技术人才选拔培养项目"二、三层次5人，入选自治区"321"人才工程一、二层次6人，自治区级教学团队1个、入选自治区"草原英才工程产业创新人才团队"3个，内蒙古自治区"草原英才"7人，内蒙古高等学校"青年科技英才"支持计划（科技领军人才）6人。团队重视中青年教师的培养，12名青年教师分别赴美国、日本、德国、加拿大、比利时等国家知名大学进行访学交流。

## 三、部分核心课程思政元素梳理

### （一）世界地理课程思政案例

1. 课程思政架构思想及实施设想

融入方式包括：

（1）结合教学内容深挖背景知识。

（2）围绕教学内容适度拓展延伸。通过相联系的教学案例进行思政教育。

（3）以案例分析为切入点，积极探索课程所承载的思政元素，根据每章教学内容特点，设置不同的课程思政内容，并将其有机融入各个教学环节。

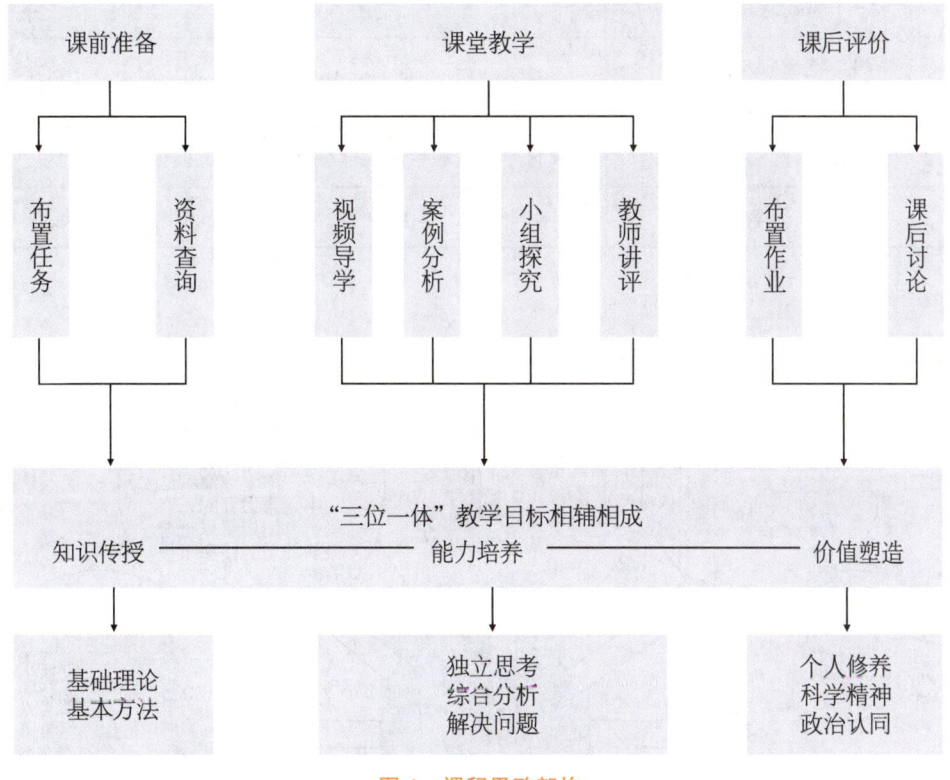

图 1　课程思政架构

2. 课程思政案例——以"大陆架的资源开发与海洋资源保护"一节为例

结合课程内容，融合思政元素，本节学习内容及思政元素具体如下：

（1）元素梳理

① 明确大陆架的基本概念，分析大陆架的生态经济价值，培养学生区域地理专业素养，树立正确的发展观。

② 通过学习《联合国海洋法公约》，坚定拥护中国领海主权，培养家国情怀。

③ 学习海洋及海岸带环境保护的重要性，增强海洋环境保护意识。

（2）思政元素融入策略

大陆架资源开发与海洋环境保护，重点阐述了大陆架的生态经济意义、大陆架与海岸带的开发与管理、海洋污染防治与国际社会为保护海洋环境而做出的努力。通过上述内容的学习，培养学生独立思考问题、分析问题的能力，提高学生的开拓精神和保护海洋资源的环保意识。

表1 "大陆架的资源开发与海洋资源保护"一节思政元素融入策略表

| 序号 | 思政元素及目标 | 融入策略、方法 |
| --- | --- | --- |
| 1 | 强化区域地理专业素养，树立正确的发展观 | 介绍大陆架的基本概念，分析大陆架的生态经济价值 |
| 2 | 厚植家国情怀 | 通过学习《联合国海洋公约》，坚定拥护中国领海主权 |
| 3 | 增强环境保护意识 | 案例分析、小组探究海洋及海岸带环境保护的重要性 |

（3）思政元素融入展示

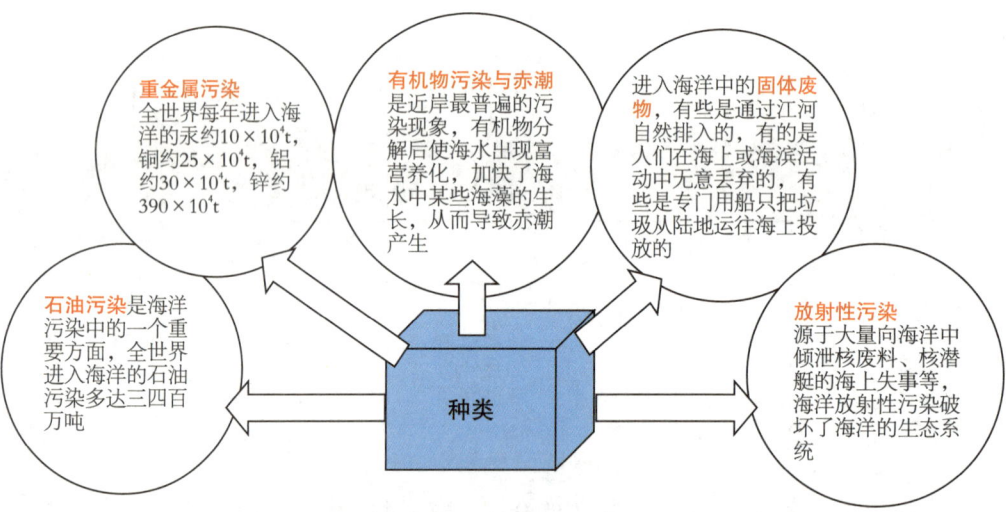

图2 "大陆架的资源开发与海洋资源保护"一节思政元素融入PPT展示

## （二）人文地理学课程思政案例

### 1. 课程思政架构思想及实施设想

课程在遵循"两性一度"原则和课程的三维目标的基础上进行设计。思政融入方式包括：

（1）分析教学内容、课程目标及学情，深挖背景知识。

（2）围绕教学内容适度拓展延伸，通过相联系的教学案例进行思政教育。

（3）以案例分析为切入点，积极探索课程所承载和可融入的思政元素。

主要教学设计思路如图所示，在课程目标基础上，构建"导、讲、研、联、赛"一体化闭环式教学模式。

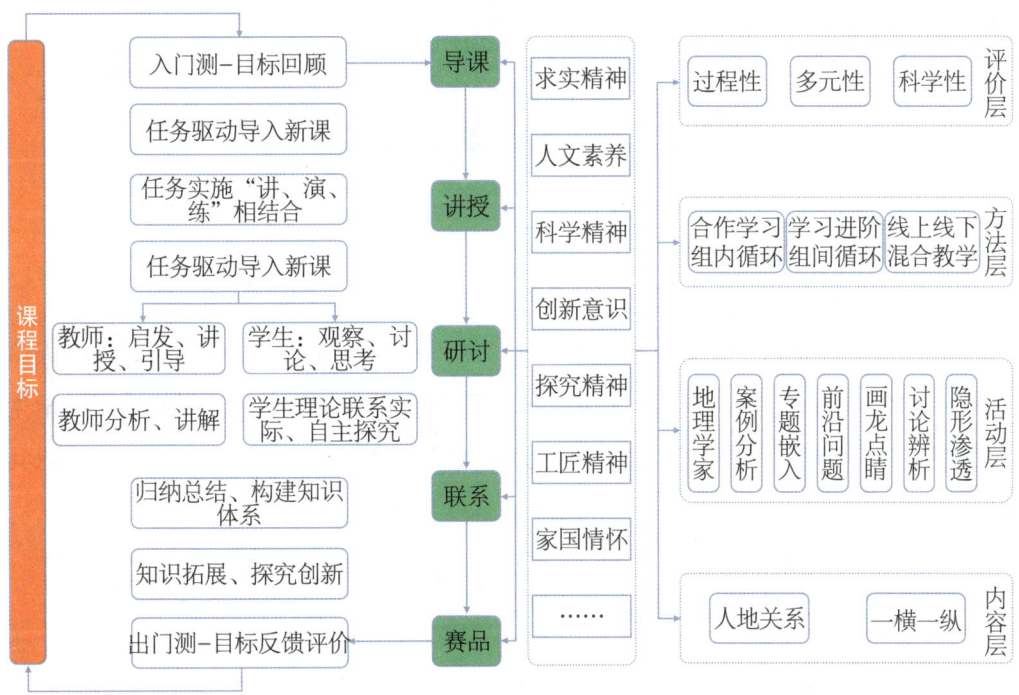

图3 "人文地理学"课程思政教学设计思路

2. 课程思政案例——以"人口迁移"一节为例

（1）元素梳理

思想政治教育素材：围绕"山海情"故事，分析人口迁移及其影响，了解人口迁移的基本国情以及我国区域发展不协调的现实情况，树立正确的资源观、人口观；通过具体案例讨论，培养学生对研究问题本质的思考，强化学生对地理科学哲学思维的理解，激发关注国家相关政策的兴趣。

思想政治教育元素：人地协调观、乡村振兴、脱贫攻坚战、热爱家乡。

193

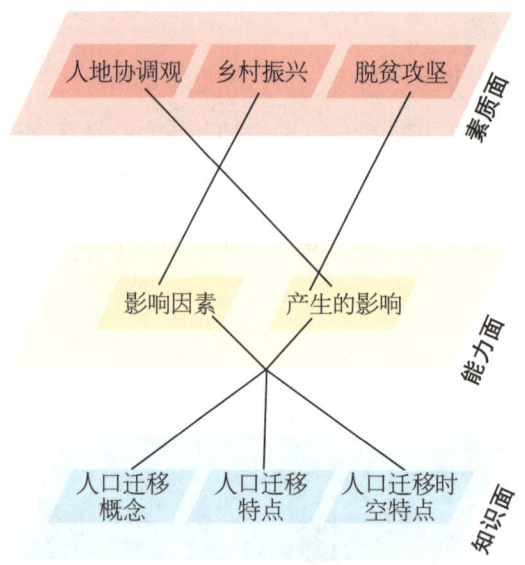

图 4 "人口迁和多"一切思政元素梳理

（2）思政元素融入策略

用"山海情"和学生家庭成员人口迁移调查结果等案例话题来导课；围绕人口迁移对区域带来的影响深入研讨；最后总结研讨结果，教师递进式提问，引导学生深入思考，整体结合本节课的教学目标，融入课程思政目标，安排了"唤起情感共鸣→案例讨论→总结、思考、升华"的重要环节。

（3）思政元素融入展示

**20世纪80年代，宁夏开始实施西海固地区的生态移民搬迁。**

1990年10月，西海固地区的西吉、海原两县1000多户贫困群众搬迁到贺兰山东麓的银川市永宁县闽宁镇。

■ "山海情"红了，"西海固"绿了：

■ 这种移民搬迁叫什么？

■ 政府为什么组织搬迁？

■ 如今迁出地和迁入地发生了什么变化？

图 5 "人口迁移"一节思政元素融入PPT展示

### （三）环境科学概论课程思政案例

1. 课程思政架构思想及实施设想

融入方式包括：

（1）结合教学内容深挖背景知识。

（2）围绕教学内容适度拓展延伸。

（3）以案例分析为切入点，讲"接地气的"效果更好，通过案例分析引起学生情感共鸣，达到思政目标。

2. 课程思政案例——以"大气污染源与大气污染物"一节为例

结合课程内容，融合思政元素，本节学习内容及思政元素具体如下：

（1）元素梳理

① 学习我国大气环境空气质量现状及面临的挑战，增强学生大气污染防治意识，从而激发学生投身大气污染防治事业的责任感和使命感；

② 通过学习我国《大气污染防治行动计划》《打赢蓝天保卫战三年行动计划》、"双碳"目标等大气污染防治主要政策及其成效，讲述经济高速发展与环境空气质量持续改善"双赢"背后的故事，增强学生对我国大气污染防治攻坚战所取得成效的认同感；

③ 对比分析"APEC蓝""奥运蓝"与"常态蓝"的异同，引导学生认识同样"蓝"隐藏的本质区别，激发学生批判性思维和探索精神，从而树立正确的发展观。

（2）思政元素融入策略

通过课堂讲授，辅助多媒体教学，更形象生动地展示大气污染知识；引入"APEC蓝""奥运蓝""常态蓝""双碳"目标等案例，了解我国大气污染现状及面临的挑战；引导学生使用手机App、微信公众号、环保部门官网等多媒体资源，获取相关环境质量数据、科普知识、学科前沿动态等信息；组织和引导学生开展讨论，总结大气污染防治攻坚战的根本途径；针对学生缺乏综合分析能力、环境实践认知和化学知识相对薄弱等特点，用思维导图结合通俗的语言简化复杂的污染物之间的逻辑关系以及大气污染物的迁移转化规律；利用学习通、雨课堂等平台，通过课堂提问、课间表现、课后作业等多元化评价手段，从知识、能力、思政三个维度评价学生学习效果。

表 2 "大气污染源与大气污染物"一节思政元素融入策略表

| 序号 | 思政元素及目标 | 融入策略、方法 |
| --- | --- | --- |
| 1 | 个人修养：激发学生投身大气污染防治事业的责任感和使命感 | 教师引领，了解我国大气污染现状及其面临的挑战 |
| 2 | 科学精神：激发学生透过现象看本质、去伪存真的批判性思维和探索精神，从而树立正确的发展观 | 共同学习实现"APEC 蓝""奥运蓝"和"常态蓝"所做的污染源管理措施，引导学生认识同样"蓝"隐藏的本质区别 |
| 3 | 政治认同：增强学生对我国大气污染防治攻坚战所取得成效的认同感 | 介绍《大气污染防治行动计划》《打赢蓝天保卫战三年行动计划》以及"双碳"目标等我国大气污染防治对策及取得的成效，讲述经济高速发展与环境空气质量持续改善"双赢"背后的故事 |

（3）思政元素融入展示

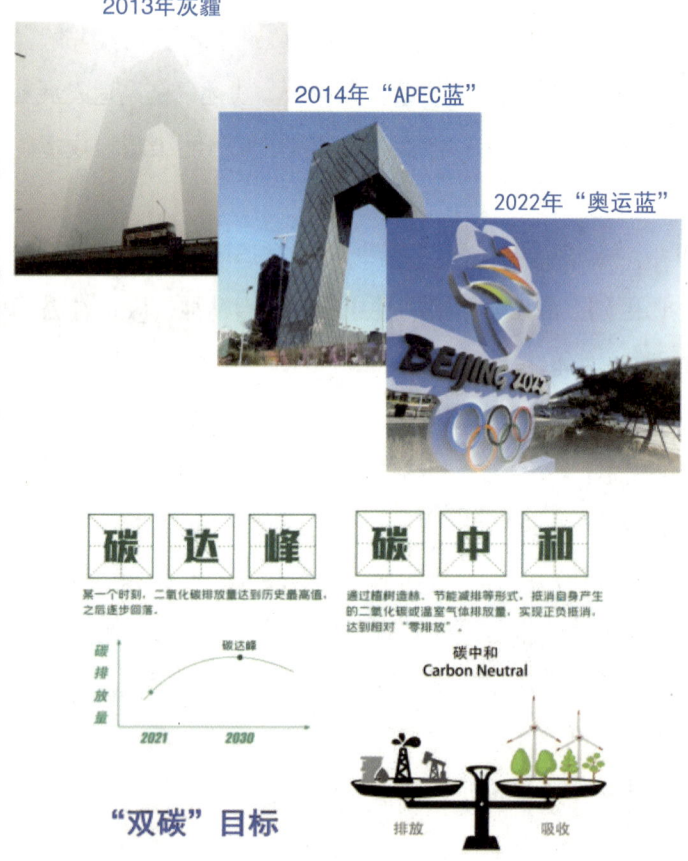

图 6 "大气污染源与大气污染物"一节思政元素融入 PPT 展示

## （四）内蒙古地理课程思政案例

1. 课程思政架构思想及实施设想

课程为地理科学专业课程，结合课程内容及特点，课程主要育人目标定位：

（1）介绍内蒙古地理位置、区位，引导学生认识捍卫我国领土完整和各民族团结统一的重要性、铸牢中华民族共同体意识的重要性；

（2）通过学习内蒙古自然地理内容，懂得尊重自然、敬畏自然、保护自然，守护国家重要的水源地和祖国北部亮丽的风景线，培养爱国精神、家国情怀；

（3）内蒙古人文地理的内容可充分培养爱国主义精神、家国情怀；

（4）内蒙古自然灾害与防灾减灾及国家灾害应急管理、对应能力建设；

（5）内蒙古生态环境保护、生态文明建设与"两山"理论涉及绿色高质量发展的战略意义。

课程思政是如盐入水、润物无声的过程，以课程内容为基础，梳理各部分内容的社会实践意义，挖掘其思政内容。

融入方式包括：

结合教学内容深挖背景知识；

围绕教学内容适度拓展延伸，通过相联系的教学案例进行思政教育；

在学习过程中，教师引导规范言行，发挥教师的表率作用，树立榜样形象。

2. 课程思政案例——以"内蒙古旅游资源"一节为例

（1）元素梳理

本节课的教学内容是"内蒙古旅游资源"，隶属于内蒙古人文地理一章的内蒙古旅游资源与旅游业一节，是内蒙古人文地理部分的最后一节内容。本节结束后即将进入内蒙古的分区地理，因此这一节具有承上启下的重要作用。

内蒙古旅游资源一节主要内容包括自然旅游资源、人文旅游资源及红色旅游资源，其中红色旅游资源部分是结合当前社会背景从人文旅游资源中单独提取出来的一个内容，是学生中心、产出导向、持续改进的体现。

结合课程内容，融合思政元素，本节学习内容及思政元素具体如下：

①自然旅游资源思政元素；尊重自然、敬畏自然。

②人文旅游资源思政元素；增强文化自信。

③红色旅游资源思政元素；牢记历史、勿忘国耻，深刻认识到没有共产党就没

有新中国，强化爱党爱国意识。

（2）思政元素融入策略

表3 "内蒙古旅游资源"一节思政元素融入策略表

| 序号 | 思政元素及目标 | 思政素材 | 融入策略、方法 |
|---|---|---|---|
| 1 | 由内而外激发尊重自然、敬畏自然的意识，进而更懂得保护自然 | 大量宏伟壮观的自然旅游资源景观图片 | 从情感上引导学生概括总结对内蒙古自然旅游资源景观的感受，体会大自然的神奇 |
| 2 | 提升对中华民族灿烂文化的自信 | 丰富的人文旅游资源 | 结合教学内容，深挖背景知识。祖国幅员辽阔，文化灿烂，增强学生文化自信 |
| 3 | 牢记历史、勿忘国耻 | 侵华日军海拉尔要塞遗址 | 侵华日军海拉尔要塞遗址历史背景介绍，引起学生情感共鸣 |
| 4 | 强化爱党爱国意识，增进家国情怀 | 满洲里红色国际秘密交通线、现代社会中叙利亚难民 | 在万人坑遗址历史背景反映了中国备受欺压的现实后，通过满洲里红色国际秘密交通线的介绍使学生意识到中国共产党领导中国实现独立自主并逐渐实现今日之富强伟大，增进家国情怀 |

（3）思政元素融入展示

198

# 专业核心课程思政案例

## 一、内蒙古旅游资源

3.5 内蒙古镇游

> (三)红色旅游资源

大青山抗日游击根据地　　内蒙古革命烈士陵园　　内蒙古自治政府纪念地

## 一、内蒙古旅游资源

3.5 内蒙古镇游

> (三)红色旅游资源

满洲里红色国际秘密交通线

从中国共产党成立起,为了革命工作的需要,先后有过多条**通往苏联的交通线**,其中由**哈尔滨经满洲里前往苏联的交通线是形成时间较早、持续时间较长、发挥作用较大**的一条红色国际秘密交通线。从1920年至1937年,**共存在了18年。**

作为这条红色国际交通线的国内线端、苏联进入中国始端的满洲里以其独特的地理位置发挥了极其重要的作用,被称作**"红色桥梁"**。许多我党早期领导人如**李大钊、陈独秀、瞿秋白、周恩来等,以及许多革命青年前往苏联,主要是通过满洲里出境**。为了支持中国和东方国家的革命事业,共产国际也派出许多代表、军事顾问经由满洲里进入中国内地,满洲里红色国际秘密交通站以其特殊的地理位置,在非常严酷的政治条件下,圆满地完成了护送中苏两国革命者安全往来的重任。

图7 "内蒙古旅游"一节思政元素融入PPT展示

# 城乡规划专业"课程思政"育人体系的构建

**地理科学学院　董　茜[①]**

项目名称：城乡规划专业"课程思政"育人体系的构建

项目号：2023kcszzx23974

## 一、专业名称：城乡规划

## 二、专业介绍

### （一）专业简介

内蒙古师范大学城乡规划专业设立于 1994 年，经过多年"产、学、研、用"相结合的教学与科研实践，已成为自治区培养城乡规划专业人才的教学基地和国土空间规划研究中心。专业性质为工科，具备理论性与实用性相结合的特点，立足地理背景，重点培养具备宏观空间分析能力，且具有扎实的国土空间规划、城乡管理理论素养和系统的专门知识及专业技能的应用型人才，以能够独立从事国土空间规划、设计与管理工作，具有较强的创新、创业能力为目标，为国土空间规划设计与管理、城市建设、房地产开发、决策咨询等部门输送技术人才。

### （二）培养目标

培养德智体美劳全面发展，具有坚实的城乡规划基础理论知识和应用实践能力，适应地区经济社会发展与空间发展需求，能够在专业规划编制单位、管理机关、大

---

[①] 董茜，地理科学学院讲师，博士研究生。主要从事城市规划与设计、城市绿地、城市生态相关研究工作。讲授城市设计、城市园林绿地系统规划、计算机辅助设计与图像处理等课程。

专院校和科研机构从事城乡规划设计与管理的专门人才。

### （三）毕业要求

通过专业学习，毕业生应获得以下几个方面的知识、能力和素质。

1. 思想道德：

（1）具备良好的思想道德素质和专业学术道德修养；

（2）具备行业现代意识和人际交往能力；

（3）具备求实创新的意识和精神。

2. 系统知识：

（1）掌握地理学的基本知识、城乡规划的基础理论和专门知识；

（2）具有城乡规划编制和规划设计的基本能力；

（3）掌握城乡规划学科相关的知识，具有从事学术研究和承担专业实践工作的初步能力；

3. 实践能力：

（1）具有开展社会调查、公共参与、综合分析、协调解决问题的能力；

（2）具有计算机辅助规划设计和分析表达的能力。

4. 身体素质：

身心健康，具备健全的心理素质和健康的体格。

### （四）核心课程情况

开设与《高等学校城乡规划本科指导性专业规范》核心课程相对应的城市建设史与规划史、国土空间规划、城市详细规划、城市设计、村镇规划、城乡生态与环境规划、城乡道路与交通规划、城乡基础设施规划、城市遗产保护与规划、城市地理信息系统与空间数据库应用、空间规划管理与法规、区域分析与规划、城乡社会综合调查研究等专业必修课程与实习实践。开设具有本校特色的自然地理学、经济地理学、城市地理学、地图学、工程地质与水文地质、遥感原理与应用等专业必修课程。

### （五）教学团队

城乡规划教学团队是一支具有丰富教学经验和专业背景、实力雄厚、教学方法多样、科研成果丰硕、社会服务广泛的团队，在城乡规划领域具有广泛的影响力和知名度。团队现有教师29人，其中具有博士学位的教师24人，教授9人，副教授13人，讲师7人，硕士生导师22人。团队不仅具有深厚的专业理论知识，还具备丰富的实践经验。

## 三、以《城市设计》课程为例的思政元素梳理

### （一）课程思政架构思想

[专业与思政融合]

城市设计课程不仅传授专业知识，更强调将思政元素融入专业教学中，实现专业教育与思政教育的有机融合。课程从城市设计的山水传统、人文传统、历史保护与文化传承等方面，引导学生认识中国古代城市设计的优秀传统，培养学生的文化自信和民族自信。

[德育与智育并重]

在传授城市设计理论、方法和技能的同时，注重培养学生的社会主义核心价值观、职业道德和社会责任感。通过分析城市设计的案例，让学生理解城市设计不仅是技术活动，更是具有社会、文化和历史意义的实践活动。

[理论与实践结合]

强调理论知识与实践操作的结合，通过实践教学环节，如城市设计项目、实地考察等，让学生在实际操作中体验和感悟城市设计的价值。实践教学环节的设计，旨在培养学生的创新思维、团队协作能力和解决实际问题的能力。

### （二）实施设想

◆ **教学目标**

确立知识目标、能力目标和情感目标三位一体的课程目标，注重学生的全面发展。将爱国精神、工匠精神、人民至上、家国情怀等思政元素融入课程内容中，帮助学生树立正确的世界观、人生观和价值观。

◆ **教学内容**

在教学内容上，注重挖掘城市设计中的思政元素，如中国古代城市设计的传统智慧、人与自然和谐共生的理念等。通过分析经典案例和现代城市设计实践，让学生理解城市设计的社会责任和文化传承意义。

◆ **教学方法**

采用课堂讲授、分组讨论、案例分析、实地考察等多种教学方法，激发学生的学习兴趣和主动性。鼓励学生参与实践项目，通过实际操作和团队协作，培养学生的实践能力和创新精神。

◆ **教学评价**

设计体现"价值、能力、知识"的课程考核评价方法，将专业教学效果评价从单一的专业知识维度，向人文素质培育、社会责任感培养等多维度延伸。注重过程性评价和结果性评价相结合，全面评价学生的学习成果和发展潜力。

◆ **教学资源**

充分利用校内外教学资源，如图书馆、线上课程、实验室、实习基地等，为学生提供丰富的学习资源和实践机会。加强与企业的合作与交流，邀请企业专家参与教学和实践指导，提高教学的针对性和实用性。

通过上述实施设想，旨在构建一个具有鲜明思政特色的城市设计课程体系，实现专业教育与思政教育的有机结合，培养具有创新精神和实践能力的优秀人才。

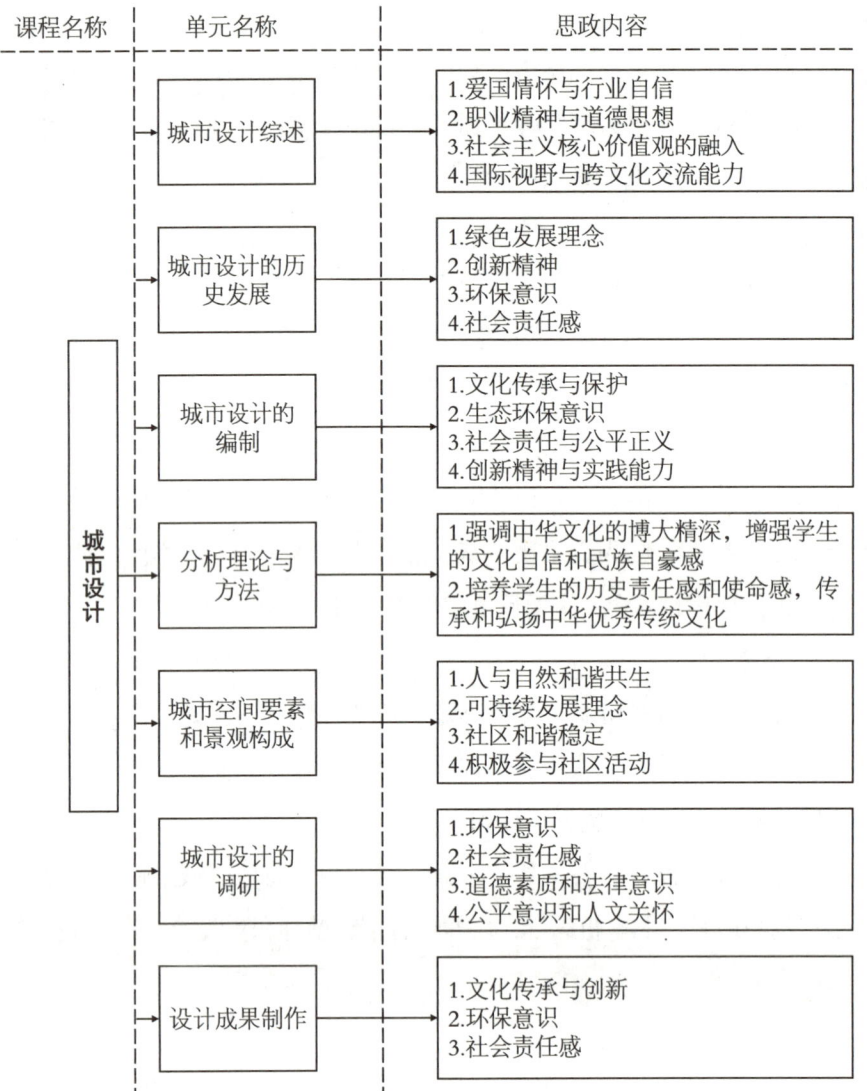

图1 城市设计课程思政知识图谱

## （三）思政案例

1. 以北京城规划布局为例，深入探讨其"天人合一"的设计理念

◆案例分析

"天人合一"是中国古代哲学思想的核心观念之一，它强调人与自然的和谐统一，认为人类应当顺应自然规律，与自然和谐相处。在城市规划与设计领域，"天人合一"的思想体现为将自然元素与人工环境相融合，创造出和谐宜居的城市空间。

北京城规划布局中的"天人合一"设计理念，主要体现在：

（1）整体布局与"天人合一"

轴线对称布局：北京城以中轴线为核心，形成南北对称、东西均衡的城市布局。这种布局体现了古人对天地秩序的理解，将天地之间的"中"与"和"融入城市规划之中，展现了"天人合一"的哲学思想。

天文与地理的对应：北京城的规划布局与天文现象密切相关。例如，紫禁城的平面布局与唐代天文诗歌《步天歌》中的"三垣二十八宿"相对应，通过建筑的布局来反映古人对天象的认识和尊重，体现了"天人合一"中天与人的紧密联系。

（2）建筑细节与"天人合一"

建筑造型与功能：北京城的古建筑在造型和功能上均体现了"天人合一"的思想。例如，故宫的各个建筑按照其功能对应不同的天文星宿，如太和殿、中和殿、保和殿对应太微垣，乾清宫、交泰殿、坤宁宫对应紫微垣等，这种对应关系进一步强调了天与人的和谐统一。

屋顶设计与自然融合：北京中轴线古建筑群的屋顶设计体现了"天人合一"的和谐文化。屋顶垂脊端部的神兽造型，以及垂脊最前端引路的仙人骑凤造型，都寓意着人与自然的和谐相处。同时，反宇形式的屋檐设计，与凸起的天宇形成一阴一阳的巧妙融合，也体现了古人对"天人合一"理念的追求。

（3）环境营造与"天人合一"

山水园林的融入：北京城在规划布局中充分融入了山水园林的元素。皇城内的湖泊和皇城外的山脉形成了山水环绕的城市景观，这种布局不仅为居民提供了优美的生活环境，也体现了"天人合一"中人与自然和谐相处的思想。

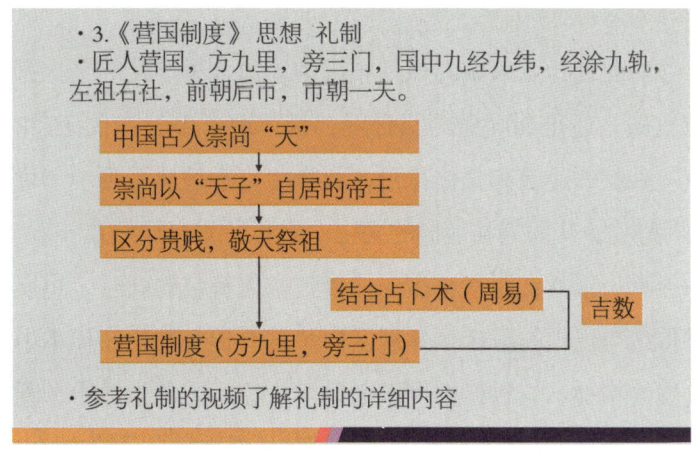

图2 体现"天人合一"的营国制度

风水学的应用：北京城的规划布局还深受风水学的影响，充分体现了"天人合一"的设计理念。风水学认为人与环境之间存在着相互影响的关系，因此城市布局应顺应自然地势、水流等因素。北京城的中轴线北端延伸至景山，形成了"背山面水"的风水格局，这种布局体现了"天人合一"中人与自然的和谐共生。通过对轴线对称布局、天文与地理的结合、山水园林的融入以及风水学的应用等方面的分析，可以看到北京城在规划设计中如何追求人与自然的和谐统一，创造出具有独特魅力的城市空间。这种设计理念不仅体现了中国古代哲学的智慧，也为现代城市规划与设计提供了宝贵的借鉴和启示。

◆知识点定位

城市设计与传统文化的融合："天人合一"思想的现代解读与应用。

◆主要内容

详细介绍北京城规划中的轴线对称、空间布局等原则，以及这些原则如何体现"天人合一"的思想。结合历史文献和现代研究，分析"天人合一"思想在城市设计中的应用及其现代价值。

◆教学手段和方法

借助视频展示故宫的城市设计，让学生更直观地感受其魅力；邀请历史文化专家进行现场讲解，与学生进行互动交流；组织学生分组进行模拟设计，将"天人合一"思想融入现代城市设计中。

◆对应思政点

（1）强调中华优秀传统文化的博大精深和独特魅力，增强学生的文化自信心和民族自豪感。

①文化符号的展现：北京城的规划布局中，蕴含了丰富的文化符号。无论是中轴线上的皇家宫殿，还是胡同里的四合院，都体现了中国古代社会的政治、经济、文化特征。这些独特的建筑和文化符号，让学生直观地感受到中华优秀传统文化的博大精深和独特魅力，从而增强他们的文化自信心和民族自豪感。

②文化的传承与创新：北京城在保持传统文化特色的同时，也展现了现代都市的活力。这种传统与现代的融合，体现了中华优秀传统文化在传承中不断创新、在创新中不断发展的精神。这种精神可以激励学生在学习和生活中，既要尊重传统文化，又要勇于创新，为中华优秀传统文化的繁荣发展贡献自己的力量。

（2）培养学生的历史责任感和使命感，传承和弘扬中华优秀文化。

①历史记忆的承载：北京城作为中国的古都，承载了丰富的历史记忆。无论是天安门广场的升旗仪式，还是故宫的文物展览，都让学生深刻感受到中华民族的辉煌历史和伟大成就。这种历史记忆可以激发学生的历史责任感和使命感，让他们意识到传承和弘扬中华优秀传统文化的重要性。

②传统文化的弘扬：北京城的规划布局中，蕴含了丰富的传统文化元素。如中轴线上的建筑命名、装饰艺术等，都体现了中华优秀传统文化的独特魅力。这些文化元素不仅是中华民族的瑰宝，也是中华民族的精神支柱。通过学习和了解这些文化元素，学生可以更好地理解和传承中华优秀传统文化，为弘扬中华优秀传统文化贡献自己的力量。

2. 以盛乐校区的雕塑广场设计为例，让学生切身感受城市设计工作的全部过程

◆案例分析

盛乐校区的雕塑广场作为校园的重要组成部分，不仅是学生日常活动的聚集地，也是展示校园文化的重要窗口。本案例旨在通过分析雕塑广场的设计需求，探讨如何将其打造成一个既具有艺术美感又体现校园文化特色的空间。

设计需求：根据校区的整体规划、学生的使用需求以及校园文化的特点，确定雕塑广场的设计定位、功能分区和景观元素。

设计理念：遵循"以人为本、绿色生态、文化传承"的设计理念，注重雕塑广场的实用性、美观性和文化性。

设计实施：通过合理的空间布局、雕塑的选择与布置、景观元素的配置等，营造出具有独特魅力的雕塑广场。

◆知识点定位

城市广场设计的基本原则：包括空间布局、功能分区、景观元素的选择与配置等。

雕塑与广场的关系：探讨雕塑在广场中的艺术价值、文化意义以及其与广场空间环境的相互作用。

文化与校园景观的融合：将校园文化特色融入广场设计中，营造独特的校园文化氛围。

◆ **主要内容**

空间布局：根据校区的整体规划和学生的使用需求，确定雕塑广场的空间布局，包括主要道路、活动区域、休闲区域等。

雕塑设计：选择与校园文化、历史、环境相融合的雕塑作品，注重其艺术性和文化性。同时，考虑雕塑的尺寸、位置以及与周围环境的协调性。

景观元素配置：根据广场的功能和设计理念，合理配置绿化植物、照明设施、座椅等景观元素，营造舒适、宜人的环境氛围。

设计特点：

文化性：通过雕塑和景观设计，体现学校的文化特色和育人理念，营造独特的校园文化氛围。

艺术性：注重雕塑和景观的艺术性和美感，提升广场的整体品质。

可持续性：在设计中注重环保和可持续性发展，采用环保材料和节能技术，降低对环境的影响。

◆ **教学手段和方法**

（1）教学手段

多媒体教学：利用PPT、图片、视频等多媒体教学资源辅助教学，展示成功案例和设计理念。

实地考察：组织学生实地考察学校现有的雕塑广场，分析其优缺点和设计思路。

模拟设计：指导学生进行模拟设计练习，培养学生的设计能力和创新思维。

（2）教学方法

讲授法：通过讲授理论知识，帮助学生建立基本的设计理念和知识体系。

案例分析法：通过分析实际案例，引导学生理解设计理念，掌握方法的应用。

实践教学法：组织学生进行设计实践，让学生在实践中掌握设计技能和方法。

◆ **对应思政点**

（1）思政点

文化传承与创新：通过雕塑广场的设计，引导学生认识和理解校园文化的重要性，同时鼓励学生发挥创新精神，为校园文化注入新的活力。

环保意识：在设计中注重环保和可持续发展，培养学生的环保意识和责任感，引导学生关注环境问题并积极参与环保行动。

社会责任感：通过设计实践，培养学生的社会责任感和服务意识，引导学生关注社会问题和国家发展，为构建和谐社会贡献自己的力量。

（2）思政融合方式

**案例渗透**：在案例分析中融入思政元素，通过实际案例引导学生思考设计的文化价值和社会意义。

**实践体验**：通过设计实践让学生亲身体验设计的全过程，培养学生的实践能力和社会责任感。

**课堂讨论**：组织课堂讨论活动，引导学生就设计主题进行深入思考和交流，培养学生的思辨能力和创新精神。

3. 以新加坡花园城市设计为例的城市设计课程思政内容

◆ 案例分析

新加坡以其独特的花园城市设计闻名于世，通过高效的绿色空间规划和生态环保实践，实现了城市发展与自然环境的和谐共生。

新加坡拥有超过 200 个品种的植物、超过 20 万棵花草树木，绿化覆盖率极高，展示了其在绿色基础设施和立体绿化方面的卓越成就。

◆ 知识点定位

生态城市设计原则：节能、节水、材料循环利用。

立体绿化概念与实践：改善城市生态环境，减少热岛效应。

水资源管理策略：雨水收集、废水回收再利用。

◆ 主要内容

（1）环保理念

新加坡在城市设计中始终坚持生态环保理念，将绿色空间规划作为城市发展的重要组成部分。通过绿色基础设施和立体绿化技术，提升城市的生态质量和居民的生活质量。

（2）具体实践

**滨海湾花园**：作为新加坡的标志性景点，展示了新加坡在绿色规划和建筑设计上的创新实践。

**樟宜机场**：通过引入大量绿色植物和立体绿化技术，成为全球首个拥有最多主题花园的机场。

◆教学手段和方法

（1）教学手段

利用PPT、图片、视频等多媒体教学资源展示新加坡花园城市的美丽景色和生态环保实践。

组织学生收集新加坡的标志性建筑和绿地项目的资料，以案例汇报的形式讨论新加坡的花园城市设计。

（2）教学方法

案例分析法：通过分析新加坡花园城市设计的案例，让学生深入理解生态环保理念在城市设计中的应用。

小组讨论法：组织学生进行小组讨论，探讨如何在自己的城市设计中融入生态环保理念。

◆对应思政点

绿色发展理念：通过新加坡花园城市的案例，让学生认识到绿色发展是城市可持续发展的重要途径，培养学生的绿色发展意识。

创新精神：新加坡在城市设计中不断创新，引入新的绿色技术和理念。鼓励学生在学习和实践中保持创新精神，勇于尝试新的设计方法和手段。

环保意识：新加坡的花园城市设计体现了强烈的环保意识。通过教学培养学生的环保意识，让他们在日常生活中关注环境保护问题。

社会责任感：作为设计师，应该关注城市发展的社会问题，为构建和谐宜居的城市环境贡献力量。通过新加坡的案例，让学生认识到作为设计师的社会责任。

新加坡花园城市设计是城市设计课程思政内容的典型案例。通过该案例的学习，学生可以深入理解生态环保理念在城市设计中的应用，同时培养绿色发展意识、创新精神、环保意识和社会责任感等思政素养。

4.以学生所在校区为例介绍城市设计的调研及空间分析方法

◆案例分析

（1）案例描述

选择学生所在校区作为案例，进行城市设计的实地调研。通过对学生校区的环境、空间布局、建筑特色、交通组织等进行深入观察和分析，使学生更加直观地理解城市设计的调研方法。

（2）案例分析

强调学生校区的独特性和代表性，作为学生学习和生活的场所，其设计理念和实施效果直接影响学生的体验和感受。

通过分析学生校区的空间布局、建筑风格和绿化景观等，引导学生认识到城市设计不仅仅是美学和技术的结合，更是人文关怀和社会责任的体现。

◆ 知识点定位

（1）主要知识点

城市设计调研的基本概念和方法；实地调研的技巧和注意事项；空间分析与解读能力的培养。

（2）思政内容融入点

在介绍调研方法时，强调对环境的尊重和保护，培养学生的环保意识；在实地调研过程中，引导学生关注社会问题和民生需求，培养学生的社会责任感和公民意识。

◆ 主要内容

实地观察：包括校区的空间布局、建筑风格、绿化景观等。

数据收集：收集与校区相关的统计数据、地理信息数据等。

居民访谈：与学生、教职工等进行访谈，了解他们对校区的需求和期望。

◆ 教学手段和方法

（1）教学手段

利用多媒体展示校区图片和视频资料，帮助学生更直观地了解校区环境；组织学生进行实地调研，亲身体验城市设计的调研过程。

（2）教学方法

小组讨论法：分组让学生讨论校区的特点、问题和改进方案，培养他们的合作能力和创新思维。

角色扮演法：让学生扮演不同的角色（如设计师、教师、学生及周围可能进校园的人群等），模拟调研过程，提高他们的实践能力和同理心。

◆ 对应思政点

环保意识：通过实地调研，让学生认识到环境的重要性，培养他们的环保意识和责任感。

社会责任感：引导学生关注社会问题和民生需求，培养他们的社会责任感和公民意识。

道德素质和法律意识：在调研过程中强调尊重他人隐私和权益，培养学生的道德素质和法律意识。

公平意识和人文关怀：关注不同群体的需求和利益，培养学生的公平意识和人文关怀精神。

通过以学生所在校区为例介绍城市设计的调研方法，不仅可以使学生掌握城市设计调研的基本知识和技能，还可以在调研过程中融入思政元素，培养学生的环保意识、社会责任感、道德素质和人文关怀精神。这种教学方法有助于实现知识传授与思政教育的有机结合，促进学生的全面发展。

5. 以呼和浩特市小草公园为例，介绍公共空间设计与社区交流

◆案例分析

（1）案例选取

选择呼和浩特市小草公园作为案例，是因为该公园作为城市公共空间，不仅为市民提供了休闲、娱乐的场所，还成为社区交流的重要平台。通过这一案例，可以深入探讨公共空间设计与社区交流之间的关系。

（2）案例分析

强调小草公园在城市空间布局中的重要作用，以及如何通过设计促进社区交流和融合。

通过小草公园的设计理念和实施效果，如绿地规划、景观设计、设施配置等，分析如何满足市民的多样化需求。

◆知识点定位

（1）主要知识点

公共空间设计的原则和方法；社区交流在城市设计中的体现和作用；公共空间与社区发展的关系。

（2）思政内容融入点

在介绍公共空间设计原则时，强调人与自然和谐共生、可持续发展的理念；在分析社区交流的作用时，引导学生认识到社区和谐稳定对于城市发展的重要性。

◆ **主要内容**

公共空间的功能定位与规划布局；社区交流活动的组织与策划；公共空间与社区文化的融合与发展。

◆ **教学手段和方法**

（1）教学手段

利用多媒体展示小草公园的实景图片和视频资料，帮助学生更直观地了解公共空间的设计特点。

组织学生实地考察小草公园，感受公共空间与社区交流的实际效果。

（2）教学方法

情境教学法：通过模拟设计任务，让学生在实践中掌握公共空间设计的技能和方法。

小组讨论法：分组讨论小草公园的设计特点和社区交流的现状，培养学生的合作能力和批判性思维。

案例分析法：通过分析小草公园的成功案例，引导学生总结公共空间设计与社区交流的经验教训。

◆ **对应思政点**

人与自然和谐共生：通过介绍公共空间设计中的绿地规划、景观设计等内容，引导学生树立尊重自然、保护环境的意识。

可持续发展理念：强调公共空间设计中应充分考虑资源节约、环境友好等因素，培养学生的可持续发展观念。

社区和谐稳定：通过分析社区交流在城市设计中的作用，引导学生认识到社区和谐稳定对于城市发展的重要性，培养学生的社会责任感。

积极参与社区活动：鼓励学生积极参与社区活动，增进邻里关系，为社区发展贡献自己的力量，培养学生的公民意识和团队协作精神。

# 数据科学与大数据技术专业核心课程思政案例

计算机科学技术学院　李艳玲[①]

项目名称：数据科学与大数据技术专业"课程思政"育人体系构建研究

项目号：2023kcszzx23943

## 一、专业名称：数据科学与大数据技术

## 二、专业介绍

### （一）专业简介

数据科学与大数据技术是计算机类（代码0809）的特设专业。该专业于2018年通过教育部审核批准设立，并于同年开始招收本科生，授予工学学位。本专业旨在培养具有扎实的数学、统计学和计算机基础，掌握数据分析应用技术，具有大数据思维以及将领域知识与计算机技术和大数据技术融合、创新的能力，熟悉自然科学和社会科学等应用领域中的大数据应用特点，具备大数据采集、预处理、存储、分析、挖掘等行业核心技术的应用能力，能够胜任大数据系统开发、大数据分析、数据仓库开发和维护工作的复合专业型人才。

### （二）毕业要求

通过本专业的学习，学生能够运用数学、自然科学、工程基础和数据科学与大数据技术专业知识，解决复杂大数据工程问题，以获得有效结论；具有数据采集、处理、分析、挖掘的能力，并能够在设计环节中体现创新意识，考虑社会、健康、安全、法律、文化以及环境等因素；能够理解和评价针对复杂大数据工程问题的工

---

[①] 李艳玲，博士，计算机科学技术学院教授，硕士生导师。主要从事自然语言处理、法律人工智能、机器学习等研究工作。讲授机器学习、数据处理综合实践、文本分析与挖掘等课程。

程实践对环境、社会可持续发展的影响;具备人文社会科学素养、社会责任感,能够在工程实践中理解并遵守大数据工程职业道德和规范,履行责任;能够在相关交叉学科背景下的团队中承担团队成员以及负责人的角色;能够就复杂数据科学与大数据工程问题与业界同行及社会公众进行有效沟通和交流,包括撰写报告和设计文稿、陈述发言、清晰表达或回应指令,并具备一定的国际视野,能够在跨文化背景下进行沟通和交流;理解并掌握大数据工程管理原理与经济决策方法,并能在多学科环境中应用;在数据科学与大数据技术相关理论和技术不断更新的背景下具有自主学习和终身学习的意识,具有不断学习和适应发展的能力。

### (三)核心课程情况

本专业核心课程包括:程序设计基础、数据结构与算法、操作系统原理、应用统计学、数据库系统原理、机器学习(I)、机器学习(II)、深度学习、大数据技术原理及应用、数据采集与预处理、数据可视化、非关系型数据库。

### (四)教学团队

团队认真贯彻习近平总书记关于建设教育强国和科技强国的重要论述,秉持立德树人的教育理念,积极进行教学创新,吸收百家之所长,逐步形成了独具特色的大数据专业课程体系和育人思路。团队现有教师15人,其中教授2人,副教授4人,讲师9人,具有博士学位的教师4人,在读博士教师9人。成员荣获第四届内蒙古自治区教师教学创新大赛中级及以下组特等奖1项,第四届全国高校教师教学创新大赛三等奖1项。大数据专业教师团队从2019年开始成立至今,已经出版教材3部,带领学生参加各类专业学科竞赛,其中在中国国际"互联网+"大学生创新创业大赛获国家铜奖2项,美国大学生数学建模比赛一等奖1项,其他各类省级获奖多项。

## 三、以数据科学与大数据技术的三门核心课程为例的思政元素梳理

课程思政要将价值塑造、知识传授和能力培养三者融为一体,帮助学生塑造正确的世界观、人生观、价值观。我们将思想政治教育贯穿人才培养体系,全面推进课程思政建设,发挥好每门课程的育人作用,提高本专业的人才培养质量。数据科学与大数据专业的专业课程主要以计算机类平台课、人工智能算法课和大数据技术

类课程为主。工程教育认证的 12 条毕业要求明确指出培养人才需要达到的指标，其中也蕴含着思政的培养要求。本项目深入挖掘大数据课程中知识点和思政元素以及育人的关系，优化课程体系中的思政要素，从培养合格的大数据工程师的角度，梳理出 Python 程序设计、机器学习Ⅱ、深度学习三门课程的思政要素。

## （一）Python 程序设计

课程简介：该课程是大数据专业非常重要的一门编程语言课程，主要讲解 Python 语言的语法特点，语法全部讲解完之后，会给学生布置一个大作业，完成一个贴近生活、有实际应用场景的小型系统，进一步巩固 Python 语言的知识点，同时培养学生的编程思维和习惯。

◆ 知识点定位

大作业实践，题目是搭建奶茶馆收银结算系统。

任务 1：屏幕输入数据的读取、分支结构的使用。

任务 2：列表的使用、嵌套列表的使用。

◆ 主要内容

任务 1：用户需要输入购买奶茶的信息，包括奶茶种类、数量，这里主要是将用户输入的数据分别读入不同的变量中；而如果用户是会员，可以享受九折优惠，这里用到的程序中的分支结构，对是否为会员的用户通过条件语句判断，得到不同的结果。

任务 2：用户可以自行设置四位会员号，并存储在列表中，这里需要对用户输入的会员号进行限制，即用户不能输入超过四位的会员号，且必须为数字，而且该会员号不能和列表中已有的会员号重复。一旦列表中记录了用户的会员号，下次用户到来，需要遍历列表，确定用户的会员身份。一天中只接待 20 位用户，而且每位用户的购买记录需要通过嵌套列表进行记录。

◆ 教学手段和方法

讲授法和现场演练：需要给学生们把该结算系统的具体要求讲解清楚，然后给学生留出时间，课堂上完成任务 1 和任务 2。因为这两个任务相对简单，课堂上有学生能够很快完成。

提问法和比较法：请两到三位同学画一下流程图，并给全班同学讲解编程思路和实现过程，再提问学生们哪种编程方法更高效，或者某位同学的代码是否还有优化的空间。通过这种教学方式，鼓励学生们开动大脑，寻找最佳方案。

◆对应思政点

社会责任感：作为一名系统开发工程师，需要为奶茶店提供一款运算效率高、计算准确的收银结算系统，这是工程师的使命和责任。

诚信正直：系统开发工程师在软件开发过程中应保持真实、诚实和守信。这要求他们在编写代码时确保代码的质量和准确性，避免虚假宣传或误导用户。

守时守约：系统开发工程师应遵守项目计划和时间表，按时完成分配的任务。同时，他们应遵守与客户或雇主之间的协议和承诺，确保项目的顺利进行。

保护知识产权：在软件开发过程中，系统开发工程师应尊重他人的知识产权，避免抄袭或盗用他人的代码和设计。同时，他们也应合法注册和保护自己开发的软件的知识产权。

## （二）机器学习Ⅱ

◆知识点定位

《机器学习Ⅱ》第一章绪论部分，本章主要介绍机器学习的基本概念和术语、机器学习的发展历程（即各个阶段出现了哪些重要的算法）、机器学习的应用场景。重点讲解和机器学习相关的科学家，以及科学家的一些研究工作和成果。一方面给学生们开扩眼界，一方面提升信息素养，学习科学家们做科研的精神。

◆主要内容

在介绍机器学习的发展历程时，需要介绍一些算法以及发明该算法的科学家们，这里就不得不提《数学之美》，这本书的作者是吴军。吴军是人工智能、自然语言处理和网络搜索专家。这里主要结合科学家和他们发明的算法让学生们体悟到科学家身上可贵的科学精神，同时也希望吴军老师的书籍和他本人的发展历程，可以激发学生们对机器学习算法的热情，提升学生们的信息素养。

◆教学手段和方法

任务驱动和分组讨论：第一节课，给学生们分组，以组为单位查找相关科学家和他们的一些研究工作或者是一些事迹。每个组围绕一个科学家展开调研。第二节课，请各组派一个代表将本组调研结果通过PPT呈现出来，重点介绍科学家们的研究工作和科学家精神。小结的时候，给学生推荐吴军老师写的《数学之美》这本书，因为这本书不仅用通俗易懂的语言讲解了机器学习中常用模型的含义，而且还讲解了他和国外的一些科学家接触的奇闻轶事。

◆ 对应思政点

创新精神：机器学习的发展离不开科学家们的创新精神，他们不断探索新的算法和模型，推动机器学习技术的进步。

严谨治学：机器学习是一门严谨的学科，需要科学家们具备扎实的数学和统计学基础，以及严谨的研究态度和方法。

服务社会：机器学习的应用场景广泛，科学家们的研究成果可以应用于各个领域，为社会的发展和进步作出贡献。

科学精神：真理是由作为科学研究对象的客观世界的无限性和复杂性所决定的。科学研究需要不断探索真理、不断追求真理、不断坚持真理。

## （三）深度学习

◆ 知识点定位

《深度学习》第三章卷积神经网络部分。本章主要介绍卷积神经网络的基本组成，以及各个组成部分的计算方法和原理。然后介绍以LeNet，AlexNet为代表的网络及其变种，再进一步从深度卷积网络存在的问题引出改进网络——残差网络。

◆ 主要内容

本章的主要内容包括：卷积的基本概念，包括一维卷积、二维卷积、卷积核、卷积网络的构成、池化操作、卷积网络在图像领域的典型应用，LeNet、AlexNet 的构成，残差网络的组成和原理。

◆ 教学手段和方法

任务驱动和课堂讨论：因为教材中的这部分讲解很简略，所以提前一节课给学生布置阅读有关卷积神经网络的论文，尤其是有关LeNet、AlexNet和残差网络ResNet的论文，了解网络的一些具体构成。然后请学生分享他们看论文的收获，主要讲解几个网络的构成、存在的缺陷等。请学生说出，如果他们遇到当前深度卷积网络存在某些层冗余而又无法从中间去掉，应该如何解决。希望学生们自发了解残差网络的发明人何恺明发明ResNet的心路历程。

◆ 对应思政点

坚定的学术追求与刻苦钻研的精神：何恺明从小展现出对数字和逻辑的高度敏感，并在高考中以满分成绩进入清华大学，之后继续深造并获得博士学位。这一成就体现了他对学术的坚定追求和刻苦钻研的精神。他在计算机视觉和深度学习领域取得了显著的成就，提出了深度残差学习，这一创新推动了人工智能领域的发展。

勇于挑战和突破的精神：在人工智能领域，深度神经网络的层次越深，学习能力越强，但之前人类能做到的极限是 19 层神经网络。何恺明和他的团队通过提出 ResNet，成功将神经网络扩展到 152 层，实现了突破性的进展。这种勇于挑战和突破的精神，激励人们不断超越自我，追求更高的目标。

团队合作与协作精神：何恺明在微软亚洲研究院和 Facebook AI Research（FAIR）工作期间，与团队成员紧密合作，共同完成了多个关键性的计算机视觉与深度学习项目。团队合作和协作精神是科学研究和技术创新中不可或缺的部分，它能够促进知识的交流和融合，加速创新的步伐。

开放与包容的学术态度：何恺明的研究成果在国际上得到了广泛的认可，他的论文引用量在人工智能学界名列前茅。这体现了他开放和包容的学术态度，愿意与全球学者分享和交流研究成果。开放和包容的学术态度有助于推动学术界的交流和合作，促进全球范围内的知识共享和创新。

爱国精神和民族自信：何恺明作为一位中国科学家，在人工智能领域取得了显著成就，为中国科技进步赢得了国际声誉。这体现了他的爱国精神和对国家发展的贡献。他的成功也增强了国人的民族自信心，激励更多年轻人投身科学研究和技术创新事业。

# 心理学专业核心课程思政案例库

心理学院　　杨晓峰[①]

项目名称：心理学专业课程思政育人体系的构建与实施

项目号：2023kcszzx23952

## 一、专业名称：心理学

## 二、专业介绍

### （一）专业简介

心理学专业源于建校初期面向全校师范生开设的心理学公共课。1985年获批发展心理学硕士学位授权点，2001年开始招收心理学专业（师范类）本科生，2018年成立心理学院，是我国边疆民族地区建立的首所心理学院，也是五个自治区唯一本硕博（博士后）人才培养层次完整的心理学教学科研单位。心理学科（专业）先后被确定为自治区重点学科（2004年）、自治区品牌专业（2006年）、省部共建国家级特色专业建设点（2009年）、自治区重点建设专业（2014年）。2006年获批心理学一级学科硕士学位授予权，2008年获批教育硕士（心理健康教育）专业学位授予权，2011年获批心理学一级学科博士学位授予权和应用心理硕士专业学位授予权。2019年和2020年分别获批自治区和国家级一流本科专业建设点。2023年获批心理学博士后科研流动站。

本专业在长期办学过程中形成鲜明的专业特色：坚持扎根边疆，服务教师教育，培养中学心理健康专门人才；思想引领，培根铸魂，科学素养与思政教育有机融合；本硕博联动，执行本科生导师制，优化人才培养模式；强化实践，助力成长，构建

---

[①] 杨晓峰，心理学院副教授，硕士生导师，心理学系主任，主要从事心理学教学与科研工作。讲授心理咨询、心理测量、心理学研究方法、中学教育心理学、大学生心理健康教育等课程。

全过程实践教学体系；融合互促、多元育心，构建"五融合"育人模式。

### （二）培养目标

本专业深入贯彻落实新时代党的教育方针，适应国家和民族地区基础教育改革与社会发展需要，立足内蒙古，面向全国，以铸牢中华民族共同体意识为主线，坚持立德树人根本任务，培养德智体美劳全面发展，热爱教育事业，具有良好的思想政治修养、人文道德素养、科学精神与社会责任感，掌握心理学基础理论、基本技能与研究方法，熟练运用心理健康教育教学基本技能及现代信息技术手段，具备心理育人能力和创新发展能力，能够在中学及各类教育机构从事心理健康教育教学、心理辅导与咨询及心理健康教育管理工作的应用型人才，同时也为心理学科以及其他相关学科输送高质量的研究生生源。预期毕业5年左右成为所在单位的心理健康教育骨干教师，在促进青少年心理健康发展中发挥重要作用。

### （三）毕业要求

通过专业学习，学生应当达到师范类专业对所培养的合格教师在专业素质方面提出的"一践行三学会"（践行师德、学会教学、学会育人和学会发展）要求，在师德规范、教育情怀、学科素养、教学能力、班级指导、综合育人、学会反思、沟通合作八个方面均达到要求。具体而言，毕业生应具有良好的教师职业道德与育人情怀，扎实掌握系统的心理学专业知识与技术方法，具备独立开展中学心理教学的专业技能以及协作进行班级管理工作的基本能力，初步的教学教研能力与自我成长与反思能力，能运用现代信息技术获取相关信息提升教学手段及成效，具备较好的语言表达和团队协作能力，达到我国中学心理健康教师的专业标准。

### （四）核心课程情况

本专业核心课程包括：心理学导论、人体解剖生理学、发展心理学、社会心理学、实验心理学、生物心理学、认知心理学、心理测量学、心理统计学、人格心理学、教育心理学、心理咨询与辅导、心理教育概论、心理学研究方法、中学教育学等。

### （五）教学团队

心理学专业教学团队始终坚持贯彻习近平总书记关于教育的重要论述，全面贯彻党的教育方针，立德树人，践行初心使命。团队师资力量充足，职称结构合理，专业背景全面，教学成果丰富。现有专任教师30人，其中教授5人，副教授11人，高级职称占比53.3%，具有博士学位教师25人，占比83.33%。团队教师开设国家级一流课程1门、自治区级一流课程2门、自治区级精品课程3门。发展与教育心理学团队为自治区级教学团队。近年来，团队教师在课程思政课题申报、教学改革和教学比赛中屡获佳绩。

### 三、心理学专业课程思政实施总体框架

2020年，教育部印发《高等学校课程思政建设指导纲要》（以下简称《纲要》），立足于解决培养什么人、怎样培养人、为谁培养人这一根本问题，围绕全面提高人才培养能力这个核心点，《纲要》明确了课程思政建设的总体目标和重点内容。全国所有高校、所有学科在全面推进课程思政建设时，要紧紧围绕坚定学生理想信念，以爱党、爱国、爱社会主义、爱人民、爱集体为主线，围绕政治认同、家国情怀、文化素养、宪法法治意识、道德修养等重点优化课程思政内容供给，系统进行中国特色社会主义和中国梦教育、社会主义核心价值观教育、法治教育、劳动教育、心理健康教育、中华优秀传统文化教育。其中，尤其要将推进习近平新时代中国特色社会主义思想进教材进课堂进头脑、培育和践行社会主义核心价值观、加强中华优秀传统文化教育、深入开展宪法法治教育以及深化职业理想和职业道德教育作为课程思政建设的重点内容。

基于以上《纲要》要求，结合心理学专业教学质量国家标准、心理学专业师范类专业认证要求以及本校实际，我校心理学专业对2020版人才培养方案及其对应的课程教学大纲进行了修订，对专业培养目标、毕业要求、课程教学目标、教学内容以及教学设计均进行了完善，积极挖掘课程中所蕴含的思想政治教育元素，充分发挥课程的育人功能，将思想引领和价值观塑造融入课堂教学各环节。具体实施框架如下：

首先，将课程思政育人目标划分为根本目标、基本目标和职业目标三个层面。（1）根本目标——以培育理想信念和社会主义核心价值观为主线，培养学生爱国主义情怀和民族自豪感，教育学生增强"四个意识"，坚定"四个自信"，做到"两个维护"，熟悉党的民族理论与民族政策，铸牢中华民族共同体意识。（2）基本目

标——以培育公民素养为主线，培养学生高尚的道德情操和良好的人文修养，遵纪守法，具有良好的思想政治修养、道德素养和心理健康素质。（3）职业目标——以培育职业素养为主线，培养学生"学高为师，身正为范"的师范职业精神，"善行、责任、诚信、公正、尊重"的心理学工作伦理，"实事求是、客观准确"的科学精神以及良好的职业道德、职业意识、职业习惯和职业行为。

其次，以"突出专业特色、体现课程特点、契合内容特性"为原则，构建了"分层、分类、分段"的专业课程思政育人模式。"分层"是指按照"专业——课程——课堂"分层确定"专业思政主线——课程思政主题——章节思政话题"，分别对应体现在"专业人才培养方案——课程教学标准——章节教学设计"中，将思政教育有机融入专业教学全过程；"分类"是指围绕专业育人目标，对专业全部课程的思政育人功能和实施角度进行全面分析、系统设计，各门课程相互协同支撑的专业课程思政育人的课程体系；"分段"是指根据人才培养过程特点，按照"入学初期——专业学习——实习实践"不同阶段分别设计相应的课程思政教育的阶段性目标、重点内容和实施方式，提高课程思政教育的针对性。

最后，在前述心理学专业课程思政育人目标和育人模式的基础上，梳理并构建心理学专业课程思政元素体系，形成了包括"家国情怀、人文素养、科学精神、职业素养、深度学习、人格发展、实践创新"在内的 7 个一级思政指标点和包括"国家认同、社会责任、人文积淀、批判质疑、工作伦理、乐学善学、珍爱生命、劳动意识"等在内的 21 个二级思政指标点（见表1），各门课程按图索骥，以具体知识点为三级思政指标点，深挖思政元素，设计循序渐进、符合心理学学科要求和知识构架。

心理学专业课程思政元素体系

| 一级指标 | 家国情怀 | 人文素养 | 科学精神 | 职业素养 | 深度学习 | 人格发展 | 实践创新 |
|---|---|---|---|---|---|---|---|
| 二级指标 | 国际理解 | 人文积淀 | 理性思维 | 教育家精神 | 乐学善学 | 珍爱生命 | 劳动意识 |
| | 国家认同 | 人文情怀 | 批判质疑 | 工作伦理 | 勤于反思 | 健全人格 | 问题解决 |
| | 社会责任 | 审美情趣 | 勇于探究 | 职业规范 | 信息意识 | 自我管理 | 技术运用 |

## 四、心理学专业核心课程思政案例库（部分）

### （一）坚定文化自信，探索心理学研究中国化之路

◆ 案例分析

在建党 95 周年庆祝大会的重要讲话中，习近平指出："文化自信，是更基础、更广泛、更深厚的自信。"文化自信成为继道路自信、理论自信和制度自信之后，中国特色社会主义的"第四个自信"。

本案例旨在通过学习萧孝嵘在探索心理学研究中国化之路过程中的伟大贡献，坚定学生的文化自信，培养学生的家国情怀与社会责任感；通过学习萧孝嵘质疑权威、挑战权威的史实，鼓励学生树立实事求是的科学精神和批判质疑的学术自信。

◆ 知识点定位

《心理测量学》绪论部分——现代心理测量在中国的发展。

◆ 主要内容

萧孝嵘（1897—1963），心理学家。湖南衡阳人。1919 年于圣约翰大学毕业。留学美、德，1930 年获美国伯克利加利福尼亚大学哲学博士学位。回国后，任国立中央大学教授、心理系主任、心理研究所所长，复旦大学心理学教授、教育系主任。1951 年起任华东师范大学心理学教授。他研究范围甚广，主要致力于儿童心理学和教育心理学的研究，同时进行西方心理学的介绍。主要著作有《格式塔心理学原理》《变态心理学》《普通应用心理学》《儿童心理学》《教育心理学》《军事心理》等。

20 世纪 30 年代，萧孝嵘学成归国，坚持以推进中国心理学研究为己任，努力探索心理学学科本土化之路。他曾将中国与欧美社会对待心理学科之态度进行对照，直言后者更为积极。他在著作《教育心理学》中指出，"注意特殊背景——我国人的心理背景与他国人的心理背景自有一些差别，故在有些事件中，不能根据国外之研究结果推知本国的情形。本书顾及此种特殊背景起见，尽量采用我国的研究资料。在某些问题上如无我本国的研究资料，或有之而在某些方面尚有问题，则采用国外的资料"。萧孝嵘很早便认识到我国心理学研究和欧美心理学研究背景上的差异，并开始了学科研究中国化的探索。

萧孝嵘主张实验法研究心理学，对中国心理测验的发展产生了重要影响。1931 年，他便同艾伟、陆志韦、陈鹤琴等心理学家一道，倡议并筹建了中国测验学会。

一年后，中国测验学会会刊《测验》创刊，萧孝嵘在创刊号上发表题为《一种智力测验法之商榷》的文章。同年，美国心理学家R. 斯图思曼编制了测定幼儿智力的成套测验，并以其所在学校的名称命名为"墨跋智力量表"。1934年，萧孝嵘着手修订该量表。他组织、指导心理系部分学生以南京市1500多名儿童为样例进行实验，并修订标准以适应中国人的发展状况，最终得出《萧孝嵘修订墨跋量表》，并在修订过程中培养了学生实施心理测验的基本技能。

抗日战争爆发后，国立中央大学西迁重庆沙坪坝，心理系迁至重庆柏溪，萧孝嵘便在此处落脚，埋头于心理学实际应用的研究。他实施了"速度与准确性训练的关系"实验，订正"拣选学徒的方法"，编制了"军队智慧测验"。他借鉴美军挑选军官的分类测验方法，结合我国实际情况，编制了适合中国军队的军官智慧团体测验。四种类型的测验可以在短时间内量化分值，按分值高低得出优秀、普通、较差的不同等级，被称为"萧氏军官智慧团体测验"。

萧孝嵘坚决反对带着故步自封的态度去做学问。1935年，萧孝嵘在美国《实验心理学杂志》发表《不相属的印象的相属性》一文，"挑战"教育心理学之父桑代克的学习定律。萧孝嵘通过一系列实验对桑代克的学习定律进行剖析，他指出：教与学的根本问题，一是"教什么，学什么"，二是"如何教和如何学"，其中心是学习的规律的问题，一般人认为，学习定律早经桑代克确定了，这种说法有碍于学术的进展。他认为"练习律"的作用是有限的，不能完全反映事实的真相。而"效果律"也同样存在问题。对此，他提出几点质疑：第一，是否只有满意的情景才能增加反应的势力？第二，满意与苦恼对于记忆的影响是否时常相反？第三，满意或苦恼的情景所影响的联络是否必须有特殊的性质？第四，满意的情景是否时常增加联络的势力？苦恼的情景是否时常减少联络的势力？萧孝嵘认为，这些问题的答案都不是完全肯定的，常常会有否定的一面。事实上，关于"效果律"，后来桑代克本人也多次要求变更表达方式，内容也产生了变化。萧孝嵘做学问从不轻易下结论，"一定要把问题的各个方面都搞得清清楚楚，才可以给出结论"，这也是他对学生的要求。

中华人民共和国成立后，萧孝嵘辗转扎根华东师范大学。一时间群贤毕至，张耀翔、萧孝嵘、谢循初、左任侠、胡寄南组成了中国心理学界华东师范大学"五虎将"。这些人日后成长为我国心理学界之骨干力量，对我国心理科学事业发展作出了巨大贡献。

萧孝嵘作为国内心理学研究的先行者之一，他积极引进西方理论，并结合本土实际进行研究，提出以心理技术作为推进社会现代化发展的手段之一，足见一个心理学家之家国情怀。（案例源自：华东师范大学心理与认知科学学院微信公众号，《礼赞大师/萧考嵘探索心理学研究中国化之路》，2021.8.10）

◆**教学手段和方法**

自主学习：教师在课前发放案例文本，学生利用网络和图书馆查阅萧孝嵘相关学术成果，了解其主要学术思想，对教师布置的问题进行独立思考。

分组讨论：学生随机分组，按照教师提供的问题提纲依次讨论，小组所有成员均须表达观点，小组讨论后随机抽取一名小组成员作答。这种教学方法能充分调动学生的参与性和创造性思维，培养学生的表达能力和自信心。

教师答疑并点评：教师对各小组成员回答情况进行点评或对各小组提出的共性问题进行解答。

◆**对应思政点**

家国情怀——国家认同——文化自信："欲人勿疑，必先自信"，只有对自己的文化有坚定的信心，才能获得坚持坚守的从容，鼓起奋发进取的勇气，焕发创新创造的活力。文化立世，文化兴邦。坚定文化自信，大力推动中国文化走出去，为中国经济、外交和安全影响力的扩展提供更加有效的软保护、构筑更有利的软环境，为我们的强国自信提供更基本、更深沉、更持久的力量，是我们必须重视的时代课题。

科学精神——批判质疑——学术自信：科学精神是人们在长期的科学实践中形成的共同信念、价值标准和行为规范的一个总称，是一种基本的精神状态和思维方式，它由科学性质所决定并且贯穿于科学活动之中。一方面，它能规范科学家的行为，是他们在科学领域取得成功的保证；另一方面，它又逐渐渗透到公众意识的深层。科学精神的内涵是十分丰富的，但其核心和精髓是批判质疑。

## （二）生命至上，践行心理咨询工作伦理

◆**案例分析**

心理咨询伦理是心理咨询师在工作中应当遵守的道德规范和准则。心理咨询和心理治疗专业人员，在从事心理咨询和心理治疗服务工作中，应认真履行自己的职

责，考虑来访者的福祉，不应将自己个人的需求凌驾于咨询或治疗关系之上，始终将来访者的获益性和不伤害放在心上。

本案例旨在通过了解与分析心理咨询经典案例——Tarasoff 案件，指导学生在心理咨询中按照伦理要求开展工作，敏感地识别并妥善处理心理咨询过程中遇到的伦理冲突，树立"生命至上"的心理咨询核心信念，辩证处理保密与保密例外的关系。

◆知识点定位

《心理咨询与辅导》第二章"心理咨询伦理"部分——"隐私权与保密权"。

◆主要内容

1969 年 8 月，一位名叫 Poddar 的人自愿到美国加州大学伯克利分校的学生健康服务中心门诊，向一位名叫 Moore 的心理咨询师进行咨询。Poddar 向 Moore 吐露他想杀死一位不知名的女孩（后来查出女孩名叫 Tarasoff），等她从巴西旅行回来的时候就要动手。Moore 评估 Poddar 具有危险性，应该送往精神病院进行观察。Moore 之后给校园警卫打电话，告诉他们 Poddar 的危险性。校园警卫找到 Toddar 进行讯问，但他表现得很"理性"，也承诺和 Tarasoff 保持距离，此后警卫部门就让他离开了。Moore 在打完电话之后还寄了一封正式信函给校园警卫的负责人寻求协助。但之后，Moore 的督导师请他把公函撤回，命令将公函和 Moore 所做的笔记一并销毁，并要求停止对这个案例的任何行动。而 Tarasoff 和她的家人从未被告知这一潜在危险性的存在。

此后，就在 Tarasoff 从巴西回来后不久，Poddar 杀害了她。Tarasoff 的父母控告大学董事会及相关人员未将这一预谋威胁告知可能的受害者。初等法院驳回了此案，Tarasoff 的父母再次上诉。1976 年，加州最高法院裁决支持 Tarasoff 的父母，认为没有提醒预谋中的受害者是专业人员的失责。

在 1974 年初审时，初等法院引用了"预警责任"（duty to warn），1976 年加州最高法院解释为"当治疗师决定，或是依照他的专业标准决定，他的病人呈现严重危及他人的暴力行为，他就有义务保护预期会面临危险的被害人"。此后，美国各州的心理健康专业人员就被赋予了预警和保护的责任。（案例源自：《中国心理学会临床与咨询心理学工作伦理手册解读》，北京大学出版社，2021 年 7 月）

◆教学手段和方法

自主学习：教师在课前发放案例文本和《中国心理学会临床与咨询心理学工作

伦理守则》（以下简称"《守则》"），学生阅读《守则》指定章节内容和案例文本，对教师布置问题进行独立思考。

分组讨论：学生随机分组，按照教师提供的问题提纲依次讨论，小组所有成员均须表达观点，小组讨论后随机抽取一名小组成员作答。这种教学方法能充分调动学生的参与性和创造性思维，培养学生的表达能力和自信心。

教师答疑并点评：教师对各小组成员回答情况进行点评或对各小组提出的共性问题进行解答。

◆ 对应思政点

职业素养——工作伦理——生命教育：党的二十大报告指出，育人的根本在于立德。习近平总书记强调，高校"要坚持把立德树人作为中心环节，把思想政治工作贯穿教育教学全过程，实现全程育人、全方位育人"。心理学专业与医学专业共同承担着守护人民身心健康的重要使命，将生命教育融入教育各环节，不仅有助于引导学生树立正确的职业道德和生命价值观，还有利于推动生命教育转化为"生命实践"。

家国情怀——社会责任——法治意识：Tarasoff 案件引发了心理健康专业领域对有关"预警和保护"的责任和专业人员法律责任的关注。"当公共危险发生时"，对来访者隐私的"保护特权即终止"。心理健康专业人员对来访者负有伦理及法律的责任，但同时也对社会负有法律责任。

（三）诚实守信，恪守科研工作者的安身立命之本

◆ 案例分析

科研诚信是科技创新的基石，也是科研人员必须坚守的底线。学术规范贯穿科研工作者的整个学术生涯，熟知和遵守学术规范是产出学术成果的必要条件。

本案例旨在通过了解日本科学家小保方晴子的造假丑闻，使学生认识到加强科研诚信建设的重要性，引导学生尊重科学、心存敬畏，立志成为科研诚信的践行者、学术道德规范的拥护者，为助力科学研究高质量发展、构筑诚实守信的良好科研生态环境贡献力量。

◆ 知识点定位

《心理学研究方法》第一章——心理与教育研究方法概述。

《实验心理学I》第三章——如何读和写心理学实验报告。

《心理学论文写作规范》模块 2 ——学术论文的内容规范。

◆ 主要内容

**STAP 细胞事件始末**

"成果"发布

2014 年 1 月底，小保方晴子带领的课题组宣布，成功制作出一种全新"万能细胞" STAP。这种细胞定名为"刺激触发采集多功能（Stimulus Triggered Acquisition of Pluripotency）"细胞，简称为 STAP 细胞。其制作方法很简单，将从老鼠脾脏取出的细胞放在与红茶酸碱度近似的弱酸性溶液里浸泡 25 分钟，培养数日后就出现了新细胞。此前科学界一直认为，一旦细胞的功能固定下来，在这种程度的刺激下是不可能变成"万能细胞"的。因此，这一成果被认为是颠覆生命科学常识的划时代重大成果。2014 年 1 月 29 日，这项研究成果刊登在英国科学杂志《自然》电子版上。研究小组负责人小保方晴子说："与 IPS 细胞等技术不同，这项创新技术的亮点是，仅仅通过改变外部环境，给予细胞刺激，就能使细胞发生变化。"她认为，这项技术应该能在再生医疗和免疫研究等领域作出贡献。

论文被疑造假

小保方晴子论文发表不久后，有外部专家指出，论文中的图像不自然，疑似被加工过。一些国外同行用论文介绍的方法重复实验，却无法再现结果。

日媒发布结果确认造假

日本媒体 2014 年 6 月 3 日发表的报道称，在对 STAP 实验中用到的细胞进行了基因检测后，结果显示不存在。

事件调查

日本理化学研究所随即对研究过程展开调查，认为论文照片确实存在挪用现象，并在保存的细胞样本中检出与实验不符的遗传基因。包括小保方晴子在内的 4 名主要作者中的 3 人同意撤回论文，但小保方晴子留学时代的指导教授、美国哈佛大学的查尔斯·维坎提仍持反对态度，认为研究结果本身并不存在问题。

日本理化学研究所调查委员会 2014 年 4 月 1 日发布调查结果，认定其下属发育再生科学综合研究中心学术带头人小保方晴子在 STAP 细胞论文中有篡改、捏造的不正当行为。理研认定，论文中一张显示细胞万能性的图片在 2011 年另一题目的博士论文中使用过，此行为被认定为"捏造"；剪切加工另一张实验照片的行为被认定为

"篡改"。调查委员会指出，小保方晴子的这些不正当行为"歪曲了科学本质，玷污了'研究'二字，并且严重伤害了大众对研究人员的信任"。

尽管认定论文写作存在问题，调查委员会并未就STAP细胞是否存在作出判断，称"需要等待科学的验证"。小保方晴子通过律师发表评论，称"是没有恶意的犯错，并且对于篡改、捏造等认定表示不能认同。"

事件结论

2014年轰动学术界的小保方晴子学术造假事件——STAP细胞事件2014年12月19日尘埃落定。日本理化学研究所在日本时间19日9：30召开新闻发布会，公布"STAP细胞"实验结果：在验证STAP细胞是否存在的验证实验中，小保方晴子未能制作出这种细胞，实验宣告结束。小保方晴子本人并未出席新闻发布会，会上公示了由她本人所写的一封辞职信（案例源自：央视网新闻直播间，小保方晴子与"STAP"细胞研究，2014年12月20日）。

◆ 教学手段和方法

自主学习：教师在课前通过学习通平台布置自主学习任务清单，学生查阅相关文献及音视频资源，深入了解案例中造假事件始末，对教师布置问题进行独立思考。

分组讨论：学生随机分组，按照教师提供的问题提纲依次讨论，小组所有成员均须表达观点，小组讨论后随机抽取一名小组成员作答。这种教学方法能充分调动学生的参与性和创造性思维，培养学生的表达能力和自信心。

教师答疑并点评：教师对各小组成员回答情况进行点评或对各小组提出的共性问题进行解答。

◆ 对应思政点

科学精神——理性思维——实事求是：尊重事实和证据、有实证意识和严谨的求知态度，尊重科学，对科研存有敬畏之心。

家国情怀——社会责任——社会主义核心价值观：中国共产党第十八次全国代表大会报告中明确提出了"三个倡导"，即倡导富强、民主、文明、和谐，倡导自由、平等、公正、法治，倡导爱国、敬业、诚信、友善。这些价值观是中华民族精神的重要组成部分，也是我们时代的精神追求。在全社会范围内树立诚信价值观，加强学术诚信建设，净化学术环境，完善我国科学研究的诚信规范体系，不仅是一个学术诚信的问题，更是关乎社会主义现代化建设成败的大问题。

# 音乐学专业曲式与作品分析课程思政案例

音乐学院　李杰源[①]

项目名称：北疆红色音乐在音乐学专业思政教育中的实践路径研究

项目号：2023kcszzx23910

## 一、课程简介

曲式与作品分析课程是高等学校音乐学本科专业的一门重要的专业核心课程，是学生学习相关后继课程和以后从事音乐教学、研究和专业管理、胜任音乐教学工作的重要基础。

本课程基本的内容有：乐段结构（单一部曲式）、单二部曲式、单三部曲式、复三部曲式、回旋曲式、变奏曲式、奏鸣曲式等结构方面的系统知识，本门课程支撑了毕业要求中的"学科素养"3.2、3.3指标点。

学生通过本课程的学习，掌握课程中的分析方法、相关解题技巧，提高逻辑思维分析能力；掌握知识，学会科学、灵活、严谨的音乐分析思路，建立自主学习的能力。

## 二、课程支撑毕业要求指标点情况

通过本课程的学习，要求学生达到以下目标：

（一）能对曲式与作品分析学科的基本知识、理念和分析方法进行解析，全面掌握分析技巧，具备逻辑思维能力、音乐感悟能力、良好的审美鉴赏能力。【毕业要求2 艺术情怀】

---

[①] 李杰源，音乐学院讲师，主要从事民族音乐学、区域音乐、曲式与作品分析教学与研究工作。讲授西方音乐史与鉴赏、曲式与作品分析等课程。

（二）能够在曲式与作品分析基本理论和分析技巧的基础上，理论联系实践，熟练运用乐理、视唱、和声、音乐史等知识综合分析。【毕业要求3 学科素养】

（三）系统掌握音乐学科的基本理论、基础知识和基本技能，理解音乐学知识体系的基本思想和方法，对学科相关知识有一定的了解。【毕业要求4 专业素质】

（四）在美育教育原则的指导下，掌握演唱（奏）表演技能、音乐创作能力及其研究方法，为音乐课堂教学奠定坚实基础。【毕业要求6 自主反思】

## 三、课程思政元素梳理

红色音乐教育与思想政治理论课协同教育机制的实施对于提高大学生的综合素质和思想政治素质具有重要意义。在实施过程中，需要充分考虑学生的实际需求和特点，合理设计教学内容和方法，落实好各项措施和建议，以取得良好的教育效果。

### （一）弘扬爱国主义精神

音乐教育可以通过演奏具有民族特色的音乐作品，以及学习传统音乐文化等方式，引导学生了解民族文化，增强爱国意识，提高民族自豪感和民族凝聚力。

#### 《草原上升起不落的太阳》教学设计方案

◆ **教学内容**

介绍《草原上升起不落的太阳》这首音乐作品，包括歌曲的创作背景、歌词的内容和作者的寓意。

分析歌曲的旋律特点和表演形式，让学生感受到歌曲中蕴含的情感和力量。引导学生讨论歌词中表达的爱国情怀，体验自己对祖国的情感和责任。

◆ **教学目标**

通过学习《草原上升起不落的太阳》这首音乐作品，使学生了解爱国主义的重要性，培养他们对祖国的热爱，并且通过音乐欣赏和表演活动，培养学生的审美能力和团队协作精神。

◆ **教学重点与难点**

注重培养学生对北疆红色音乐文化的热爱和认同感。

注重发展学生的音乐欣赏能力和表演能力。

难点在于让学生准确理解歌词中所表达的情感和寓意，并且能够通过表演形式将其表达出来。

◆**教学过程设计**

导入：播放《草原上升起不落的太阳》音乐，让学生以放松和专注的心态倾听，并谈谈自己的感受。

引发问题：你对草原文化有什么样的情感？觉得什么地方最值得骄傲？

介绍《草原上升起不落的太阳》的创作背景和歌词的内容，并进行相关讨论。分角色读唱歌词，理解歌曲中表达的情感和寓意。

◆**音乐表演活动**

将学生分成小组，每个小组选择一种表演形式，如唱歌、舞蹈、乐器演奏等，来表达对祖国的热爱。学生彼此合作，设计表演内容和动作并排练。

各小组依次进行表演，其他学生观摩和评价。对表演进行反思，谈谈表演中所传达的情感和合作过程中的体会。

在教学案例的活动中，学生可以通过音乐欣赏和表演的方式更加深入地感受到《草原上升起不落的太阳》这首音乐作品所传递的爱国主义情怀。同时，培养了学生的团队协作能力和审美能力，促进了他们对祖国文化和音乐的认知与理解。

## （二）强化道德教育

音乐作为一种艺术形式，具有强烈的情感和表现力。在音乐教育中，可以通过学习有关爱、友谊、勇气等主题的音乐作品，引导学生树立正确的价值观，培养优秀的道德品质，如正义、勇敢、宽容等。

### 《草原英雄小姐妹》教学设计方案

◆**教学目标**

作品最能打动观众的既不是故事，也不是表演，而是通过故事和表演所传达和歌颂的红色精神。这种精神不仅有着丰富的思想内涵，更有着不可磨灭的时代意义。通过学习《草原英雄小姐妹》使学生感受音乐作品中的情感表达，并激发学生的民族情感，培养他们的艰坚韧品质。

◆**教学过程设计**

首先，作品赞美和歌颂了两位小主人公身上可贵的集体主义精神。其次，作品讴歌了英雄主义精神。两位主人公虽然是弱小的儿童，但是她们面对挑战生命极限的暴风雪时所表现出来的那种无私无畏的英雄主义精神足以令很多成年人汗颜。同时，作品还彰显了草原文化核心理念，歌颂了蒙古族崇尚自然、厚爱生灵的美好品德。小姐妹之所以冒着生命危险保护羊群，不仅源于她们热爱集体的美好品格，还源于她们作为草原民族与生俱来的热爱自然万物的天性，在她们看来，羊群不仅是集体的财产，更是她们的家人和伙伴，值得她们舍身相救。时代更迭，红色精神不灭。当我们面对社会上出现的一小部分怀疑英雄、否定英雄的错误思潮时，当我们感知到大众审美阴柔化的趋向时，当精致的利己主义时有抬头时，是《草原英雄小姐妹》这样的作品让我们感受到英雄之美，红色精神之美，雄壮之美，在今天的艺术界，在当前的社会环境中，它如一股清流，沁人心脾，又如声声号角，催人奋进。

### （三）培养创新意识

音乐教育可以通过让学生学习创作音乐，或者学习演奏自己创作的音乐作品等方式，激发学生的创新意识和创造能力，培养学生的创新思维和实践能力。

音乐创作教学设计方案

◆教学目标

培养学生对音乐创作的兴趣和热情。了解音乐创作的基本要素，如旋律、节奏、和声等。探索不同音乐风格和样式，了解各种音乐元素如何影响作品的情感和意义。提升学生的音乐分析和创作技巧，培养他们的创造力和表达能力。通过互相欣赏和反馈，培养学生的音乐鉴赏能力和批判思维。

◆教学内容

创作自己的音乐作品，培养学生的音乐创造力和表达能力。

◆教学重点与难点

通过探索音乐元素和风格，培养学生的音乐创造力和表达能力。通过创作自己的音乐作品，学生能够培养创作思维、音乐分析和批判性思维，并提升他们的音乐鉴赏能力和表达能力。

◆教学过程设计

探索音乐元素：介绍基本的音乐元素，如旋律、节奏、和声和动态等，通过示范和听觉体验帮助学生理解这些概念。

音乐分析：选择一些经典音乐作品，并与学生一起分析其中的音乐元素和形式结构。讨论音乐如何表达情感和意义。

创作主题和情感：引导学生思考他们想要通过音乐创作表达的主题和情感。例如，快乐、悲伤、希望等。鼓励他们分享自己的想法和感受。

创作音乐素材：帮助学生收集和生成音乐素材，如旋律片段、和弦进行、节奏模式等，以实现所选择的主题和情感。

编排和创作：引导学生将音乐素材组织起来，构建作品的整体结构。鼓励他们尝试不同的编排方式和形式结构。

欣赏与反馈：组织学生相互欣赏和评价彼此的作品，并提供具体的反馈和建议。鼓励学生关注彼此的创意和表达方式。

◆ 实践环节

创作作品：要求学生提交自己的音乐作品，并发表创作背后的主题和情感的说明。

演出和表演：为学生提供演出和表演的机会，以展示他们的音乐创作成果。

交流讨论：要求学生口头陈述自己的创作过程和表达意图，分享他们在音乐创作中的经验和体会。

## （四）促进红色教育

音乐作为一种艺术形式，可以通过美妙的旋律、和谐的和声、优美的节奏等方式，引导学生发展良好的审美能力，培养学生的艺术修养，提高学生的审美水平和爱国热情。

### 《草原晨曲》教学设计方案

◆ 教学内容

了解北疆音乐文化。

音乐作为一种特殊的艺术形式，它表达情感的方式是通过声音来实现的，通过音乐的旋律、节奏、音色、强弱等音乐语言要素中的美感，辨别各种音乐现象的美与丑，体验音乐。

◆ 教学目标

通过《草原晨曲》作品欣赏，让学生能够对北疆红色音乐文化感兴趣，体验其中的爱国情感及文化内涵，进而提高作品分析的能力。

◆ 教学重点与难点

在音乐体验中了解北疆音乐文化，感受音乐要素在表现音乐情绪、刻画音乐形象方面的作用。

◆ **教学过程设计**

激发审美表达能力：培养学生的审美表达能力，是音乐教学的重要任务之一。在学生能够理解并感知音乐的内部组成结构基础上，充分展开想象激发表达能力，把抽象化的音乐具象化、语言化、生动化，以学生为主体用自己的思维逻辑表达，从而更好地理解创作者的创作思维和情感表达并与之共鸣。通过赏析实例，掌握多种单结构曲式类型的相关知识。注重培养学生逻辑分析的思维能力、自主能动的学习能力以及小组讨论合作的能力。

《草原晨曲》真实反映了包钢建设的历史画卷，成为各族人民建设包钢的音乐史诗。歌曲中的旋律，既体现了草原的宽广无垠又融入了建设的激情与力量。它不仅是包钢建设过程的缩影，更是对那个时代建设者们坚韧不拔、无私奉献精神的传承和弘扬。歌声中，我们仿佛能够看到建设者在草原上挥汗如雨，用双手和汗水共同筑起包钢的辉煌。回望过去，"齐心协力建包钢"的历史佳话，播下了民族团结进步的种子，在这里早已长成参天大树。展望未来，赓续"齐心协力建包钢"血脉，有形有感有效铸牢中华民族共同体意识，奋力书写好包钢高质量发展的精彩答卷，让民族团结之花更加绚烂，让民族团结之歌更加嘹亮。包钢人发扬守望相助、团结和睦、共同发展的民族团结精神，是铸牢中华民族共同体意识的真实写照和模范践行。

《草原晨曲》不仅是一首歌曲，更是一种草原文化的传承，一种艰苦奋斗精神的象征。它让我们在欣赏音乐的同时，跨越时空的界限，体悟前辈带给我们的精神与力量。

提高审美创造能力：音乐是人的情感思维的表现形式之一，本身就蕴含了非凡魅力。音乐可以在人心情低落的时候，抚慰心灵创伤，在人心情愉悦的时候，鼓励和振奋人心，并紧跟音乐节奏与旋律，产生无限遐想。音乐审美实质上是每个个体在听觉的基础上产生独属自己的心理活动，音乐的这一特点使得音乐审美具有主观差异性，不同的人对于同一段音乐产生不同的情感反应。我们常说一部完整的音乐作品包含了三次创作，作曲家是一度创作，演奏家是二度创作，而听者就是三度创作。因为我们每个人不同的思维和心理状态又让音乐有了一个全新的样貌。

这一过程中教师需要保护学生的创造性，对于较不恰当的旋律节奏应该用适当的方式进行评价。要引导学生全身心地参与到音乐欣赏的整个过程中，从而让学生感受到音乐的魅力，不仅仅局限于有理论知识和演唱技巧的学习。让学生在感知音乐的同时，赋予情绪和思维进行再度创作，这样才能真正感受到音乐美，并创造音乐美。

### （五）加强文化传承

音乐作为一种文化遗产，具有深厚的历史文化底蕴。在音乐教育中，可以通过学习传统音乐、音乐人物等方式，传承中华民族优秀的音乐文化，培养学生对传统文化的尊重和热爱。

#### 《我的祖国》的教学设计方案

◆ **教学内容**

通过课堂展示、小组合作学习讨论等教学活动设计，注重培养学生的多层次思维、小组合作讨论能力、语言表达能力以及音乐鉴赏能力。

◆ **教学形式与设计**

教师创设情景引导学生自主思考，发挥学生的主体作用，使学生的探究能力逐步深入，开阔学生视野。

◆ **教学过程设计**

了解爱国歌曲，探究其独特的风格和文化内涵，增强民族自豪感，坚定文化自信，培养爱国情操。在课堂上引入《上甘岭》电影中的几个经典片段。例如，"坑道中缺水少粮时战士们的精神意志坚不可摧""数倍于己的美军多次冲锋上甘岭仍被志愿军某部八连击垮"等片段便是很好的选材。在播放这些经典短片的过程中，可以采取"演奏《我的祖国》"的方式为短片配备背景音，或者采用视频编辑技术将《我的祖国》作品导入到视频短片中。在具体的操作层面，《我的祖国》钢琴演奏曲或所导入的钢琴曲的节奏可以与短片中战争的节奏互相呼应。例如，在涉及激烈的战争场面时，钢琴演奏节奏可以比较急；而遇到战士们在坑道中讲述自身"家乡水""家乡水果"时，《我的祖国》的钢琴曲节奏可以缓一点、抒情一点，在这种身临其境、引人入胜的情景中实现对大学生爱国主义情感的升华。《我的祖国》课程思政的教学情景营造可以借助于重大的历史纪念日，如抗美援朝纪念日、"上甘岭战役"纪念日等，将课程思政的教学地点置于相关的抗美援朝纪念馆、革命纪念馆，在现场演奏《我的祖国》或播放相关的曲目，在这种具体的教学情景中循序渐进地引导大学生形成正确的历史观、革命观和政治价值观。

# 视觉传达设计专业核心课程思政案例

设计学院　郭秀娟[①]

项目名称：课程思政视域下视觉传达设计专业教育教学路径研究

项目号：2023kcszzx23971

## 一、专业名称：视觉传达设计

## 二、专业介绍

### （一）专业简介

设计学是强调学科知识交叉、学术探索与实践创新并重的综合性应用学科。内蒙古师范大学是内蒙古自治区建立最早、方向最全的设计学专业院校。设计学院设计学科成立于1994年，学院于2000年获"设计艺术学"硕士学位授予权，2009年获"艺术硕士"专业学位授予权，随着设计学升级为一级学科，2012年获"设计学"一级学科硕士学位授予权，2019年被评为自治区一流本科建设点，2020年被评为国家一流本科建设点。

本专业秉承"根植北方民族文化，融合时代科技创新，服务区域社会发展，培养民族设计人才"的办学理念；以"视觉传达+"拓展专业外延，注重视觉形象系统设计、信息与交互设计、数字营销传播、文化创意产品设计等多专业领域的整合创新；依托本校民族学学科优势，构建了从民族文化认知、民族设计理论到创新实践的民族特色设计教育课程体系。

---

[①] 郭秀娟，设计学院工艺美术系主任，讲师。主要从事北方游牧民族传统装饰、在地传统手工艺传承与创新教学与研究工作。讲授中国传统装饰艺术、包装设计、文化创意产品综合设计等课程。

## （二）培养目标

本专业旨在培养具有深厚民族文化底蕴，适应信息科技、经济和社会变革需求，并富有社会责任感的视觉传达设计人才。通过融合北方民族文化的精髓与时代科技创新成果，注重理论与实践相结合，强调学科知识的交叉融合与学术探索的并重。学生将系统学习并掌握视觉传达设计的基本原理、方法和技术，具备在视觉形象系统设计、信息与交互设计、数字营销传播、文化创意产品设计等多领域进行整合创新的能力。致力于培养能够适应社会发展需求，兼具民族特色与国际视野，能在视觉传达设计领域从事文化创意设计、策划管理、交互设计、服务设计等工作的高素质、复合型、应用型人才。

## （三）毕业要求

通过专业学习，学生应该具有强烈的社会责任感及正确的职业价值认同感；遵守设计师的职业道德和行业规范；具备良好的敬业精神。系统掌握设计学专业领域的基本理论和方法，具备系统、创新、跨学科的设计思维，能够运用设计学、人文社会科学的理论与方法定义问题及解决专业领域内的相关问题，能够在多学科交叉领域开展创新性的工作。在当代社会新需求语境下，具有地域文化的认知理解、传承创新能力，能够为地域及全国经济、文化发展提供设计服务。面对新知识、新技术和新商业范式变革，具备审辨思考能力和终身学习的能力，具备一定的就业创业能力。

## （四）核心课程情况

《设计思维》旨在培养学生的设计思维意识，使其能够以用户为中心，深入理解用户需求，提出创新性的解决方案；《设计方法》旨在培养学生系统的设计思维和创新实践能力，为学生在设计领域的深入发展奠定坚实基础；《视觉创意表现》旨在培养学生的视觉创造力和表现力，提升学生在视觉设计领域的专业素养；《品牌形象系统设计》旨在培养学生对品牌形象的系统认知和设计能力，能够根据企业的定位、目标市场和竞争环境，制订合理的品牌形象设计策略，培养学生的品牌形象整合能力；《包装设计》旨在培养学生的包装设计能力和创新思维，使学生能够根据产品特点和市场需求，设计出具有吸引力、功能性和可持续性的包装；《社会设计》旨在引导学生运用设计思维和方法解决社会问题，通过实际的社会设计项目，让学生将理论知识应用于实践，提高项目的执行和管理水平，增强学生的实践能力和项目管理能力。

### （五）教学团队

专业现有专职教师 16 人，其中教授 4 人，副教授 8 人，博士 3 人，经过 30 年的建设发展，已培养优秀本科人才 1500 余名。团队项目《非遗美育》《绘本·乡村》在内蒙古自治区第八届"互联网+"大学生创新创业大赛中分别荣获金奖、银奖；同时，《包装设计》课程在第四届内蒙古自治区高校教师教学创新大赛中荣获一等奖。此外，《在地性非物质文化遗产在高校设计教学中的创新实践探索》项目获批为内蒙古自治区高等学校科学技术研究重点项目，《内蒙古非遗技艺融入高校美育路径研究》也获批为内蒙古自治区艺术类高校美育研究项目。团队还发表了《艺术设计类专业职业教育人才培养模式研究》等多篇教改论文。在实践中，团队承担了中国第十四届冬季运动会吉祥物及其衍生产品的包装设计工作；2021 年，受内蒙古自治区党委宣传部委托，设计制作了"奋斗百年路 启航新征程"等主题年画 60000 幅，并在农历辛丑年前赠予了全区各地的农牧民和城镇居民。

## 三、以包装设计课程为例的思政元素梳理

### （一）课程思政架构思想

课程思政是把"立德树人"作为教育的根本任务的一种综合教育理念，是将正确的道德规范、思想认识、价值观和政治观念等内容有机融入各类课程教学全过程中，实现培养符合国家发展要求的合格建设者。包装设计是我院视觉传达设计专业的一门专业核心课程。以"立德树人"为纲，全方位渗透思政元素：将思政教育作为课程的重要组成部分，贯穿于整个教学流程的始终。立足专业特色，深度融合思政与专业知识：结合包装设计的特点，挖掘其中蕴含的思政教育资源，使思政教育与专业知识相互支撑、相互促进。注重培养学生的文化自信和民族自豪感：鼓励学生在包装设计中融入中国传统文化元素，传承和弘扬中华优秀传统文化。强化创新与责任并重的意识：培养学生在创新设计的同时，充分考虑包装设计对社会、环境和消费者的影响，树立正确的责任观念。

## （二）实施设想

（1）教学内容整合与优化：重新编排教学内容，将思政教育的相关内容与专业知识有机结合，形成系统化的教学体系。

（2）多样化教学方法运用：采用问题导向教学法，提出与思政相关的包装设计问题，让学生在解决问题的过程中提高思政素养。

（3）实践教学环节强化：组织学生参观包装设计企业，了解行业发展动态和企业社会责任的履行情况；开展包装设计竞赛，要求学生在作品中体现思政主题，如绿色环保、文化传承等。

（4）课程考核全面化：建立多元化的考核方式，包括思政知识测验、设计作品的思政内涵评价、课堂表现中的思政素养评估等。

（5）师资队伍建设加强：组织教师参加思政培训和学术交流活动，提升教师的思政教育能力和水平。

（6）学习资源拓展：推荐相关的思政教育书籍、文章和影视作品，丰富学生的思政知识储备。建立在线学习平台，提供思政与包装设计结合的案例分析、讨论区等资源，促进学生自主学习和交流。

构建打通学科壁垒的大思政体系，结合师范院校的实际，制定符合学院专业定位的培养目标，以社会主义核心价值观、社会责任、家国情怀、文化素养、人文精神、科学观、生态观为一级思政目标，以增强文化自信、民族自信、职业忠诚度养成、工匠精神、树立绿色环保的设计理念为二级目标，以具体的课程模块知识点为三级目标，设计循序渐进的课程案例库。

## （三）思政元素的选取和融入

1. 包装设计中传统文化元素内涵的挖掘和分析、创新设计和运用研究

◆ 案例分析

以包装设计问题为导向，注重学生对包装设计优秀案例的再学习，特别是近几年以中国特色文化元素为代表的包装设计、在商业上取得成功的品牌，再深入挖掘包装设计赋予的文化内涵、历史背景、人文情怀。能够传承中国传统节日文化，对中国的传统节日文化形成文化认同和情感共鸣，进而增强学生的文化自信，引导学生爱国、爱家、爱校、爱专业之情。

在设计实践过程中，融合进生肖文化、传统绘画、书法艺术、民风民俗等多样的中国传统文化，将中国传统文化与包装设计进行有机的融合，以地域文化为载体，以包装设计为平台，以创新应用和产品开发为中心，以市场产品审美需求为路径，发挥专业优势，在包装设计中全方位审视中国传统节日文化的艺术美和人文精神。

◆ **知识点定位**

能够以包装设计的构成、艺术规律和实际应用价值为前提，就中国传统节日文化与包装设计要素关系、包装功能、包装结构、包装材料问题进行了解和掌握，能对传统节日文化元素在包装设计中的应用进行探讨和研究。

◆ **教学手段与方法**

案例分析法：通过案例分析，采用启发式教学，适当增加资料收集和课堂辩论，增强学生主动学习、积极参与的学习氛围，强化知识应用意识，提升学生独立学习和思考的能力。

实践选题探究法：以中华优秀传统文化为基石，进一步体现包装设计的文化性、内涵性、特色性和创新性的实践实训。指导学生创作具有中国传统文化节日元素的优秀包装设计作品，同时参加学科竞赛。以此激发学生的专业兴趣，培养学生的创作能力，提高学生自主学习和终身学习的能力，培养职业素养。

讨论法：设计翻转课堂环节，设置学习小组，每组自选主题，组员合理分工，搜寻相关包装设计案例和国内外大赛获奖作品，追踪灵感来源，赏析设计思路、技巧、方法等，并制作 PPT，在课堂上汇报讨论。这种方式可以激发学生的学习主动性，培养学生的团队协作意识、沟通与表达能力。

◆ **对应思政点**

文化自信与爱国情怀培养：引导学生在包装设计中融入中国传统节日文化元素，如春节的红色、福字、春联等，中秋节的月亮、月饼、桂花等，让包装成为传承和弘扬传统节日文化的载体。强调包装设计的文化内涵和价值，让学生认识到包装不仅是商品的保护和装饰，也是文化的传播和交流，从中传递中国传统节日文化的价值观和精神内涵，如团圆、和谐、感恩等。

职业素养及工匠精神：在包装设计中，引导学生关注包装的每一个细节，从材料选择、结构设计到图形设计、色彩搭配等方面都要精益求精。工匠精神不仅体现在对传统工艺的传承和发扬，更在于不断创新和突破，鼓励学生勇于尝试新的设计理念、材料和技术，为包装设计带来新的活力和创意。

2. 以企业和设计比赛项目为载体，培养学生不断探索的创新精神

◆ 案例分析

产教融合视域下，对课程进行项目化设计，目的在于为学生营造置身于企业、置身于设计公司的学习环境。教师实施项目化教学设计，使传统教学课堂上教师与学生的主体地位得以转换，要求学生要积极地加入项目工作，完成工作任务。教师通过引入包装项目案例进行教学，按照包装设计流程中的任务分配工作角色，对班内的学生进行分组，组织各小组的学生自主地学习包装设计的基本知识，自主地搜集与项目有关的各类技术、背景资料。教师在课堂上鼓励学生对自己所从事的项目工作进行发言，展示设计成果，小组之间相互点评启发，启发学生总结自己在项目工作中获得的学习经验，激发学生的创新精神。以学生为主体的项目化教学可以实现在教师教学组织和学生的自主学习过程中融入不断探索的创新精神和竞争意识。

◆ 知识点定位

在科学梳理专业基础理论体系的基础上，引导学生参与实际的设计项目，让他们在实践中掌握设计程序，提升解决问题的能力。

◆ 教学手段和方法

多媒体辅助教学法：通过多媒体课件和传统教学相结合，以课堂讲授和课后书目阅读相结合，丰富学生课程与教学的基本知识结构。

案例分析法：通过案例分析，采用启发式教学，适当增强资料收集和课堂辩论，增加学生主动学习、积极参与的学习氛围，强化知识应用意识，提升学生独立学习和思考的能力。

◆ 对应思政点

自主学习与职业素养提升：引导学生认识包装行业的快速发展和不断变化，通过介绍包装领域的新技术、新材料和新趋势，让学生明白只有不断学习才能跟上时代步伐，培养学生的危机意识和进取精神。要求学生调研市场上的新型包装产品、分析成功的包装案例等，培养学生的独立思考能力、信息收集与分析能力，以及解决问题的能力。在包装设计中，要求学生遵守行业道德准则，如诚实守信、保守商业秘密、尊重知识产权等。

培养创新意识与担当精神：引导学生认识到创新在包装行业中的重要性，通过

展示成功的创新包装案例,让学生明白创新能够为产品带来竞争优势、满足消费者不断变化的需求,同时推动行业的发展。在包装设计中,不仅要考虑美观和功能性,还要关注环保、可持续发展等社会问题,引导学生思考如何通过创新的包装设计减少资源浪费、降低环境污染,培养学生的社会责任感和担当精神。

3. 在包装设计课中渗透环保理念

◆ **案例分析**

在讲解环保包装时,教师利用多媒体构建大自然的情景,用音乐营造灵动、轻快的氛围,使学生身心放松,并借助多媒体展示富有魅力的自然景象,激发学生探究环保包装主题的热情。学生进入教师打造的情景,思维逐渐活跃,此时,教师组织学生以小组为单位开展头脑风暴活动,将自己联想到的事物以绘画的形式记录下来。在这一环节,教师可渗透对绿色环保观念的介绍,并要求学生突出绘画作品中的环保元素。学生完成绘画后,教师再要求不同小组的成员交换画作,通过这种方式进行思想交流。此时,教师播放一段有关环境污染事件的视频,与之前营造的氛围、构建的场景形成对比,学生在思想观念上受到冲击,这对他们创作灵感的爆发有所帮助。学生在情绪转换的过程中进行创作,教师则结合现实事件阐述我国环保事业的发展状况及环保理念在包装设计中发挥的作用,学生的感受会更加深刻。

在"包装的结构与容器设计"章节中,一方面要肯定新材料、新技术、新工艺对包装设计发展的积极意义,另一方面也要引导学生认识"包装污染"带来的社会问题,因此,在包装材料选择上要充分考虑绿色、环保、节约,在功能设计上实现多元化,提升包装复用的概率,促进学生生态理念、危机和责任意识的建立。

◆ **知识点定位**

要求学生具备良好的鉴赏能力和分析能力。将"文化自信"和工匠精神作为主导思政理论精神。关注设计的前沿和设计的最新动态,对新的设计理念和方法有所了解,特别是对绿色设计、人性化设计和简约设计有较充分的认识,能够运用这些新理念、新方法,设计出具有国际视野和竞争力的包装。

◆ **教学手段和方法**

案例展示:展示国内外优秀的环保包装设计案例,分析其设计思路、材料选择和环保效果。

失败案例反思:分析一些因环保问题而受到批评或失败的包装设计案例,让学生从中吸取教训。

实践操作：环保材料实验。让学生亲自操作和体验不同环保材料的性能和特点，如可降解塑料、再生纸等。组织学生进行材料拉伸、抗压等实验，了解其适用范围。

设计项目实践：布置以环保为主题的包装设计项目，要求学生在设计过程中充分考虑环保因素。

实地考察：带领学生参观环保材料生产企业或具有环保特色的包装生产工厂，了解环保包装的生产流程。观察可降解材料的生产过程和环保包装的自动化生产线。

◆ 对应思政点

弘扬中华优秀传统文化：挖掘传统文化中的环保智慧，中国传统文化中蕴含着丰富的环保理念，如"天人合一""勤俭节约"等。在包装课程中，引导学生挖掘传统文化中的环保元素，并将其融入包装设计中，如采用传统的包装材料竹编、纸艺等，既体现环保理念，又传承和弘扬传统文化。

创新精神：在课程中，引导学生探索并实践环保包装材料、构造及设计策略的革新。组织学生参与环保包装设计项目，鼓励他们选用可持续材料，优化设计结构以降低资源消耗，以此展现对环境的尊重与珍视。

# 服装与服饰设计专业核心课程思政案例

设计学院　张瑞霞[①]

项目名称：服装与服饰设计专业课程思政建设路径与实践

项目号：2023kcszzx23968

## 一、专业名称：服装与服饰设计

## 二、专业介绍

### （一）专业简介

服装与服饰设计专业始建于1999年，是内蒙古自治区最早建立的服装与服饰设计本科专业。现拥有自治区教育厅授予的"内蒙古实验教学示范中心"、与自治区党委宣传部部校共建的"内蒙古文化创意产业研究基地"、内蒙古民族服装服饰研究会、内蒙古高校人文社科重点研究基地、中华优秀传统文化传承基地、内蒙古"布丝瑰行动"研学基地、沪蒙生态与可持续设计联合实验室等教学、科研平台。坚持"根植多元文化融合、集成时代科技创新、服务区域社会发展、培养创新设计人才"的办学理念，以传统服饰传承与创新为本体方向，以功能性服饰开发与应用为前沿方向，构建"设计+"跨学科知识体系与专业架构，打造祖国北疆"赋能区域发展型"创新设计育人模式。

### （二）培养目标

本专业旨在培养具有问题洞察、逻辑探寻、理性思辨、社会关切的系统思维与

---

[①] 张瑞霞，设计学院副教授，硕士生导师。主要从事民族服饰文化、功能性服装设计的教学与研究工作。讲授中外服装史、传统服装结构与工艺、功能服装设计、数据统计与分析等课程。

素养；能够应用服装设计与人体工学相交叉的多维设计方法与多元表达方式，解决民族服饰文化再生、功能服饰在地化创新等复杂问题的能力；具有扎实的服装与服饰设计本体与外延知识体系；面对当代以及未来时尚与科技变革具备独立的审辨思考和自主学习的能力；能在企事业单位、教育研究单位和专业机构从事服装服饰理论研究、服装服饰产品开发、时尚传播的德智体美劳全面发展、适应新时代社会经济发展多元需求的复合型创新型人才。

### （三）毕业要求

通过专业学习，学生应具有正确的世界观、人生观、价值观，具有积极践行社会主义核心价值观，遵守设计师的职业道德和行业规范的道德素养；系统掌握设计学专业领域的基本理论和方法，掌握本专业相关的基本理论、核心知识，具有设计创意调研与解决问题的设计创新与实践能力；具有运用设计学、人文社会科学的理论与方法进行问题分析与设计研究的能力，综合运用不同学科的知识和方法解决问题的跨学科能力；具备良好的设计沟通交流、设计表达与团队合作的能力；具有自主学习和终身学习的意识与能力。

### （四）核心课程情况

专业核心课程包括设计造型与形态基础、设计思维与研究方法、设计人文与叙事转译、数字逻辑与生成设计、服装设计与表达、服装创意设计、服装结构与工艺基础、服装结构与工艺设计、立体设计、针织服装设计与工艺、多维设计认识论、问题与策略、策展与表达、在地设计与社会创新、毕业实习、毕业设计等。

### （五）教学团队

专业现有专职教师14人，其中教授2人，副教授3人，博士6人，经过25年的建设发展，已培养优秀本科人才1500余名。团队的《在地设计与社会创新》获批国家级一流课程；《青年红色筑梦之旅——设计服务区域发展的创新创业育人平台构建与实践》获内蒙古自治区教学成果三等奖，《"链状协同、相互赋能"——边远校设计专业集群式团队教学模式构建》获内蒙古自治区教学成果二等奖；《匠绣芳华——创新非遗传承 振兴"蒙绣"产业的践行》获第七届中国国际"互联网+"大学生创新创业大赛全国总决赛金奖，《视界新风尚——Smart future 智能交互眼镜项目计划》等项目获内蒙古自治区"互联网+"大学生创新创业大赛金奖、银奖、铜奖；发表《让每份作业都有社会价值——边疆高校设计专业服务区域发展的实践教学探索与实践》等教改论文多篇。

### 三、以服装史课程为例的思政元素梳理

课程思政是设计教育体系建设的重要一环，也是高校践行培养社会主义核心价值观的重要内容。服装与服饰设计专业作为科技与艺术融合的交叉学科下的专业方向，其课程教学模式与改革以树立设计教育课程思政价值观为内核，从理论、思想到实践等多维角度进行全方位渗透与探索，强化从"学而思""思而启""启而发""发而做"中挖掘设计教育蕴含的思政元素，并遵循设计专业属性和学科特点，紧紧围绕国家政策和区域教育发展要求，结合设计学院发展定位与人才培养要求，平衡设计教育专业教学目标与思政育人之间的关系，以课程思政教育为根本出发点和立足点，融合美育与实践内容，以期形成全覆盖、多模式、系统化、模式化的设计学科思政教育体系。

服装史课程为专业理论课，以了解服装风格史发展的脉络，掌握中外各历史时期的服装设计风格、设计思想和代表造型，引导学生学习和领悟优秀传统文化在社会发展中的地位，积极践行社会主义核心价值观，培养人文主义精神，树立正确的世界观、价值观；以掌握服装发展过程中各阶段的政治、经济、社会、文化背景对服装造型与内涵的影响，引导学生感受民族文化与服装设计的内在关联性。立足当代，回看往昔，引导学生客观正确审视社会、经济、人文环境，具备可持续发展理念，领悟服装发展史中优秀的设计思想与代表作品，启迪学生对美的感悟力，培养学生对艺术的认知与思考力，理解民族文化资源的特征与价值，从而提升学生从历史中汲取智慧的能力。作为课程思政目标，分别支撑立德树人、当代视野、文化传承三个毕业要求。结合学校办学定位，从服装史课程内容中挖掘并融入德育内涵和思政元素。整合教学内容和过程中具有价值观树立的思政元素积累成素材库，连点成线、穿线成面、立面成模块、模块群组最终成为本课程的思政教学体系。以课程大纲为线索，分析总结各章节内容蕴含的思政元素，作为课程思政融合的承载点。在确定思政价值目标后，采用有效教学方法和策略，设计到各章节的课堂教学中。根据课堂教学效果反馈，将可行的思政教学案例汇总为案例素材库，通过不断积累，

推动课程的思政教学不断发展。

## （一）以"例"论"史"，思政元素与文化传承相结合

◆ **案例分析**

以大袖衫为例，讲述文化传承故事。大袖衫出现于东汉末年，兴盛于魏晋时期，成为一时的流行。在唐朝画家绘制的《簪花仕女图》中能清晰地看到妇女穿着大袖衫的服装样式。宋朝时期，《历代帝王图》中人物基本都穿着大袖衫，此时大袖衫作为礼服，穿着于祭拜、朝会等场合。元朝时，根据敦煌壁画元供养人描绘，头戴姑姑冠的妇女依然穿着大袖衫。明朝时，大袖衫转变为士大夫的外衣衫子，保留了大袖衫的基本形制，将大袖改为中袖，以适应当时的发展。如今，在文化自信的倡导下，一批又一批热爱传统服饰的年轻人又将大袖衫推向新的高潮。走在街上，即使看到大袖衫，也不觉得与时代违和，反而是多元文化的一种趋向。这不仅仅是一种文化传承的表象，更是文化自信的解读，甚至是爱国情怀的宣扬。

◆ **知识点定位**

文化是一个国家的根，也是一个民族的魂，在历史长河中，通过一代又一代的人传承下去，因此，任何国家和民族都要守护好自己的文化。服装史是服装专业学生学习中国传统文化的媒介，承担着重要的文化传承作用。习近平总书记强调坚定"四个自信"，其中最重要的是坚定文化自信。中国服装史——讲述了传统服装的发展脉络和演变过程，其本身就包含深厚的文化内涵和强烈的家国情怀。通过学习使学生能正确理解传统与时尚、设计文化与生活方式的关系，批判地继承传统服饰文化的优秀遗产，能够正确分析与解读服装变迁的时代根源，掌握批判性学习与继承性学习的方法。引导学生理解并把握中外服装变迁发展的基本规律，培养学生的设计热情，明确设计责任感，为今后的专业学习与工作奠定文化理论基础。

◆ **主要内容**

先秦至唐代服装。引导学生了解服饰起源的学说及在服装上的表现。根据图文和视频深入分析先秦服装特点形成的历史因素，了解胡服骑射的服饰特征及其演变过程。

宋至近代服装。学习中国宋至近现代的历史背景、服装特点及文化内涵。引导学生理解并把握中外服装变迁发展的基本规律，培养学生的设计责任感。引导学生学习和领悟优秀传统文化在社会发展中的地位，理解民族文化资源的特征与价值。

◆ **教学手段与方法**

通过多媒体课件和传统教学相结合，以课堂讲授和课后书目阅读相结合，丰富学生课程与教学的基本知识结构。

通过案例分析，采用启发式教学，适当增加资料收集和课堂辩论，增强学生主动学习、积极参与的学习氛围，强化知识应用意识，提升学生的独立学习能力和独立思考能力。

◆ **对应思政点**

了解服装风格史发展的脉络，掌握中外各历史时期的服装设计风格、设计思想和代表造型，引导学生学习和领悟优秀传统文化在社会发展中的地位，具有人文主义精神，具有正确的世界观、价值观。爱党爱国，具有集体主义精神，积极践行社会主义核心价值观。

掌握服装发展过程中各阶段的政治、经济、社会、文化背景对服装造型与内涵的影响，从中感受民族文化与服装设计的内在关联性。从而能够立足当代，回看古今，客观正确审视社会、经济、人文环境，具备可持续发展理念。

领悟服装发展史中优秀的设计思想与代表作品，启迪学生对美的感悟力，培养学生对艺术的认知与思考力，理解民族文化资源的特征与价值，从而提升学生从历史中汲取智慧的能力。

## （二）以"旧"创"新"，思政元素与文化创新相结合

◆ **案例分析**

以旗袍为例，讲述文化创新思路。在中国服装史教学中，教师应大量运用历史元素时装设计案例的穿插，并由此分析当代流行时尚和时装风格是如何借鉴、依托于人类服装历史，让学生在学习中明确无论服装如何演绎变化，终究脱离不了历史文化的土壤。在服装史的教学中，时刻提醒学生要以创新的意识进行学习和发扬。例如，以旗袍服装样式作为设计灵感，其作品将传统旗袍的开衩、门襟统统舍去，只保留整片的旗袍样式，加之珍珠和刺绣。在当时，以此打开了中国传统服装文化一次次被创新的大门。

◆ **知识点定位**

以史为鉴，活学活用。服装的变迁是历史变迁的写照，服装形式反映其时代的

影像，就像镜子一般，照射出服装背后的历史文明。然而，每一种新的流派都有历史上可以比照的对象，它们并不是全新的，只不过是在新形势下对历史榜样的重新启用。以"旧"创"新"是建立在"旧"的前提条件下执行的。"旧"就是历史元素、传统服饰文化；"新"就是在"旧"的基础上新生，但绝不是脱离"旧"。这就要求服装专业的学生以史为鉴，活学活用，同时融入思政课程的原创精神，教导学生尊重历史、改造世界，前人的实践成果也是实践的一部分，要学会合理利用他人实践资源。

◆ 主要内容

服装史上的变革。第一次服饰变革是在战国时期，历史上赵国赵武灵王的胡服骑射之举。出于政治、军事的需求，将西北狩猎民族的裤褶、带钩、靴等引入中原，最主要的是改去下裳而着裤。第二次服饰变革是在汉末，动乱的魏晋南北朝时期，这期间民族之间的服饰交融也是必然。第三次服饰变革是在唐朝，繁荣开放的历史时期。史料记载："天宝初，贵族及士民好为胡服胡帽"。穿胡服成为一种时尚，胡服和受西域影响的服饰极大地丰富了唐人的衣裙。第四次服饰变革是在清朝，马褂、凉帽成为当时主流的中国服饰。第五次服饰变革是在辛亥革命以后，政体共和，思想解放，服饰为之大变。废弃了封建等级制度在服饰上的表现。随着所谓"新礼服兴，翔顶补服灭"与"共和政体成"的时代表情浑然一体的出现，形成了近代服饰的造型。

著名历史学家钱穆说："研究历史，所最应注意者，乃为在此历史背后所蕴藏而完成之文化。历史乃其外表，文化则是其内容。"推动中国服装发展演变的背后，是中国政治经济的发展，是中国各民族文化的融合。

◆ 教学手段和方法

通过多媒体课件和传统教学相结合，以课堂讲授和课后书目阅读相结合，丰富学生课程与教学的基本知识结构。

通过案例分析，采用启发式教学，适当增加资料收集和课堂辩论，增强学生主动学习、积极参与的学习氛围，强化知识应用意识，提升学生的独立学习能力和独立思考能力。

◆ 对应思政点

通过对服装史上的几次重大变革的学习，引导学生理解文化融合的内涵，形成多角度融合的思维模式。

引导学生理解多民族融合的意义与价值，培养学生包容开放的价值观，为今后职业生涯中吸纳有益资源奠定基础。

### （三）探寻中国传统服装文化的审美风格

◆ **案例分析**

我国向来有着"衣冠上国"的美誉，通过梳理我国服装历史五千年的沉淀，探寻中国传统服装文化的审美风格。《左传·定公十年》曰："中国有礼仪之大，故称夏；有服章之美，谓之华"。可见我国的传统服装文化是华夏文明的重要组成部分。就整体审美风格而言，我们以我国冠服制度中最高等级的冕服为例来分析。冕服采用上玄下黄色，所谓玄就是指天未亮之前的色，黄则为大地之色，故从这款冕服我们就可以看出我国传统服装文化的思想理念，即人是大自然的一部分，强调人与宇宙是一个整体，服装是人的外在表现，故着装应与周围环境协调，即"天人合一"。这与我国当下的社会主义核心价值观中的"和谐"是统一的。在这样的思想理念下形成的服装风格，不强调服装与人体的关系，而是注重突出服装的精神功能，通过服装来表达人的精神和气质，即通过服装赋予人的内涵，所以我国被称为"礼仪之邦"。这种礼仪文化在服装中也得到了充分的体现，通过赋予人的内涵而增加了服装的仪式感，所以在中式的成人礼或婚庆仪式中，中式的服装在这些仪式中起着重要的作用。我国传统服装文化就是在"天人合一"这样的思想理念下形成了"突出神韵"的服装风格。

◆ **知识点定位**

系统整理出传统服装文化的独特性和先进性，详细论述衣冠审美的文化自信，助力高校服装设计专业的文化自信的全面建设。

◆ **主要内容**

国家宝藏中的汉服。通过大型央视节目《国家宝藏》，了解央视视野下汉服的震撼华美，源远流长，博大精深。服饰是华夏文明的具象载体。解开华美衣裳的服饰密码，追溯礼乐文明的悠久源头，才能连接过去和现在。《国家宝藏》中出现的许多汉服，有利于增强文化认同和民族认同感，更深一步了解中国古代的服装文化，感受汉服文化的无限魅力。

◆ **教学手段和方法**

观看多媒体视频:《国家宝藏》节目节选、优秀影视作品等;博物馆历史文物图片介绍;历史典故及人物讲解。

◆ **对应思政点**

文化自信:使年轻学生认识到历史的真实,认清是非,在思想情感层面上,不断强化社会主义道路自信、理论自信、制度自信、文化自信。

爱国主义:坚决抵制西方文化的侵蚀,揭穿西方所谓的"民主与自由"的虚伪,让我们更理性地去爱中国共产党和我们的祖国。

### (四)突出国际理解、交流;多元文化;和平发展

◆ **案例分析**

中外服装史课程中有大量的关于服饰传统工艺的内容,无论是中国还是西方,这些传统工艺都凝结了历代匠人的心血,向人们述说着服饰制作背后的故事。尤其是在当今工业化极其发达的时代,一些年轻人习惯了工业化生产的效率,内心也比较浮躁,对待事物没有太多耐心。中外服装史课程中思政元素的合理运用能促使学生向主动体验和积极实践转变,促进学生对课程知识的理解、掌握、深化与拓展。

◆ **知识点定位**

课程中介绍不同历史时期的传统工艺,这些服饰加工制作工艺中体现出的工匠精神,反映了匠人的职业精神、职业道德和职业品质,能够引导学生树立正确的职业价值取向,激发学生对专业的热爱和民族自豪感,让学生在体会服饰文化蕴含的工匠精神的同时,去认同、去坚守、去传承、去创新,形成敬业、专注、精益求精的职业精神。

◆ **教学手段和方法**

在授课中采用启发式、讨论式等多种行之有效的教学手段,提升课程学习挑战性,训练学生独立思考和归纳分析的能力。

◆ **对应思政点**

工匠精神:中国古代工匠匠心独运,把对自然的敬畏、对作品的虔敬、对使用者的将心比心,连同自己的揣摩感悟,倾注于一双巧手,让中国制造独具东方风韵。

爱国主义教育:通过赏析古代服饰,引导学生深刻理解中华优秀传统文化的思想精华和时代价值,增强民族自豪感和文化自信。

# 融"思政"于科技艺术创作实践研究

设计学院　谢继武[①]

项目名称：融"思政"于科技艺术创作实践研究　项目号：2023kcszzx23965

## 一、课程简介

以《中国近现代史纲要》和《毛泽东思想和中国特色社会主义理论体系概论》为理论基础，结合艺术案例，展示中华民族伟大复兴历程，塑造"重塑中国心灵"历史缘起与时代意义。在设计学中科技艺术是科技艺术师创造性地应用科技手段创作出来作品的艺术形式。艺术设计专业课程思政建设是一项复杂的系统工程，需要立足"大思政课"高度，以专业为单元做好顶层设计，通过分类推进专业引导、课程教育、专业思想政治教育及保障机制，探索艺术设计专业课程思政的具体建设路径，实现统筹协调与分类指导的有机结合。高校艺术设计作为一门综合型交叉学科及最直接的审美与艺术教育活动，具有以美育人的课程功能，将教学体系与美院特色相融合，创造一门融思想政治理论、新中国史、党史、艺术史以及艺术思维训练为一体的"金课"，培养出高水平创新设计人才以实现教育目标的多维度发展。

## 二、课程支撑毕业要求指标点情况

### （一）课程思政建设是提高人才培养质量的战略举措

1. 立德树人的根本任务：课程思政建设被视为落实立德树人根本任务的战略举措，其目的是帮助学生塑造正确的世界观、人生观、价值观。

---

[①] 谢继武，设计学院艺术与科技系主任，讲师。主要从事设计与信息技术交叉融合研究与教学工作。讲授人工智能创新设计、数据挖掘与分析、智能服务与应用创新等课程。

2. 教师队伍和课程建设：以教师队伍为"主力军"，以课程建设为"主战场"，以课堂教学为"主渠道"，使所有课程都能承担育人责任。

### （二）课程毕业要求

通过专业学习，学生应该具有正确的政治方向、坚定的理想信念、能够具备强烈的社会责任感和使命感。树立正确的世界观、人生观和价值观，贯彻党的教育方针。通过系统学习和研究，掌握科技艺术创作所需的基本理论、基本知识和基本技能，将思政元素与科技艺术创作实践相结合，实现思政教育与专业教育的有机融合。具备初步的科学研究能力，针对科技艺术创作实践中的具体问题开展研究，提出解决方案。具备一定的人文素养和跨学科知识，在科技艺术创作实践中融入人文关怀和社会责任，提升作品的文化内涵和社会价值。

## 三、融"思政"于科技艺术创作实践研究

### （一）科学思维方法的训练和科学伦理的教育——打造艺术创作的"共创美学"

◆ 案例分析

习近平总书记在 2021 年 4 月考察清华大学时强调"美术、艺术、科学、技术相辅相成、相互促进、相得益彰"。科学的发展需要艺术的滋养，艺术的创造与思维需要科学的辅助。习近平总书记在中国文联十一大、中国作协十大开幕式上的讲话中指出："今天，各种艺术门类互融互通，各种表现形式交叉融合，互联网、大数据、人工智能等催生了文艺形式创新，拓宽了文艺空间。"新质生产力促进了文化艺术生产关系的重构，为文化艺术的繁荣发展注入了新的活力和动力。

◆ 知识点定位

培养学生对教育理论和教育技术的认知能力，让学生了解教育技术的概念、分类、发展历程、应用场景等方面的知识，从而提高学生的教育技术素养和创新能力。培养学生的信息素养和科学精神，让学生能够正确使用和应用教育技术，从而提高教育技术的效果和质量。AIGC 对教育行业的参与和融入，有助于赋能社会教育公平，打造一个"艺术+科技+教育"的艺、科、教相融合的中国式现代化发展链路，建设共享式教育的良好社会环境，以推动教育强国、科技强国、人才强国的全面发展。

◆ 主要内容

深刻理解随着数字技术的发展，诸如数字绘画、3D 打印、虚拟现实（VR）、增强现实（AR）等新媒体技术被广泛应用于艺术创作中。设置专门的逻辑思维、批判性思维和创新思维课程，通过理论讲授、案例分析、小组讨论等形式，帮助学生建立科学的思维方式。

在艺术创作相关的专业课程中，融入科学思维方法的训练内容，依据设计学院串讲+名家讲座+经典阅读+课堂讨论+实践教学的"五位一体"模式全新设计的思政课，以史论结合的叙事方式和大量生动精彩的艺术案例，展现中华民族伟大复兴的波澜壮阔，从而深刻理解"重塑中国心灵"的历史缘起与时代意义。

◆ 教学手段和方法

采用文献研究法、田野调查法、行动研究法、经验总结法和文化探针等多种研究方法相结合的方式对融合思政于艺术科技课程的教学设计展开探索。未来，艺术科技与其他学科的融合将更加深入，跨学科的合作将成为常态。艺术家和科技工作者将共同探索新的创作和研究方法，从而产生更多创新成果。

◆ 对应思政点

坚持党的领导：党的领导是社会主义文艺发展的根本保证。通过加强党对文艺工作的领导，确保文艺事业始终沿着正确的方向发展。

以人民为中心：文艺工作要坚持以人民为中心的创作导向，深入生活、扎根人民，创作出更多人民群众喜爱的优秀作品。

传承与弘扬中华文化：习近平新时代中国特色社会主义思想强调传承和弘扬中华优秀传统文化，通过文艺作品展现中华文化的魅力和价值。推动着人类文化和科技的共同进步，通过艺术、教育、科技三者有机融合，打造共享式教育的良好社会环境，积极发挥新质生产力的新优势，以提升全民教育质量，促进教育公平。

发展新质生产力：进一步释放数字生产力，推动数字经济产业的优化升级，激发行业增长的内驱力与自主创新能力，以实现中国社会各行各业的数字化转型，促进社会和经济发展新质生产力的跃迁。

## （二）延续中华文脉，如何面对文化传承等一系列重大理论和现实问题

◆ 案例分析

习近平总书记在主持中共中央政治局第十一次集体学习时强调："科技创新能够催生新产业、新模式、新动能，是发展新质生产力的核心要素。"新质生产力的到来也意味着新质生产力对原有生产关系的颠覆与重构，对于艺术工作者而言，技术和艺术是一体两面的，技术的革新迭代意味着原有的创作模式被颠覆。

在艺术与科技融合的过程中，艺术家、设计师等人类主体的意识和选择发挥着重要作用，极大地促进了人类对技术的主体化和民主化，在重构生产关系和社会结构中发挥着独特作用。随着新质生产力的涌现，艺术创作领域也迎来了前所未有的机遇，科技的发展为艺术家提供了更广阔的创作空间和更丰富的表现形式。例如，通过虚拟现实、增强现实技术，艺术家可以创作出更具沉浸感和互动性的作品；通过人工智能技术，艺术家可以探索人机合作创作的可能性，让艺术作品更加智能化和个性化，同时也重新定义甚至创造了艺术家、技术、艺术作品三者之间的新型生产关系。

◆ 知识点定位

通过深入学习《习近平总书记在文艺工作座谈会上的重要讲话》，我们可以更加深刻地理解新时代中国特色社会主义文艺工作的方向、任务和价值。本案例旨在通过研讨讲话精神，引导学生认识到文艺工作在社会主义建设中的重要地位，以及文艺工作者应承担的社会责任，《习近平总书记在文艺工作座谈会上的重要讲话》是铸就属于我们这个时代文艺高峰的行动指南。

◆ 主要内容

新文科背景下的人才培养与实验教学转型着眼于时代环境，着力于学科发展的重要转向。从宏观层面而言，回应政策、服务国家应是艺术学科开拓创新的题中之义，也是艺术教育蓬勃向上、不断进取的根本保障；从中观层面来看，新文科的提出和交叉门类的设立都指引着艺术门类立足融合、谋求突破、以跨学科思维寻找未来发展途径；从微观层面上说，科技与艺术的碰撞无疑是艺术理论、艺术创作的全新样态，也迫切期待着艺术人才培养顺应实践教学转型，拥抱更为多元、广阔的数字艺术与科技发展。

因此，艺术工作者需要不断学习和探索新技术，拓展自己的创作领域，创造出

更加具有创新性和前瞻性的艺术作品。同时，社会也亟须形成新型生产关系，促进艺术与科技的深度融合，推动艺术产业的持续发展。

AIGC 技术的诞生，作为新质生产力为艺术创作和文化产业注入了新的活力，这种创新驱动着生产关系的变革，即原有的生产方式和组织形式可能无法适应新技术的发展，而数字化技术的应用则使得文化艺术创作和传播更加高效和便捷，同时也促进了生产关系的升级和优化，这需要我们以动态、辩证、发展的眼光去看待新质生产力与新型生产关系之间的互动作用。遵从"美的创造"原则的艺术创作，尤其在东方美学立场上着眼艺术与科技相融合的互促互进关系，最终建立起"技术、艺术与人"可持续发展的良性互动关系。面对 AIGC 的机遇与挑战，我国自然科学界、社会科学界与人文学科领域，应积极通过理论研究与实际行动落实习近平总书记对于新质生产力的最新指示和要求，根据中国科教文卫等方面的发展现状与现实问题，利用 AIGC 新技术、发挥 AIGC 的创新优势，主动抓住新一轮科技革命和产业变革机遇，努力开拓中国式现代化路径。

◆教学手段和方法

以 2~3 人小组为单位，进行协作设计，发挥各自优势。根据分组小组的选题，进行市场调研，分析同类产品的优缺点以及人群定位。

进行用户研究与使用场景分析。根据调研结果与用户需求，运用创建场景、故事板、头脑风暴等方法，可选择多个设计方案，进行概念设计，包括绘制功能架构设计与低保真原型设计。

根据每一种概念设计方案，以打分投票的形式选择最佳设计方案。开发工程师运用软件实现具体界面操作。

高校大学生是时代新人，更是社会主义核心价值观的践行者，对国家和社会的未来发展具有重要影响。高校积极贯彻思政育人理念，创新思政教育模式，更有利于坚定大学生政治立场，提高大学生思想道德品质，使其形成良好的人格素养。

◆对应思政点

坚持党的领导：坚持党对文艺工作的领导，确保文艺事业始终沿着正确的方向发展，为人民服务，为社会主义服务。

以人民为中心：文艺创作要坚持以人民为中心的导向，深入生活、扎根人民，反映人民心声，满足人民精神文化生活新期待。

社会责任：引导学生认识到文艺工作者的社会责任，鼓励他们积极投身于新时代中国特色社会主义文艺事业，为实现中华民族伟大复兴的中国梦贡献力量。

文化自信：通过艺术科技作品传承和弘扬中华优秀传统文化，展现中华文化的独特魅力和时代价值，提升国家文化软实力。

### （三）"一代又有一代之文学"——经典阅读

◆ 案例分析

全景式呈现近现代艺术与社会变革之间的深度关联，使学生深刻理解艺术的力量和艺术家应有的"中国心灵"对时代的深切关怀。课程方案中的"经典阅读"部分，对学生提出了研读《我的马克思主义观》《新民主主义论》等经典篇目和《中国共产党简史》《中国文化的重塑》等经典著作的要求。虚拟现实技术的成熟将为艺术展示提供全新的平台。未来的艺术展览不仅限于物理空间，虚拟空间的展览将成为常态，观众可以在全球任何地方体验顶级的艺术作品。

◆ 知识点定位

涉及不同历史时期的文学形式、代表作品及其社会背景。通过全景式呈现的视角，探讨文学与社会发展的内在联系。

◆ 主要内容

融"思政"于科技艺术创作实践研究，以史论结合的叙事方式和大量生动精彩的艺术案例，展现中华民族伟大复兴的波澜壮阔，从而深刻理解"重塑中国心灵"的历史缘起与时代意义。课程严格执行国家规定的相关课时要求、教材使用等课程标准，创造性地将教材体系转化为具有美院特色的教学体系，无论是从课程形式上还是实践教学方式上，打造出一门具有实验艺术特色的融思想政治理论与新中国史、党史、艺术史以及艺术思维训练、艺术创新等为一体的学科。

◆ 教学手段和方法

教师通过讲述和PPT展示，系统梳理近现代艺术与社会变革之间的深度关联，并介绍各时期的代表作品。

学生分组，每组选择一个感兴趣的历史时期或文学形式进行深入研究，准备课堂展示，提高他们的研究能力和表达能力，培养学生的团队合作精神和自信心。

学生课堂展示研究成果，包括该时期或该文学形式的社会背景、代表作品分析以及其在文学史上的影响等。

教师点评和总结，强调文学文体与社会发展的关系以及"一代有一代之文学"的深刻内涵。

◆ 对应思政点

文化传承与创新：通过学习中国古代文体的发展脉络，引导学生认识到中华民族悠久的历史文化和不断创新的精神。这种精神是推动社会进步和文化繁荣的重要力量。

历史责任感：理解"一代有一代之文学"不仅是对历史的尊重，也是对未来的期许。作为新时代的大学生，应该肩负起传承和发扬中华优秀传统文化的历史责任，为创造属于我们这个时代的文学贡献力量。

社会主义核心价值观：通过分析不同历史时期的文学作品，引导学生理解和践行社会主义核心价值观，如爱国、敬业、诚信、友善等。这些价值观是中华民族精神的重要组成部分，也是我们这个时代的精神追求。

## （四）历史缘起与时代意义——重塑中国心灵

◆ 案例分析

本案例旨在通过以丰富多彩的图像史料，从人类文明的整体视域，以"宅兹中国""中国成为自我意识""中国心灵的形成""中国是一个方案""文质彬彬：中国心灵的丰盛""卷入世界和中国心灵的枷锁""成为民族国家""再造中国""未来中国应何似"等为题全景式描绘了中华文明的起源和演进。

◆ 知识点定位

以《中国近现代史纲要》《毛泽东思想和中国特色社会主义理论体系概论》两本教材内容为理论框架，把近现代中国历史的开合承转与马克思主义中国化的伟大历程有机融合起来，以史论结合的叙事方式和大量生动精彩的艺术案例，展现中华民族伟大复兴的壮阔波澜，从而深刻理解"重塑中国心灵"的历史缘起与时代意义。

◆ 主要内容

以《中国近现代史纲要》和《毛泽东思想和中国特色社会主义理论体系概论》为理论框架，概要梳理了180年来中国的变革与革命、建设与改革开放历程。强调坚定文化自信，传承中国美学，弘扬中国文化，通过艺术的形式表达对中国心灵的理解和重塑。践行"双主体教学"的宗旨，学生和老师都是课堂的主体，注重教学过程中对学生的思辨能力、艺术表达能力的培养。

设计先行，实现统筹协调与分类指导相结合。艺术设计专业课程思政建设是一项复杂的系统工程，需要立足"大思政课"高度，以专业为单元做好顶层设计，通过分类推进专业引导、课程教育、专业思想政治教育及保障机制，探索艺术设计专业课程思政的具体建设路径，实现统筹协调与分类指导的有机结合。随着人工智能技术的进步，AI 本身也可能成为艺术创作的主体。AI 艺术将在艺术表达、创作方式等方面带来新的可能和挑战。

以美育与德育的双重功能属性为艺术设计专业导向。费孝通曾以"文化化人、艺术养心、以美塑人"作为艺术功用的总结，而高校艺术设计作为一门综合型交叉学科及最直接的审美与艺术教育活动，同样具有以美育人的功能。对艺术设计人才的培养，培养其健全的人格与积极正向的精神世界。美育与德育的双重功能属性为艺术设计专业的课程思政建设提供了内容依据，强调对内充分挖掘艺术设计的内在德育元素，对外充分渗透和发挥思政育人功能，使学生思维方式与知识结构逐步突破学科界限，养成关注人生精神需求、真善美等形而上思考的理论自觉。

◆ **教学手段和方法**

讨论法：组织学生进行小组讨论或全班讨论，以 2~3 人小组为单位，进行协作设计，发挥各自优势，分享理解和感悟，培养学生的思辨能力和表达能力。

◆ **对应思政点**

社会主义核心价值观教育：体现诚信、正义等价值观，引导学生树立正确的价值观，践行社会主义核心价值观。

全球视野和人类命运共同体意识培养：分析表达"天下大同"的理想追求，引导学生认识到人类社会的共同目标，培养全球视野和人类命运共同体意识。

### （五）师德师风教育，培养学生传道情怀、授业底蕴、解惑能力

◆ **案例分析**

沉浸式艺术课堂：利用VR（虚拟现实）和AR（增强现实）技术，可以打造沉浸式艺术课堂。学生可以在虚拟环境中进行艺术创作和欣赏，这种身临其境的体验极大地增强了他们的艺术感受力和创作灵感。培养学生的社会责任感和职业道德，让学生认识到教育技术的社会责任和职业使命，从而促进教育技术的健康发展。

◆ **知识点定位**

本案例结合社会设计课程的基本内容与教学目标，将开展以下研究内容：

人才培养目标、教学质量考核、课程设计与实施以及教学改进。同时，案例也

涉及了思政教育中关于法治观念、国家统一和铸牢中华民族共同体意识的内容。

◆ **主要内容**

以美育德是后现代复杂语境下课程思政建设的现实导向。进入新世纪，面对全球化、消费社会、高新科技、大众传媒等错综交织的后现代复杂语境，美育也出现了一系列新形态、新方式，开始由自律走向他律、由超越现实的非功利存在逐步介入到现实生活中，重塑全新的价值体系。美育和德育均作用于人的精神世界与意识形态领域，具有价值引领的相通性，可见，课程思政的"立德树人"目标与"以美育人"的美育目标具有相当程度的一致性。因此，艺术设计专业课程思政不能单纯依赖于抽象思辨的道德说教来实现，而要通过挖掘美育隐含着的丰富感性教育与人格教育，实现"以美育德"的功能，这无疑成为艺术设计专业课程思政建设的现实导向。

◆ **教学手段和方法**

根据学生特点设计专业素养及技能培养、重视人文基础综合课程教学。多媒体辅助：利用视频、图片等多媒体资料增强学生的感性认识。

◆ **对应思政点**

法治观念：引导学生理解法治对于国家稳定和发展的重要性，培养学生的社会责任和职业使命。

国家观念：分析国家教育技术的健康发展，培养学生的国家意识和民族自豪感。

民族精神：探讨语言为什么能够成为传承和弘扬民族精神的重要载体，引导学生珍惜和传承民族文化，增强文化自信。

### （六）设计学中的思政研究

◆ **案例分析**

人机协作共创美学的时代，标志着新质生产力重构了艺术与科技相融合的新型生成关系的形成。这种人机协作的新型生产关系主要特点在于，人类不再是单独的艺术创作者，而是与人工智能算法共同完成创作。在 2022 年北京冬奥会开幕式的《立春》这个节目上，就是通过虚拟生成若干影像方案，最终由导演和组织者确定再交给执行导演去呈现，这是一个典型的人机协作的案例。人类可以基于算法技术进行调试和指导，让计算机自动生成艺术作品。在这种新的创作模式下，技术（人工智能）不再是简单的工具，而是作为一个具有自主性和创造性的合作者，与人类艺术家共同创作艺术作品。

在此，共创美学的出现使得艺术创作变得更加开放和多元化，通过人机共同创作，艺术作品可以融合人类的创意和想法，以及人工智能算法的计算能力和创造性，产生出全新的艺术形式和风格。人类与人工智能算法相互交流、相互学习，共同探索艺术的边界和可能性，从而产生出更加富有创意和想象力的作品，不仅促进了艺术创作的创新和发展，也为人类和人工智能之间的合作关系提供了全新的范例和思路。

在艺术创作3.0新质生产力时代里，人机协作的共创美学主要体现在人类如何基于已有的知识背景和观念创造对AI进行投喂的训练机器，以便AI根据自主学习之后为人类提供其所需要的内容生成，以及人类如何在优化决策的层面进行精修与进一步调试，最终和AI共同创作出艺术作品。

◆知识点定位

新质生产力是对马克思主义生产力理论的创新和发展，其主要特征是"具有高科技、高效能、高质量"，符合新发展理念的先进生产力质态。新质生产力的崛起与生成式人工智能技术的飞速发展相辅相成，共同构建了一个全新的创作与生产格局，这需要作为上层建筑的艺术与文化工作者深刻认识到新质生产力所带来的生产关系全新变革，即如何正确看待并适应新质生产力在艺术新科技、文化新形态、审美新品质等方面所发挥的新动能。

◆主要内容

新时代以来，整个世界在政治经济、科学技术、文化教育等领域经历了翻天覆地的变化。新质生产力的形成，既标志着人类社会从此步入人工智能时代的新起点，又是新时代语境下的中国开启现代化发展新征程的科技机遇与挑战。这亟须社会各界不断调整新的生产关系，围绕创新驱动的体制与机制变革不断打造新型生产关系，以寻求中国式现代化的可持续发展道路。在新质生产力的语境中，人机协作新模式下的共创美学，首要内涵要素是"共生"概念，即如何有效利用AIGC技术，将艺术创作的权力"归还"人民、赋权大众，普遍提升人民艺术素养，进而打造共生式媒介生态，最终实现艺术创作的人民性价值。

在设计学课程的教学中，分析设计学各门课程中蕴含的思政元素，如传统文化、美学观念、社会责任等。结合设计实践项目，将思政元素融入其中，利用数字化教学手段，构建线上线下结合的教学模式。设计学中的思政研究通过深入挖掘课程中的思政元素、构建课程思政体系、提升教师队伍思政素养以及采用多样化的教学实践方法，实现了专业知识传授与价值引领的有机结合，为培养具有高尚品德和扎实专业技能的设计人才提供了有力保障。

◆教学手段和方法

选取具体的艺术创作案例，如AIGC技术在艺术作品中的应用，分析其如何体现共生关系，促进艺术与人民的互动。组织讨论，探讨技术赋权对传统艺术领域的影响，以及如何更公平地分配艺术创作的权力。鼓励艺术、科技、社会学等不同学科的学生和专家共同参与项目，推动跨学科知识的融合和创新。为学生和公众创作的艺术作品提供展览平台，鼓励观众参与评价和反馈，体现艺术作品的社会价值和影响力。培养学生的批判性思维，鼓励他们对人工智能技术的应用进行反思，理解其在艺术领域中的潜力和局限。

◆对应思政点

文化是一个国家、一个民族的灵魂。文化艺术创造力也是新质生产力不可或缺的组成部分。"共创美学"理念的提出将助力落实2035年建成文化强国、落实党的二十大精神。如何统筹部署教育、科技、人才，充分发挥艺术科技融合的"共创美学"新质生产力价值，深入实施科教兴国战略、人才强国战略、创新驱动发展战略，是新时代文艺创作者和教育者的时代命题。在全面建设社会主义现代化国家新征程上，要充分发挥、激活、发展新质生产力，利用AIGC开辟发展新领域、新赛道，不断创造发展我国文艺新动能新优势，加快形成高质量、高效率、可持续发展的文化生产力格局，以推动艺术高质量发展、文化高水平创新、人类高品质生活。

# 产品设计专业课程思政教学建设与探索

设计学院　陈　攀[①]

项目名称：产品设计专业课程思政教学建设与探索　项目号：2023kcszzx23934

## 一、专业名称：产品设计

## 二、专业介绍

### （一）专业简介

产品设计专业前身为美术学院工业设计系，始建于2001年。经过20多年的建设发展，已培养优秀本科人才600余名。专业坚持"根植多元文化融合、集成时代科技创新、服务区域社会发展、培养创新设计人才"的办学理念，主动探求设计与自然、社会、科技等多学科交叉与融合，整合发挥师范大学综合学科优势，构建"设计+"跨学科知识体系与专业架构，打造祖国北疆"赋能区域发展型"创新设计育人模式。

产品设计，作为一种策略性解决方案的实施路径，深植于产品、服务及系统架构之中，它不仅是一门协同创新、技术、研究和商业于一体进行创新活动的专业，更是推动社会进步、经济繁荣及环境可持续发展的关键力量，从而为人类生活品质的提升贡献显著价值。以生态与可持续设计，大国重器设计两个细分方向为主，同时关注设计前沿与技术、智能制造的发展变化，并不断拓展设计研究领域。

---

[①] 陈攀，设计学院产品设计专业负责人，专业课教师。主要从事可持续设计、民族文化传承与发展等方面教学与研究工作。主要讲授产品设计表现、设计程序与方法、产品结构设计、绿色设计等课程。

## （二）培养目标

专业立足于民族地区优质特色资源和综合院校多学科交叉优势，面向解决复杂设计问题的学科需求与我区制造业创新升级的重大战略需求，培养具有问题洞察、逻辑探寻、理性思辨、生态关切的系统思维与素养；能够应用产品设计与人因工学、机械学、生态学相交叉的多维设计方法与多元表达方式，解决北疆生态农牧、大国重器设计创新等复杂问题的能力；具有扎实的产品设计本体与外延知识体系；在可持续发展的全球语境下，面对国家发展战略与科学技术变革具备独立思考和自主学习的能力；能在企事业单位、科研机构和专业设计机构从事产品创新设计、新产品开发、交互与体验设计、服务设计、设计管理的德智体美劳全面发展、适应新时代社会经济发展多元需求的复合型创新型人才。

## （三）毕业要求

通过专业学习，学生应该具有正确的政治方向、坚定的理想信念、积极践行社会主义核心价值观、具有正确的世界观、人生观、价值观，遵守设计师的职业道德和行业规范；系统掌握设计学专业领域的基本理论和方法，掌握本专业相关的基本理论、核心知识；掌握设计创意、综合美学的基本原理与方法，能够针对复杂设计问题提出具有艺术美感的创新方案；对地域发展新需求语境下，具有地域资源的调研与创新解决问题的实践能力；能够运用设计学、人文社会科学的理论与方法，以及设计调查、设计实验、文献研究等多种手段分析复杂设计问题，进行定义问题；掌握专业领域的研究方法，对复杂问题进行研究，开展创新性的工作，并通过信息综合得到合理有效的结论；能够综合运用不同学科的知识和方法解决问题同时掌握计算机辅助技术和现代信息技术工具；了解本专业领域的发展前沿、研究动态，立足当代，正确审视设计与社会、经济、人文环境关系，具备可持续发展理念；具备良好的设计沟通交流、设计表达的能力，具有涉及多学科的团队合作能力；理解并掌握行业从业人员所需的项目管理基本原理与管理决策方法；具有自主学习和终身学习的意识，具有健康的体魄和良好的心理素质，具备适应发展的能力。

## （四）核心课程情况

本专业核心课程包括：设计造型与形态基础、设计思维与研究方法、设计人文与叙事转译、数字逻辑与生成设计、人因功效、产品CMF研究与应用、产品设计程序与方法、产品语义与用户研究、生产与生活设计、绿色设计、产品服务系统设计、产品整合创新设计、多维设计认识论、问题与策略、策展与表达。

### （五）教学团队

团队始终坚持贯彻习近平总书记关于教育的重要论述，全面贯彻党的教育方针，专业师资以中青年教师为主，专业背景全面。现有专职教师 10 人，其中教授 1 人，副教授 2 人，讲师 7 人，具有博士学历的 2 人。

## 三、产品整合创新设计课程思政元素梳理

### （一）走近"云纹"，领略传统图案的现代设计转化

◆ **案例分析**

云纹作为中华传统纹样的重要组成部分，在产品设计中的应用转化是较为常见的。习近平新时代中国特色社会主义思想强调了传统文化的重要性。这一点使得我们在理解和运用传统纹样时，更加注重其文化价值和历史意义。我们开始深入挖掘传统纹样背后的故事、寓意和象征意义，试图从中找到与现代审美和文化需求相契合的元素。这种对传统文化的尊重和珍视，促使我们更加谨慎地对待传统纹样的使用，避免对其进行简单的复制和模仿，而是努力在继承的基础上实现创新。

◆ **知识点定位**

本课程的绪论部分中，强调了我们在理解和运用传统纹样时，必须始终保持对人民群众的关注和服务意识。我们要创作出符合人民群众审美需求的作品，让传统纹样真正走进寻常百姓家，为人民群众的生活增添色彩和情趣。同时，我们也要通过传统纹样的传播和教育，弘扬中华优秀传统文化，提高全民族的文化素养和审美水平。

◆ **主要内容**

云纹，作为中国传统艺术中的重要元素，其起源可以追溯到新石器时代晚期。它以简洁、流畅的线条描绘出天空之上的云朵形态，既体现了古人对自然现象的直观感知，也蕴含了对天地宇宙的哲学思考。

1.在中国传统文化中，"天人合一"是一种核心哲学思想，强调人与自然的和谐共生。云纹作为自然界中云的象征，被广泛应用于传统器物上，正是这一思想的体

现。云纹的运用，不仅是对自然美的追求和赞美，更是古人对自然和谐共处理念的认同和实践。在器物上装饰云纹，寓意着人与自然界的紧密联系和相互依存，体现了古人对自然规律的尊重和顺应。

2.中庸之道的平衡哲学原理，云纹体现了简约与复杂的平衡，现代设计追求简约，但云纹的复杂性可以通过简化处理，使其在视觉上既具有装饰性，又不失现代感，体现了"少即是多"的设计理念。

◆教学手段和方法

讨论展示法：教师将学生按照超星课堂随机分组，使得学生自由组合，根据事先选择的教学专题"云纹的文化内涵""云纹的设计应用"等，结合辅助参考资料分组讲解所选专题，按照论文的形式研究，结合民族图案应用的现象加以理解，并回答其他同学的提问。这种教学方法能充分调动学生的参与性和创造性思维，培养学生的表达能力和自信心。

情境模拟法：带领学生去内蒙古博物院、内蒙古展览馆等地，让学生身临其境地感受文化理论的魅力，增强学习体验，并通过市场调研的方式挖掘有关云纹的产品设计应用案例。

◆对应思政点

以人民为中心：产品设计工作要坚持以人民为中心的创作导向，深入生活、扎根人民，创作出更多人民群众喜爱的优秀产品。

传承与弘扬中华优秀传统文化：习近平新时代中国特色社会主义思想强调传承和弘扬中华优秀传统文化，通过民族图案在产品设计中的应用展现中华优秀传统文化的魅力和价值。

## （二）遵守公民基本道德规范

◆案例分析

敬业是对公民职业行为准则的价值评价，要求公民忠于职守，克己奉公，服务人民，服务社会，充分体现了社会主义职业精神。诚信即诚实守信，是人类社会千百年传承下来的道德传统，也是社会主义道德建设的重点内容，它强调诚实劳动、信守承诺、诚恳待人。

◆ **知识点定位**

产品手绘表现创意思维，是该课程重要专业知识和能力。课程中强调色彩在吸引观众、提升产品手绘草图吸引力方面的重要性时，引出贺岁影片《温暖的抱抱》影片中两种不同色调的截图。通过不同色调场景的对比，说明"色彩"对于产品草图表现的重要性，以此说明影片主题曲《小偷》和贯穿影片的主线，说明剽窃作品的可耻以及作为设计师应该遵循的职业道德底线。

◆ **主要内容**

影片《温暖的抱抱》中王为仁通过不正当手段剽窃作曲人宋温暖音乐作品而成名，而宋温暖坚持对创作的热爱，敬业、诚信，通过努力击败行业不良势力，最终获得成功。"敬业"是人们在某集体的工作及学习中，严格遵守职业道德的工作学习态度。"诚信"指实事求是、诚实、守信、不欺骗、不弄虚作假、言行与思想一致。

作为未来设计师的学生应坚守职业道德，对于以创意为导向的特殊专业设计师的创意应得到足够的尊重与保护。一方面应该通过正当方式申请保护个人版权，另一方面要诚实、守信、不欺骗、不弄虚作假、不抄袭侵害他人作品，自觉遵守公民基本道德规范。

◆ **教学手段和方法**

趣味视频导入法：教师提前将影片视频精简，课上通过影片播放导入课程相关内容，激发学生兴趣，活跃课堂氛围，引导学生积极参与话题讨论，通过润物细无声的方式将课程思政内容融入专业教学环节。

分组讨论法：组织学生进行小组讨论或全班讨论，分享作为未来设计师的自己对"敬业""诚信"的理解和感悟。这种教学方法能充分调动学生的参与性和创造性思维，培养学生的思辨能力和表达能力。

◆ **对应思政点**

社会主义核心价值观：通过趣味视频播放与讨论，引导学生理解和践行社会主义核心价值观，如爱国、敬业、诚信、友善。这些价值观是中华民族精神的重要组成部分，也是我们这个时代的精神追求。

"诚信"：通过课上讨论使学生认同做设计应该实事求是、诚实、守信、不欺骗、不弄虚作假、言行与思想一致，引导学生理解专利保护的重要性。

### (三)学习"鱼纹"演变创新,领略传统纹样之美

◆**案例分析**

在中国丰富的艺术宝库中,鱼纹作为一种古老而普遍的装饰纹样,以其独特的艺术风格和深厚的文化内涵,成为中华文化的重要象征之一。近年来,随着社会的发展和人们审美观念的提升,鱼纹与思政元素的结合逐渐成为一种创新的艺术表现形式,不仅丰富了艺术作品的内涵,也为传统文化的传承与发展注入了新的活力。

◆**知识点定位**

鱼纹,作为中国传统艺术中的重要元素,其起源可以追溯到新石器时代晚期。它以简洁、流畅的线条描绘出水中游动的鱼的形态,既体现了古人对自然现象的直观感知,也蕴含了对自然万物的敬畏之心。在古代的青铜器、陶瓷、玉器等工艺品上,鱼纹的运用尤为广泛,它们或作为主要装饰图案,或与其他纹样相结合,共同构建起一幅幅精美的艺术画面。进入现代社会,鱼纹依然保持着其独特的魅力。在当代的设计领域,鱼纹被赋予了新的意义和功能。设计师们巧妙地将鱼纹与思政元素结合,通过这种方式来传达积极向上的价值观和精神理念。例如,在产品设计中,设计师往往将鱼纹与拟人化设计、情感化设计相结合,表达与周围环境和谐共生的寓意,同时也向公众传递着和谐、美好的社会愿景。

◆**主要内容**

在传统鱼纹与思政元素相结合的设计中,我们可以从以下几个方面入手:首先是主题选择,如"鱼跃龙门"等意象可以弘扬爱国主义精神、培育和践行社会主义核心价值观等。其次是色彩搭配,运用对比鲜明的色彩来突出思政元素,同时保持传统鱼纹的色彩特点,例如,可以采用红色、黄色等鲜艳的颜色来表现思政元素,与传统鱼纹的蓝色、绿色等冷色调形成对比,增强视觉冲击力。最后在图案设计中,在传统鱼纹的基础上,巧妙地融合思政元素的图案,可以采用叠加、穿插等手法,将鱼纹与思政元素的图案有机地结合在一起,形成一种新颖的视觉效果。

◆**教学手段和方法**

情境模拟法:带领学生去内蒙古博物院、内蒙古展览馆等地,让学生身临其境地感受文化理论的魅力,增强学习体验,并通过市场调研的方式挖掘有关鱼纹的产品设计应用案例。

创意联想法:鱼跃龙门的故事象征着奋斗和成功,可以与"梦想""奋斗"等思

政元素相结合，设计出充满正能量的海报或宣传画。"年年有余"是中国传统的祝福语，与"富强""幸福"等思政元素相呼应。

◆对应思政点

鱼纹与可持续发展理念：环保理念强调人与自然的和谐共生，与鱼纹结合可以强调海洋生态保护的重要性。

以人民为中心：产品设计工作要坚持以人民为中心的创作导向，深入生活、扎根人民，创作出更多人民群众喜爱的优秀产品。

### （四）深入时代现场，切实体会习近平新时代中国特色社会主义思想内涵

◆案例分析

大学生是担当中华民族伟大复兴大任的时代新人。高校在培养大学生的过程中需要广泛弘扬社会主义核心价值观和中华优秀传统文化，发挥社会主义核心价值观对大学生精神文明创建的引领作用，把社会主义核心价值观融入育人全过程，并将其转化为大学生的情感认同和行为习惯。弘扬与传承中华优秀传统文化，培养民族文化自豪感，推动中华优秀传统文化的发展和创新，是各民族大学生肩负的中华民族伟大复兴的历史任务，坚定新一代大学生的文化自信，增强民族文化认同感是十分重要的，文化自信是一个国家、一个民族发展中更基本、更深沉、更持久的力量。

◆知识点定位

仿生设计学是在仿生学和设计学的基础上发展起来的一门新兴边缘学科，主要是将艺术与科学相结合的思维与方法运用到产品设计领域。从设计学的角度来看，不仅在物质上，更是在精神上追求自然与人类、艺术与技术、主观与客观、个体与大众等多元化的设计融合与创新，体现辩证、唯物的共生美学观。仿生形态的设计是仿生设计学的主要内容，强调生物外部形态美感特征与人类审美需求相统一。这种设计往往改变了人们对事物的体验，产生某种内在的亲缘感受，从而在美学的层面得到升华。产品设计追求艺术与功能相结合，所以产品设计应用仿生学不仅在物质上，更是在精神上完成设计的融合与创新。

◆主要内容

课程总体设计目标是使学生理解产品设计的基本准则，能够在理解产品设计准则的基础上进行有效的产品设计分析，把握设计机会和设计创新切入点，并且可以系统地完成产品设计方案；完成产品设计与展示。本章节设定的意图在于使学生理

解中国传统文化中那些具有代表性的仿生文化。本章节课程教学内容从中国古代植物仿生作品进行讲解分析，并将古代与现代的仿生方式方法进行对比，以开阔学生的设计思路，加深学生对文化的认识，让学生从中吸纳设计灵感进而增强文化自信。

◆教学手段和方法

本节是线下课堂教学课，教学方法包括讲授、课堂讨论、课堂提问和课堂点评。通过多媒体举例，理解设计案例中抽象传统文化符号，进行平面或立体的设计提炼，从而有效继承优秀传统文化的文创产品的研究与再设计。

◆对应思政点

思政元素：坚定文化自信和文化认同感，在课件中加入中华民族悠久的仿生文化案例，只有理解传统文化的意义和不同表现，才能有效提炼设计信息，进而传播优秀文化。

思政目标：激发学生对中国传统文化的文化认同感，有学习热情，有继承和传播文化的意识和担当。文化认同，是一个民族对文化的整体感觉，是一种个体被群体的文化影响的感觉。国人对自身文化的强烈认同感，是中华民族屹立于世界民族之林的伟大精神力量。

# "定格动画"专业核心课程思政案例

设计学院　　王睿志[①]

项目名称：课程思政与艺术创作课程的德艺融合实践探究

项目号：2023kcszzx23954

## 一、专业名称：动画

## 二、专业介绍

### （一）专业简介

动画专业属于艺术学门类，我专业始于 2001 年，2002 年正式开始本科生招生，2011 年获批硕士学位授权点、2021 年获批"自治区级一流专业"，是内蒙古高校中较早设置的动画本科专业方向，也是自治区重要的动画专业人才培养基地。

本专业立足北疆，服务本地区和国内其他地区的经济社会文化发展。学生的实践教学成果和作品在国际、国内及自治区各类展览大赛中屡次获奖。专业开设定格动画、动画运动规律、三维动画、影视特效等专业课程。在课程建设方面，2023 年"民族传统营造技艺传承与创新"获批国家一流课程认定。20 多年来，培养了大批动画专业教育和行业骨干人才，也为内蒙古的动画专业教育、行业及产业发展作出了突出的贡献。

### （二）培养目标

本专业贯彻党的教育方针和国家对动画专业人才培养目标及职教师资培养目标

---

[①] 王睿志，副教授，硕士生导师。现任内蒙古师范大学设计学院动画系主任，主要从事数字媒体与动画的教学与研究工作。讲授毕业设计、运动规律、定格动画、联合创作研究等课程。

的相关政策要求，坚持以习近平新时代中国特色社会主义思想为指导，以立德树人为根本任务，培养具有坚定的政治理想，掌握扎实的动画学专业和职业教师工作的基本技能，具备较高的人文素质、职业道德和民族情感，具有一定的动画创作与实践能力，能综合运用所掌握的专业理论知识、方法与实践技能，适应动漫画艺术制作、影视、广告、游戏美术等设计制作，能够在各类学校进行动画类课程教学和教学研究工作的德智体美劳全面发展的"双师型"动画学教师。预期毕业生毕业5年后，职业发展状况良好，大部分学生能够成为思想素质好、业务素质高、综合能力突出的动画类职业师资力量。

### （三）毕业要求

通过专业学习，学生应能贯彻党的教育方针，具有正确的世界观，人生观与价值观，自觉践行社会主义核心价值观，以立德树人为己任，具有坚定的教师职业信念和高尚的师德修养，热爱教育事业，树立质量、服务、责任和创新意识。系统掌握动画学科基本理论和专业技能。了解影视、动画、传播等基本流程；具备解决动画、数字影视制作、艺术短片创作与相关教学实践等实际问题的基本能力。在教育实践中，能够依据学校的教学标准，针对学生认知特点，运用教育知识和动画技能，进行教学设计、实施和评价，具备初步的教学能力和教学研究能力。具有终身学习与发展意识，能根据专业领域和教育理念的新变化不断优化知识结构，以适应时代和教育发展的需求。

### （四）核心课程情况

本专业核心课程设置全面，旨在培养学生的综合能力。核心课程包括：定格动画、动画运动规律、联合创作研究、原动画设计与二维动画、三维动画、影视特效、动画选题设计研究等课程，涉及专业理论、专业实践、实习等方面。其中，定格动画课程让学生掌握传统动画技术，通过逐帧拍摄静态物体创造生动效果；动画运动规律课程则深入研究动画中物体运动的原理与规律，使学生能准确表现角色的动态特征。联合创作研究课程鼓励学生团队合作，培养协作与沟通能力。原动画设计与二维动画课程是二维动画制作的基础。三维动画课程则引入先进的三维动画技术，教授学生使用专业软件进行三维建模、动画及渲染。这些核心课程相辅相成，共同构建了完整的动画教育体系。

### （五）教学团队

团队始终坚持贯彻习近平总书记关于教育的重要论述，全面贯彻党的教育方针。我专业共有在职教师 7 人，其中教授 1 名、副教授 2 名、在读博士 3 名，近 5 年获得教学成果奖教师 2 名、国家级教学竞赛二等奖 1 名、自治区教学竞赛一等奖 1 名、校级教学竞赛一等奖 2 名、二等奖 5 名。近三年指导和培养学生参加包括全国动漫美展和国际动漫节等各类专业类竞赛 100 余次，多次获得一等奖、评委会特别奖、民族文化贡献奖等。

科研方面，我专业教师团队近 5 年获得国家级项目 3 项、协同育人项目 4 项、省级项目 20 余项、校级项目 20 余项，为以科研促教学、以科研指导教学定位改革提供了坚实的基础。

## 三、以定格动画为例的思政融汇教学实践方式梳理

### （一）课程思政目标、架构思想及实施设想

◆ **课程思政目标**

为党育人、为国育才是课程思政的总目标，高校在引导学生正确的价值意识以及理想信念上起着重要的作用，在培养学生的过程中育人育才相统一，通过知识与能力培养的升华来塑造学生的品格，使学生明白学习知识与能力掌握的过程就是追求真善美的过程。

通过课程的开展，旨在进一步探索课程思政与艺术创作的融合实践，为学生德艺双修提供更有效的培养模式，发挥艺术设计专业的宣传作用，同时深化艺术创作主题的选题与思考，让学生在创作实践中体会课程思政的潜移默化的滋养，探究课程思政与艺术创作课程的德艺融合实践，明确如何将德育与艺术创作相结合，培养学生在艺术实践中的思政学习与思政反思能力，提高其综合素养的同时，使作品的发布与播出为受众发挥出重要的主题教育功能。

◆ **课程思政架构思想及实施设想**

本课程围绕我校设计学院"课程思政"的育人现状及建设路径这一主题，分为三个部分进行实施。

第一，系统深入地剖析高校"课程思政"的概念、目标与要求，通过对"课程

思政"内涵的深刻理解，梳理并阐述艺术院校"课程思政"建设的内容与特征，提供艺术院校课程思政的理论指导与学科支撑。

第二，分析课程思政与艺术创作的内在联系。通过文献研究和案例分析，探索课程思政与艺术创作的共性与差异，并明确二者之间的内在联系。

第三，构建德艺融合实践的教学模式。首先，在实际教学中，结合德育和艺术创作的特点，探索并构建适合德艺融合的教学模式，提高学生的思政能力和艺术创作水平。在艺术作品中、在艺术家创作的爱国情怀中挖掘艺术专业课程的思想价值和精神内涵，使思政教育如水中之盐，行不言之教。其次，把第一课堂与第二课堂结合起来，在大课堂和实践中体现育人价值，使艺术教育与思想政治教育同向同行、专业技能与价值塑造互通共融。

第四，实施德艺融合实践方案并评估成效。在一定时间内，实施设计好的德艺融合实践方案，并对学生的思政能力和艺术创作水平进行评估，以验证实践方案的有效性和可行性。

教育的根本任务是立德树人，关系到"培养什么人、怎样培养人、为谁培养人"这一根本问题，课程思政在这一大背景下应运而生。自此，课程思政与思政课程共同承担起了全员、全过程、全方位育人的重任。培养大学生社会主义核心价值观，树立正确的世界观、人生观、价值观，仅靠每周两节的思政课程是力所不及的，需要各专业课程的协同教育。因为学生学习时间的80%用于专业课，专业教师以及专业课在高校中占到80%，深入挖掘专业课程中所蕴含的思政教育资源，将专业教育与思政教育紧密结合起来，隐性思政教育与显性思政教育融合起来，育人育才统一起来，立德树人的重任才能落到实处。艺术院校是以艺术教育为主要内容，以培养优秀艺术人才为主要任务，它承担着以美化人、以美育人的使命。艺术院校在课程思政建设方面有其自身的独特性，艺术专业的特殊性使得课程育人的方式更贴近学生的生活实际，用艺术的美、艺术的力量立德树人，可以获得润物细无声的效果。

### （二）动画创作中思政主题的选取和融入

**1. 在艺术作品中挖掘思政元素**

◆ 案例分析

艺术是历史的呈现，作品则代表了当时的时代背景、特征，对它的思维方式、精神文化的了解和把握是我们进行学习和艺术创作过程中不可或缺的。各类艺术的形式所呈现出来的文化符号，都会通过作品记录历史信息和时代背景，不同时期的经典作品都可以成为了解中华优秀传统文化和精神品质的参照，通过经典的作品和丰富多彩的艺术形式使学生了解艺术发展的光辉历程，从而增强学生的文化自信。

在动画创作课程中，教师选取了一幅基于宋代名画进行现代二次创作的《新千里江山图》作为教学案例。这幅作品以其宏大的场景、细腻的笔触和丰富的色彩，展现了北宋时期的山水风光与宫廷生活，蕴含了深厚的历史文化价值。通过引导学生深入分析画作的构图、色彩运用、人物活动及背后的社会文化背景，学生们不仅感受到了艺术之美，还深刻体会到了那个时代与现代中国对比的社会风貌、人民生活以及中华文化的博大精深。

图1 动画（《新千里江山图》剧照）来源于央视频

◆知识点定位

此案例涉及艺术史、文化学、美学等多个学科领域，知识点定位在动画创作的"艺术赏析"，重点在于理解艺术作品作为历史文化的载体，如何传达特定时期的社会价值观、精神追求及审美倾向。

◆ **主要内容**

艺术与历史的关系：解析《新千里江山图》如何反映现代对应北宋时期的经济繁荣、文化昌盛及艺术发展。

文化符号的解读：探讨画作中的山水、建筑、服饰等元素所承载的文化意义，以及它们如何成为了解中华优秀传统文化的窗口。

文化自信的培养：通过对比不同时期的艺术作品，引导学生认识到中华优秀传统文化的连续性和创新性，增强文化自信。

◆ **教学手段和方法**

多媒体辅助教学：利用数字技术对《新千里江山图》进行高清展示，结合音频解说和视频资料，让学生全方位感受作品魅力。

小组讨论：组织学生分组讨论画作中的思政元素，如爱国情怀、自然和谐观等，并鼓励提出个人见解。

创作实践：引导学生以《新千里江山图》为灵感来源，创作具有现代视角的动画短片，融入思政主题。

◆ **对应思政点**

文化自信：通过了解和学习中华优秀传统文化，增强学生的文化自信和民族自豪感。

历史观教育：引导学生树立正确的历史观，认识到每个历史时期都有其独特的价值和贡献。

爱国情怀：从艺术作品中提炼爱国情怀，激发学生的爱国热情和社会责任感。

2. 以传统文化为切入点的"思政+艺术"

◆ **案例分析**

在动画设计专业的课程中，特别设计了一个以"传统文化数字活化"为主题的项目，旨在通过新媒体技术将中国传统文化的精髓融入动画创作中。学生被分为若干小组，每组选择一个具有代表性的传统文化元素（如非遗传统技艺、书法、民间传说、皮影戏等），运用现代动画技术和数字媒体工具进行再创作，力求实现传统文化的现代化转化和数字化呈现。项目过程中，学生需深入研究所选元素的历史背景、文化内涵和艺术特征，同时结合现代审美和观众需求，创作出既保留传统韵味又具创新性的动画作品。

◆知识点定位

本案例涉及的知识点主要包括：传统文化学、数字媒体艺术、动画设计与制作、文化创新与传承等。通过知识点定位与课程中的"传统文化数字化"跨学科的融合，学生不仅能够掌握动画制作的技能，还能深入理解传统文化的价值，探索其在现代社会的应用与传承方式。

图2　定格动画（《烧麦的传说》剧照）来源于内蒙古师范大学设计学院

图3　定格动画（《捶打麻油传统营造技艺》剧照）来源于内蒙古师范大学设计学院

◆主要内容

传统文化元素的挖掘与选择：本次选取案例为《捶打麻油传统营造技艺》《烧麦的传说》，学生需广泛调研，选择具有代表性且适合动画表现的传统文化元素。

历史文化背景的研究：深入了解所选元素的历史渊源、文化内涵和象征意义，为创作提供丰富的素材和灵感。

数字化设计与活化：运用数字媒体技术，对传统文化元素进行再创造和动态化设计，如3D建模、定格动画、特效制作等。

故事构建与情节设计：结合传统文化元素，构思具有吸引力的故事情节，使动画作品既具有观赏性又富含教育意义。

思政教育的融入：在创作中融入家国情怀、民族精神、文化自信等思政元素，使作品成为传播正能量、弘扬主旋律的载体。

◆ **教学手段和方法**

项目式学习：以项目为驱动，让学生在实践中学习和成长。

小组合作：促进学生之间的交流与协作，共同完成任务。

专家讲座与指导：邀请传统文化学者、动画艺术家等专家举办讲座和指导，提升学生的专业素养和创作能力。

实地考察与调研：组织学生参观博物馆、文化遗址等地，亲身体验传统文化的魅力。

数字化工具应用：教授学生使用各类数字媒体工具和动画软件，如Maya、Cinema 4D、Adobe After Effects等。

◆ **对应思政点**

文化自信：通过深入学习和研究传统文化，增强学生的文化自信和民族自豪感。

文化传承与创新：引导学生认识到传统文化在现代社会的重要性和创新发展的必要性，培养文化自觉和创新能力。

家国情怀：在创作中融入家国情怀元素，激发学生的爱国热情和社会责任感。

社会主义核心价值观：通过动画作品传递正能量和主流价值观，引导学生树立正确的世界观、人生观和价值观。

## （三）构建德艺融合实践的教学模式与方法实践

### 1. 思政与艺术相结合激发的创作意识

◆ **案例分析**

在动画创作的课程中，我们精心设计并合理地融入了思政教育元素，特别是将中国传统艺术元素、历史故事及文化符号作为创作主题和灵感来源。课程不再仅仅聚焦于动画技巧的传授，而是鼓励学生深入探索中国传统文化，理解其背后的历史意义、哲学思想和美学价值，从而激发学生的创作热情和深度思考。通过这一方式，学生逐渐从单纯追求形式美感的创作转向更加注重作品内涵和文化底蕴的表达，使学生的艺术创作从以形式为导向转向以内容为导向，并从课程的思政元素中汲取创作的灵感，更好地解决了学生创作过程中灵感枯竭的窘境。

图4　定格动画（《国家的孩子》剧照）来源于内蒙古师范大学设计学院

◆知识点定位

本案例涉及的知识点包括：中国传统文化、艺术史论、艺术创作方法论、思政教育理论等。知识点定位于课程中"剧本创作的核心思路与意义"，通过跨学科的知识融合，学生不仅掌握了艺术创作的技能，还深化了对中国传统文化的理解和认同，实现了思政教育与艺术教育的有机结合。

◆主要内容

传统文化元素的挖掘：教师引导学生系统学习中国传统图像、历史故事、文化符号等，理解其背后的文化内涵和象征意义。

创作主题的设定：鼓励学生以传统文化元素为创作主题，通过绘画作品表达自己对传统文化的理解和感悟。

创作过程的指导：教师在创作过程中给予学生必要的指导和支持，引导学生如何将思政元素融入艺术创作中，使作品既具有艺术美感又富含思想深度。

作品展示与交流：组织作品展示会，让学生分享自己的创作心得和感悟，促进同学之间的交流和启发。

◆ **教学手段和方法**

理论与实践相结合：通过课堂讲授、案例分析、实地考察等多种方式，让学生全面了解中国传统文化的精髓。

创作引导与启发：采用启发式教学方法，激发学生的创作灵感和想象力，鼓励学生大胆尝试和创新。

作品反馈与改进：建立有效的作品反馈机制，让学生及时了解自己在创作过程中的优点和不足，促进作品的不断完善。

团队合作与分享：鼓励学生进行团队合作，共同完成创作任务，并在作品展示会上分享自己的创作成果和心得。

◆ **对应思政点**

文化自信：通过学习和创作传统文化元素，增强学生的文化自信和民族自豪感，激发他们对中华优秀传统文化的热爱和传承意识。

家国情怀：在创作中融入家国情怀元素，引导学生关注国家命运和民族发展，培养他们的爱国情感和社会责任感。

创新精神：鼓励学生在创作中勇于尝试和创新，培养他们的创新思维和实践能力，为文化传承和发展贡献自己的力量。

艺术素养与人文素养的融合：通过思政与艺术的结合，提升学生的艺术素养和人文素养，使他们成为既有艺术才华又有社会责任感的高素质人才。

2. 思政与艺术相结合的育人理念

◆ **案例分析**

作为艺术类专业课程的思政教育，需要遵循艺术生个性化的特点以及艺术创作的特殊性，将思政教育有机融入艺术专业教学与创作实践中，通过美育的途径挖掘思政资源，实现思政与艺术的深度融合。学院通过一系列创新的教学活动和项目，不仅提升了学生的艺术素养，还增强了他们的社会责任感、文化自信和家国情怀，将思政教育与艺术创作实践有效衔接，活化思政教育，同时也能使艺术创作更有深度。

图 5　定格动画（《炙热的钢铁青春》剧照）来源于内蒙古师范大学设计学院

◆ 知识点定位

本案例涉及的知识点包括：思政教育理论、艺术教育与美育、个性化教学、跨学科融合等。知识点定位于课程中的"思政与艺术育人"理念，通过思政与艺术的有机结合，学生能够在掌握专业技能的同时，深化对思政教育的理解和认同，实现全面发展。

◆ 主要内容

思政与艺术课程的整合：学院对现有课程体系进行调整和优化，将思政元素融入艺术专业课程中，如通过艺术作品分析、创作主题设定等方式，引导学生关注社会现实、思考人生价值。

个性化教学方案的制定：针对艺术生的个性化特点，学院实施差异化教学策略，为每位学生量身定制思政与艺术相结合的学习计划，激发他们的学习兴趣和创作动力。

实践项目的开展：学院组织了一系列以思政为主题的艺术创作实践项目，如"红色记忆"主题绘画展、"传统文化与现代设计"融合创新大赛等，让学生在实践中感受思政教育的力量，提升艺术创作的深度和广度。

思政与艺术融合的校园文化营造：学院通过举办讲座、展览、研讨会等形式多样的活动，营造浓厚的思政与艺术相结合的校园文化氛围，引导学生树立正确的世界观、人生观和价值观。

◆**教学手段和方法**

案例教学：选取具有思政意义的艺术作品作为案例，引导学生进行分析和讨论，理解作品背后的思政内涵和艺术价值。

项目式学习：通过设定具体的思政主题创作项目，让学生在实践中探索如何将思政元素融入艺术创作中。

翻转课堂：利用现代信息技术手段，实现课堂内外教学翻转，让学生在课外自主学习思政知识，课堂上则进行深入的交流和创作实践。

多元化评价：建立多元化的评价体系，不仅关注学生的艺术创作成果，还重视他们在思政学习过程中的表现和成长。

◆**对应思政点**

文化自信：通过深入挖掘和传承中华优秀传统文化，增强学生的文化自信和民族自豪感。

家国情怀：引导学生关注国家发展和社会进步，培养他们的爱国情感和社会责任感。

创新思维：鼓励学生在艺术创作中勇于尝试和创新，培养他们的创新意识和实践能力。

人文素养：通过思政与艺术的融合教育，提升学生的人文素养和综合素质，使他们成为既有艺术才华又有社会责任感的高素质人才。

3.思政与艺术相结合的路径探索

◆**案例分析**

构建针对课程思政与艺术创作的德艺融合教学模式，并进行实验性实践，让思政育人深入艺术教育课程中。首先，专业教师应该把握好"课程思政"定位。专业课教师应该有一种内生的动力，把学生的思政教育主动融合在课程本身内容的价值中，达到全面提升专业教师的育人能力的目标。其次，在对学生主题创作实践的引导上，围绕课程思政的核心主题，让学生在实践中深入了解思政主题，学习并深入挖掘思政核心，并创作出具有育人意义的艺术作品，让学生在做中学、学中悟，达到过程育人和成果育人的双赢模式。

◆ **知识点定位**

本案例涉及的知识点主要包括：课程思政理论、艺术教育理论、德艺融合教学模式、实践教学策略等。知识点定位于课程中的"思政育人教学路径探索"，通过这些知识点的综合运用，探索出一条思政与艺术相结合的有效路径。

◆ **主要内容**

教师角色的转变：专业教师需明确"课程思政"的定位，将思政教育视为自身教学的重要组成部分，而非额外负担。通过不断学习和提升，将思政教育自然而然地融入专业课教学内容中，实现知识传授与价值引领的双重目标。

德艺融合教学模式的构建：学校构建了德艺融合的教学模式，强调在艺术创作过程中融入思政元素，使艺术作品不仅具有审美价值，还蕴含深刻的思想内涵和教育意义。通过这种模式，学生能够在艺术创作中深化对思政主题的理解，提升作品的思想性和艺术性。

主题创作实践的引导：围绕课程思政的核心主题，学校设计了一系列主题创作实践活动。通过实践活动，引导学生深入了解思政主题，挖掘思政核心，将所学思政知识转化为艺术创作的灵感和素材。同时，鼓励学生发挥想象力和创造力，创作出具有育人意义的艺术作品。

过程育人与成果育人的双赢：在主题创作实践过程中，学校注重过程育人与成果育人的有机结合。通过教师的悉心指导和学生的积极参与，使学生在创作过程中不断反思、学习和成长；同时，通过展示和评价学生的艺术作品，肯定他们的创作成果和进步，激发他们的创作热情和自信心。

◆ **教学手段和方法**

案例教学：选取具有思政意义的艺术作品作为案例进行分析和讨论，引导学生理解作品背后的思政内涵和艺术价值。

项目式学习：围绕课程思政的核心主题设计创作项目，让学生在实践中探索如何将思政元素融入艺术创作中。

翻转课堂：利用现代信息技术手段实现课堂内外教学翻转，让学生在课外自主学习思政知识和创作技巧，课堂上则进行深入的创作实践和交流分享。

多元化评价：建立多元化的评价体系，不仅关注学生的艺术创作成果和思政表现，还重视他们在创作过程中的学习态度和团队合作精神等方面的评价。

◆ **对应思政点**

**价值引领**：通过德艺融合的教学模式和主题创作实践活动，引导学生树立正确的世界观、人生观和价值观，培养他们的社会责任感和使命感。

**文化自信**：深入挖掘和传承中华优秀传统文化等思政元素，增强学生的文化自信和民族自豪感。

**实践育人**：注重在创作实践中培养学生的实践能力和创新精神，使他们成为既有艺术才华又有实践经验的复合型人才。

**人文关怀**：通过关注学生的个性化需求和发展特点，实施差异化教学策略和人文关怀措施，促进学生的全面发展和健康成长。

4. 评估成效——以思政内涵主题动画创作实践为例

◆ **案例分析**

在我院的思政与艺术融合教学实践中，特别聚焦于思政内涵主题动画创作实践。为了全面评估这一实践对学生思政能力和艺术创作水平的提升效果，学院采用了问卷调查、动画作品评比等多种评估方式，深入分析实践方案的有效性和可行性，以及思政内涵在动画创作中的体现程度。

◆ **知识点定位**

本案例涉及的知识点涵盖了思政教育理论、动画制作技术、艺术创作评价标准，以及教育评估方法论等。知识点定位于课程中的"思政动画创作实践"，它强调了如何将思政内涵有效融入动画创作，并通过评估验证其教育成效。

◆ **主要内容**

**思政内涵主题动画创作**：学院设定了一系列具有深刻思政内涵的创作主题，如"红色记忆""传统文化传承"等，引导学生围绕这些主题进行动画创作。通过创作过程，学生不仅掌握了动画制作技术，还深入理解了思政主题背后的意义和价值。

**问卷调查与反馈**：学院设计并发放了针对思政内涵主题动画创作实践的问卷调查，收集学生对创作过程、思政认知提升，以及艺术创作感受等方面的反馈。问卷结果反映了学生对该实践模式的认可度和满意度，以及他们在思政素养和艺术创作能力上的成长。

**动画作品评比**：学院组织专家团队和学生代表对提交的动画作品进行评比。评比标准不仅涵盖了动画的视觉效果、叙事能力、创新性等技术层面，还特别强调了作品中思政内涵体现的深度。通过评比，选拔出了一批既具有艺术价值又富含思政元素的优秀作品。

成效分析：结合问卷调查和动画作品评比的结果，学院对思政内涵主题动画创作实践的有效性和可行性进行了深入分析。评估结果显示，该实践不仅显著提升了学生的艺术创作水平和动画制作技术，更重要的是，它有效促进了学生思政素养的提升，使他们在创作中深刻理解和传达了思政主题的核心价值。

◆ 教学手段和方法

项目式学习：通过设定思政内涵主题动画创作项目，引导学生在实践中学习和探索，实现做中学、学中悟。

多元化评价：采用问卷调查、作品评比等多种评价方式，从多个维度全面评估学生的创作成果和成长变化。

反馈循环：建立有效的反馈机制，及时收集和处理学生的意见和建议，用于后续的教学改进和优化。

◆ 对应思政点

价值引领：通过思政内涵主题动画创作实践，引导学生树立正确的世界观、人生观和价值观，培养他们的社会责任感和使命感。

文化自信：在动画创作中融入中华优秀传统文化等思政元素，增强学生的文化自信和民族自豪感。

实践育人：通过实践创作的方式，让学生在动手实践中深化对思政主题的理解，实现思政教育与艺术创作的深度融合。

创新思维：鼓励学生在动画创作中发挥想象力和创造力，探索新的表现形式和叙事手法，将思政内涵以新颖、生动的方式呈现出来。

# 科学教育专业核心课程思政案例

**科学技术史研究院　吕清琦**[①]

项目名称：科学技术史课程思政分析与研究　项目号：2023kcszzx23958

## 一、专业名称：科学教育专业

## 二、专业介绍

### （一）专业简介

科学教育是提升国家科技竞争力、培养创新人才、提高全民科学素质的重要基础。科学教育专业是科学技术史研究院 2023 年新增设的本科专业，科学技术史研究院 1956 年由著名科技史家李迪先生开创。研究院现有博士后流动站，科学技术史博士、硕士学位点，科学教育专业硕士点等。2022 年中国科技史教师团队入选第二批"全国高校黄大年式教师团队"，是全国科学技术史学科唯一入选团队。

科学教育专业培养具有良好的职业道德和文化素质，掌握科学的基本知识、方法、思维和精神，科学素养和教师专业素养高度整合，适应国家科技创新教育发展的人才需求，能在义务教育阶段从事"科学"课程教学与研究工作，以及在教育科研部门、公共事业单位从事基础科学教学研究和科学普及与管理的高素质复合型应用型人才。

### （二）培养目标

科学教育专业立足内蒙古自治区，面向全国，培养践行社会主义核心价值观，

---

[①] 吕清琦，科学技术史研究院讲师，科学教育与科学传播系负责人。主要从事科学技术史、科学教育等研究工作。讲授科学技术史、传统工艺等课程。

具有高尚的师德修养、深厚的教育情怀，扎实的科学知识、方法和理念，先进的教育理念与教育技术，具有终身学习能力和实践能力，能胜任义务教育阶段科学课程教学与研究工作的高素质专业化创新型人才，能够在五年的实践中成长为义务教育阶段科学课程骨干教师，服务于基础教育改革与发展。

## （三）毕业要求

学生应具备正确的政治方向、坚定信念、社会主义核心价值观、社会责任感、国际视野和道德意识。他们应树立正确的世界观、人生观、价值观，具备科学精神和人文情怀。通过系统学习，学生应掌握自然科学、数学、社会科学和人文学科知识，了解科学教育动态和前沿问题，具备科普能力、外语能力和信息处理技能。他们还应具备科学教育研究、教学、演讲、辩论、写作能力，熟练使用计算机，并能运用所学知识解决教育问题和进行科研创新。

## （四）核心课程情况

本专业核心课程包括高等数学、科学技术史、大学物理、大学物理实验、无机及分析化学、无机及分析化学实验、有机化学、有机化学实验、普通生物学、普通生物实验、地球概论、环境科学概论、工程与技术概论、科学哲学导论、中学教育心理学、教育学、教育研究方法、中外教育史、科学课程与教学论、科学课程标准与教材研究、科学教学设计、现代教育技术应用、STEM课程设计与创客教育等。

## （五）教学团队

团队始终坚持贯彻习近平总书记关于教育的重要论述，全面贯彻党的教育方针，2022年学院教师入选第二批"全国高校黄大年式教师团队"。学院专任教师24人、教授9人参与科学教育专业教育教学，专任教师中50岁以下占比87%，获得博士学位占比100%。

## 三、以科学技术史课程为例的思政元素梳理

科学技术史课程是文理兼通融合的课程，课程的主要内容如下：

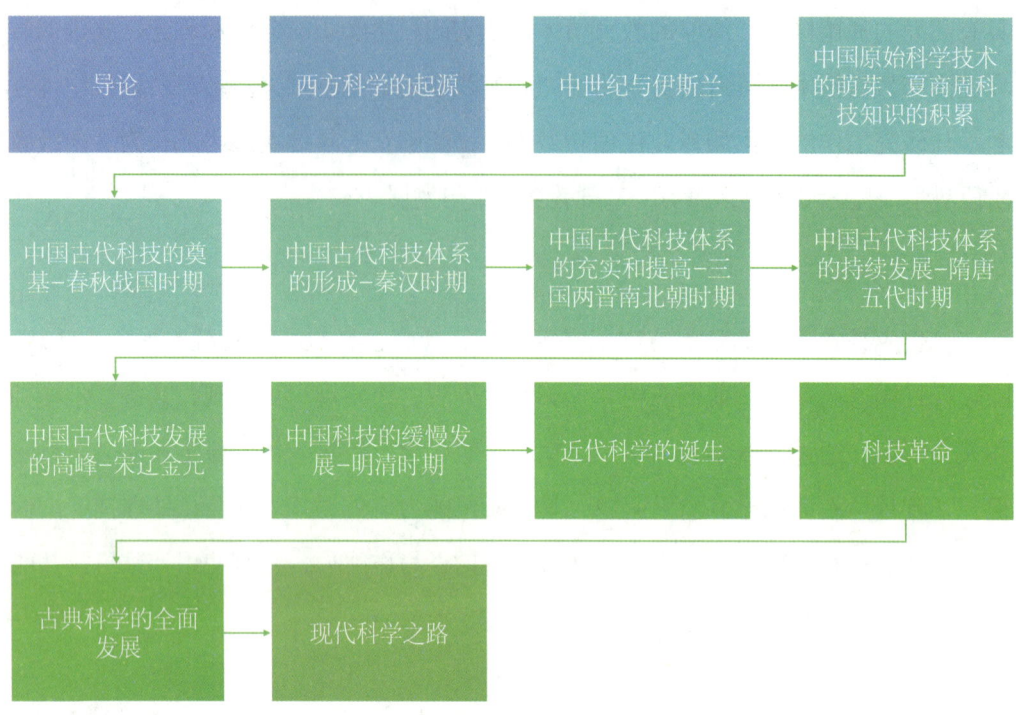

图 1　科学技术史课程主要内容

本课程旨在帮助学生理解和掌握马克思主义的世界观与方法论，深入理解习近平新时代中国特色社会主义思想。课程通过专业知识，引导学生理解社会主义核心价值观，弘扬中华优秀传统文化、革命文化、社会主义先进文化，并结合马克思主义教育与科学精神培养，提升学生的问题认识、分析和解决能力。同时，注重科学思维和伦理教育，培养学生的探索精神和追求真理的责任感。

根据2020年教育部印发《高等学校课程思政建设指导纲要》，在此基础上凝练了科学技术史的课程思政元素如下：

思政元素1：训练科学思维，形成科学伦理。

思政元素2：塑造师德师风，厚植传道情怀。

思政元素3：阐述科技知识，理解科学方法。

思政元素4：培养科学精神，根植创新精神。

思政元素5：传承科技遗产，增强民族自信心。

在"科学技术史"课程中，思政元素通过导向、渗透和激励作用于教学活动。导向作用确保学生在学习中保持正确的政治方向和价值取向，培养符合社会主义核心价值观的人才。渗透作用使学生在学习专业知识的同时接受思政教育，实现知识传授与价值引领的结合。激励作用激发学生的爱国热情和社会责任感，提高学习动力，促进全面发展。主要通过以下几个方面支撑毕业要求：

通过思想政治教育，培养学生的道德、政治和社会责任感，融入学科素养中提升综合素质和教育实效。通过科学技术史的讲述，引导学生思考发展道路，培养爱国情怀和社会责任感。教师在传授知识时，注重培养学生的思维、情感和价值观，帮助他们形成正确的世界观、人生观和价值观。

综合育人中融入国家观念、社会主义核心价值观、历史文化传承和创新精神等思政元素，引导学生建立正确的世界观、人生观和价值观，培养爱国情感和民族自豪感，塑造有担当、有责任、有情怀的新时代青年。思政教育帮助学生认识社会成员的责任和义务，促进健康人格和良好道德品质的形成。

思政元素在教育中扮演关键角色，引导学生建立正确价值观，通过反思纠正偏差。它们还促进批判性思维的发展，帮助学生独立思考和辨别真伪。此外，思政元素有助于提升学生的团队协作和沟通技能，使他们能更有效地与他人合作。

### （一）训练科学思维，形成科学伦理

◆ 案例分析

科学教育不仅能帮助学生建立正确的世界观、人生观和价值观，培养他们的创新精神和实践能力，还能播撒科学种子，激发青少年的好奇心和想象力，培养具备科学家潜质、愿意献身科学研究事业的青少年群体。

1. 培养学生用科学思维方法客观、理性地看待中西方科学、技术发展的相关问题。通过科学故事和科学家精神培养学生的观察力和实验精神。同时培养批判性思维和创新能力，敢于挑战传统观念，提出新的理论和方法。

2. 培养学生尊重生命和尊重自然的精神，在进行科学研究和技术应用的同时应当尊重生命和尊重自然，推动绿色、可持续的发展方式。

3. 提高对科学技术的客观认识和理解。让学生认识到科学技术虽然给人类带来了巨大的福祉，但同时也带来了一些风险和挑战，要用审慎和负责任的态度对待科学研究和技术应用，才能使科学研究和技术为人类的进步和发展作出更大的贡献。

◆ 知识点定位

本课程第 11 章《近代科学的起源》中，涉及近代西方科学的诞生、发展的原因和进程。文艺复兴，宗教改革与人的解放，地理大发现中哥伦布、达·伽马、麦哲

伦的成就等都无可争辩地证明了地圆学说的正确，纠正了统治欧洲几千年的古希腊托勒密宇宙体系，还设立了国际日期变更线，这些都为近代科学革命提供了优良的心理氛围和精神动力。技术的发展和经济的需要，让人们认识到科学的独立性和重要性，科学不再仅仅是为神学和哲学服务的工具，而是成为一门有着自身特色的，需要独立发展、自由探索的学科。

◆ 主要内容

1. 天文学革命

（1）哥白尼写出了天文学史上的伟大著作《天球运行论》，系统论述了他的日心地动学说。1543年正式出版。

（2）布鲁诺坚持日心说，为真理献出生命。

（3）第谷是最后一位也是最伟大的一位用肉眼观测天象的天文学家。

（4）开普勒：1618年开普勒出版《哥白尼天文学概论》，开普勒成了"天空立法者"。开普勒定律中椭圆的引入给希腊古典天文学画上了句号。椭圆代替正圆是宇宙学史上划时代的事件。

2. 新物理学的诞生

（1）伽利略被称为"观测天文学之父""现代物理学之父""科学方法之父""现代科学之父"。在《星界的报告》中伽利略发现了月亮上的山脉和火山口，伽利略还发现了新宇宙。1612年伽利略用望远镜发现了太阳黑子。1624至1630年间，伽利略写作他的著作《关于托勒密和哥白尼两大世界体系的对话》。1634年至1637年间，他致力于撰写著作《两门新科学》。

（2）吉尔伯特1600年出版的《论磁》，发现磁倾角。

（3）真空问题：托里拆利、帕斯卡、盖里克与波义耳。

（4）胡克：弹性定律，在使用显微镜的过程中提出了光的波动说。

（5）惠更斯：望远镜里的新发现，土星的一颗卫星（泰坦）和土星的光环，于1656年造出了人类历史上第一架摆钟。波动理论可以解释光的折射现象。

3. 从炼金术到化学

（1）帕拉塞尔苏斯：引进矿物作为药物。

（2）阿格里科拉：1556年出版《论金属》。

（3）赫尔蒙特：提出"气体"的概念，做了柳树实验。

（4）波义耳：1661年，波义耳出版著作《怀疑的化学家》，化学被看成一门理论科学。

4.近代生命科学的肇始

（1）1543年，维萨留斯出版了伟大著作《论人体构造》。

（2）血液循环的发现：塞尔维特、法布里修斯和哈维。

（3）显微镜下的新世界：马尔比基、列文虎克、胡克和斯旺麦丹。

（4）1723年，列文虎克被称为"原生动物学之父""微生物学创造者"。

（5）胡克首创了"细胞"（cell）一词。

◆教学手段和方法

讨论展示法：通过对物理、化学、生物等不同学科的科学革命历史的认识和研究，探究近代科学如何摆脱古代自然哲学和神学影响，进而快速产生和发展的原因、动力等问题。这种教学方法能充分调动学生的参与性和创造性思维，加深对科学精神和科学思维的理解，培养学生的表达能力和自信心。

情境模拟法：带领学生去科技馆、博物馆，在相关展品的情景影响下，让学生身临其境地感受科学与技术的魅力，增强学习体验。

◆对应思政点

1.通过学习哥白尼、布鲁诺等科学家对真理的客观追求的历史，培养学生坚持真理的科学精神。

2.通过对伽利略、波义耳、拉马克等科学家在天文学、化学、生物学上的贡献和成就，培养学生实验精神和尊重生命、尊重自然的态度，推动绿色、科学、可持续的发展方式。

3.提高对科学技术的客观认识和理解。让学生认识到科技进步虽然给人类生活带来巨大变革，但同时也造成了生态环境的问题，要用审慎和负责任的态度对待科学研究和技术应用，才能使科学研究和技术为人类的进步和发展作出更大的贡献。

（二）塑造师德师风，厚植传道情怀

塑造良好的师德师风，通过以身作则和对科学探索求真精神的追求，培养学生的社会责任感和职业道德，让学生认识到社会责任和职业使命，从而促进科学教育专业的健康发展。

厚植传道情怀，在传授知识、技能的同时，注重培养学生的思想、情感和价值观，关注学生的内心世界和成长需求，在教学中融入人文关怀和情感交流，帮助学生树立正确的世界观、人生观和价值观。

◆ 案例分析

习近平总书记在《加强文化遗产保护传承 弘扬中华优秀传统文化》一文中强调，中华文明源远流长，从未中断，塑造了我们伟大的民族。文物和文化遗产承载着中华民族的基因和血脉，是不可再生、不可替代的中华优秀文明资源。不仅属于我们这一代人，也属于子孙万代。要认真贯彻落实党中央坚持保护第一、加强管理、挖掘价值、有效利用、让文物活起来的工作要求，全面提升文物保护利用和文化遗产保护传承水平。

◆ 知识点定位

通过深入学习本课第八章《古代科学技术发展的高峰宋辽金元》，我们可以更加深刻地理解让文物说话，让历史说话，让文化说话。系统梳理传统文化资源，让收藏在禁宫里的文物、陈列在广阔大地上的遗产、书写在古籍里的文字都活起来，加强文物保护利用和文化遗产保护传承，提高文物研究阐释和展示传播水平。深入挖掘、继承、创新优秀传统乡土文化，让我国历史悠久的农耕文明在新时代展现其魅力和风采，营造传承中华文明的浓厚社会氛围，教育引导群众特别是青少年更好地认识和认同中华文明，增强做中国人的志气、骨气、底气。中国是有着世界上最古老历史和文化的国家之一，中华文明历来赞赏不同文明间的相互理解和尊重，要加强同全球各地的文化交流，共同推动文化繁荣发展、文化遗产保护、文明交流互鉴。

◆ 主要内容

1. 宋代技术成就

（1）沈括提到了磁针的四种装置方法，"水浮"，置"指爪及碗唇上"以及"缕悬"。

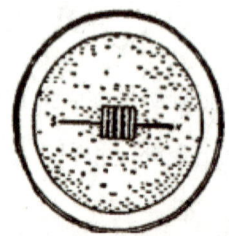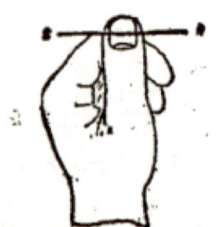

图2 磁针的四种装置方法

（2）指南针的应用，开辟新航线，缩短了航程，加速了航运，加快了各国人民之间的文化交流与贸易往来。指南针的发明和应用是我国人民对于人类的重大贡献之一。

（3）印刷术的进步：早在元顺帝至元六年（1340年），《金刚经》已用朱墨两色套印。

（4）据《梦溪笔谈》卷18记载，宋仁宗庆历年间(1041—1048年)，平民毕昇创造了活字印刷术。

2. 沈括及其科技成就

（1）沈括《梦溪笔谈》，书中关于科学技术的条目占三分之一以上，内容涉及数学、天文历法、地理、地质、气象、物理、化学、冶金、兵器、水利、建筑、动植物及医药等领域。其中有对当时科学技术成就的十分珍贵的真实记录，如喻皓的《木经》、毕昇的活字印刷、冷锻猴子甲和灌钢技术、磁针装置四法、水法炼铜法等。

（2）在天文历法方面，沈括有很深的造诣。注重观测的思想贯穿于他的天文研究活动中，于1074年修成了奉元历。

（3）沈括坚持了"月本无光""日耀之乃光耳"的科学认识。

（4）在数学方面，沈括研究的课题有"隙积术"和"会圆术"等。

（5）他发现了磁针"常微偏东，不全南也"的现象，这是关于磁偏角的最早记载。

（6）沈括又曾做过用纸人进行共振现象的实验。

（7）地学方面沈括提出了流水侵蚀作用的自然成因说，以泥沙的淤积作用正确地解释了华北平原的成因。曾用木屑、面糊堆捏地形，又把它复制成木刻的立体地图。

（8）药物学方面，他根据实物，校正了前人认识上的错误；《苏沈良方》记载了世界上最早的荷尔蒙制剂的制备方法。

3. 农学

（1）《陈旉农书》(《陈敷农书》) 写成于1149年，是现存最早论述南方水稻区域的农业技术和经营的农书。

（2）王祯《农书》是综合了黄河流域旱田耕作和江南水田耕作两方面的生产实

践写成的。"农器图谱"篇幅最多,共附图 306 幅,展示了我国古代农业生产器具方面的卓越成就,后代的农书大多以它为范本。

(3)元代《农桑辑要》7 卷,是我国现存最早的官修农书。

4.天文学

(1)北宋时期,在 1010 年到 1106 年约百年之间,进行过 5 次大规模的恒星位置观测工作,根据观测结果画成了星图——苏州石刻天文图。

(2)1088 年苏颂、韩公廉等人制成水运仪象台。它是一种大型的仪器设备,能用多种形式来反映及观测天体的运行。

5.地学

(1)"华夷图""禹迹图"和"地理图"。

"禹迹图"是目前所见时间最早的地图上有画方。

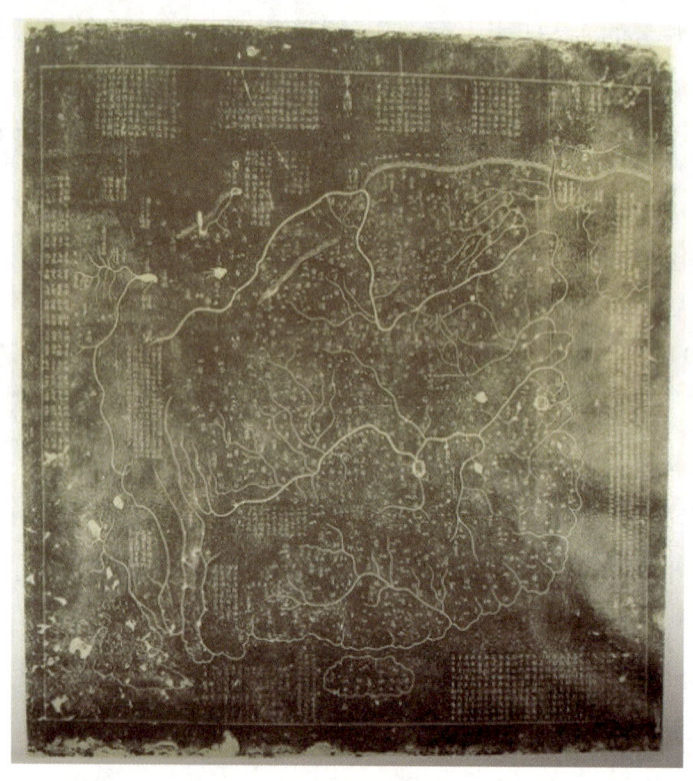

图 3　禹迹图

(2)元代建都大都(今北京)后,在隋代开凿的南北大运河的基础上,截弯取直,凿成京杭大运河,纵贯河北、山东、江苏、浙江四省。由于大运河连接海河、黄河、淮河、长江、钱塘江五条江河,工程非常复杂。

6.医学

（1）《证类本草》本是私人著作，后经宋政府为之整理出版，成为私著官修的本草。

（2）金、元时期的四大医学学派，即"金、元四大家"。刘完素"寒凉派"张从正"攻下派"、李杲"补土派"或"温补派"、朱震亨"养阴派"（或称"滋阴派"）。

（3）儿科著作不断出现，著名的有钱乙的《小儿药证直诀》。

（4）我国历史上第一部有系统的法医学著作——《洗冤录》。

7.其他技术及宋代自然观

（1）李诫，1100年编成《营造法式》，是带有法令性质的专书。

（2）薛景石编写了我国古代著名的木工技术专著——《梓人遗制》。

（3）张载是宋代重要的唯物主义哲学家。他继承和发展了元气的学说，对后世产生了很大的影响。

◆教学手段和方法

**分组式教学**：学生自由组合，根据中国古代的天算农业和技术等科学技术知识加以提问讨论。学生可以现场提问和讨论，增强学习的参与性和创造性，深入思考背后的科学探索精神和人文情怀。

**实践调研**：结合网络资源组织学生参观科学技术史研究院博物馆，对其中的郭守敬等人物的科技发明进一步认识，更好地理解应用相关知识。

◆对应思政点

1.通过对中国古代印刷术、指南针、火药等技术的发明、创造和革新历史进行了解，扎实推动中华优秀传统文化的保护和传承，能让中华文脉绵延赓续、文明薪火代代相传，让历史文脉融入现代生活，使优秀传统文化在春风化雨中润泽人们的心灵，为文化自信提供历史景深，才能更好构筑中华民族共有精神家园。

2.在宋代医学的发展中，强调医学的传承和创新，通过以身作则和对科学探索求真精神的追求，培养学生的社会责任感和职业道德，让学生认识到社会责任和职业使命。

### （三）阐述科技知识，理解科学方法

使学生认识到科技知识是人类长期探索自然、改造自然的过程中积累的智慧结

晶，它包括了各种科学原理、定律、公式、技术以及应用等。从历史唯物主义和辩证思维的角度帮助学生更好地理解自然界的规律。

让学生认识到现代科学知识的诞生与科学方法的建立是密不可分的，科学方法是一种系统的、严谨的、可重复的研究方法，它包括了观察、假设、实验、数据分析等步骤。通过科学方法，我们能够更加客观地认识世界，发现新的科学规律，推动科技进步。

观察是科学方法的起点，通过观察，我们能够收集到大量的、真实的数据和信息，达尔文和华莱士通过对动植物的观察，发现了生物多样性和物种演化等规律。在观察的基础上，科学家会提出假设或者实验性假设。

实验是科学方法的核心。通过实验验证假设的正确性，发现新的科学规律。实验需要严格控制条件，以确保结果的准确性和可重复性。

◆案例分析

本课第十二章《科技革命》，习近平总书记强调"新时代更需要继承发扬以国家民族命运为己任的爱国主义精神，更需要继续发扬以爱国主义为底色的科学家精神"，勉励广大科技工作者"大力弘扬科学家精神，勇攀世界科技高峰，在一些领域实现并跑领跑，为加快建设科技强国、实现科技自立自强作出新的更大贡献"。

◆知识点定位

本课程是理解近代科学的诞生和发展不可缺少的部分。通过在技术、化学、生物等领域中利用实验方法取得的进步，通过定量、定性实验相结合的方式重新探讨物质世界的相关问题，帮助学生理解现代科学观念和方法。

◆主要内容

1.18世纪：技术革命与理性启蒙

（1）纺织业的发展与纺织机的发明和改进。

（2）蒸汽动力机的发明、制造与使用：巴本、纽可门、瓦特。

（3）钢铁冶炼技术的革新。

2.化学革命

（1）燃素说：斯塔尔。

（2）气体研究与氧的发现：普利斯特列、舍勒。

（3）拉瓦锡的化学革命。

◆教学手段和方法

教师通过讲授和PPT展示，系统梳理科技革命产生的原因和背景，并着重讲述化学和生命科学领域科技革命的相关问题。

案例式教学：通过对拉瓦锡、达尔文等案例进行分析，探究其在化学、生物领域产生的突破，帮助学生更好理解科技革命。

◆对应思政点

1. 从古代的自然哲学到近代科学的产生，科学和技术经过厚积薄发终于产生了科技革命，这是人类长期探索自然、改造自然的过程中积累的智慧结晶，需要几代人不断努力。

2. 通过化学革命的提出让学生认识到，科学方法是一种系统的、严谨的、可重复的研究方法，它包括了观察、假设、实验、数据分析等步骤。通过科学方法，我们能够更加客观地认识世界，发现新的科学规律，推动科技进步。实验是科学方法的核心。通过实验验证假设的正确性，发现新的科学规律。实验需要严格控制条件，以确保结果的准确性和可重复性。

3. 通过进化论让学生认识到观察是科学方法的起点，通过观察，我们能够收集到大量的、真实的数据和信息。达尔文和华莱士通过对动植物的观察，发现了生物多样性和物种演化等规律。在观察的基础上，科学家会提出假设或者实验性假设。

### （四）培养科学精神，根植创新精神

◆案例分析

本课第十三章《现代科学之路》，习近平总书记主持二十届中央政治局第十一次集体学习并发表重要讲话，系统总结新时代高质量发展成就，深入分析存在的突出矛盾和问题，深刻阐明新质生产力的科学内涵，对加快发展新质生产力、推动高质量发展取得新进展新突破提出明确要求。现代科技对于我国经济迈上更高质量、更有效率、更加公平、更可持续、更为安全的发展之路非常重要，通过科技创新驱动我国经济高质量发展。

◆知识点定位

现代科学的产生是《科学技术史》课程的最后内容，也是从古代中西方科技发展到如今取得的重要成果，通过古典科学、到近现代科技革命再到现代科学要具备对应的科学精神、科学方法，是学生理解科学技术史的重要内容。

◆主要内容

1. 世纪之交物理学的三大发现

（1）电子的发现：汤姆逊、密立根。

（2）X射线的发现：伦琴。

（3）放射性现象的发现：贝克勒尔、居里夫妇、卢瑟福。

2. 经典物理学的"危机"——物理学晴空中的两朵"乌云"

（1）迈克尔逊–莫雷关于"以太漂移""零结果"的实验结果。

（2）紫外辐射问题遇到的一系列的困难。

3. 相对论的诞生

（1）狭义相对论的诞生："长度的收缩"和"时间的延缓"。

（2）广义相对论的诞生：广义相对论的实验验证。

图4 爱因斯坦和质能转换公式

①水星近日点运动

②光线在引力场中的偏转

③光谱线的引力红移

（3）爱因斯坦的科学贡献：

①分子运动的研究。

②提出了光量子假说。

③相对论的建立。

④关于宇宙学和统一场论的研究。

（4）爱因斯坦的科学方法的基本特点：

①他坚持了自然科学的唯物主义传统。

②体现了物质世界统一性的思想。

③具有独立的、批判的精神。

④善于运用思维的洞察力，深入揭露事物的本质。

4. 量子力学的建立

（1）普朗克。

（2）康普顿的实验。

（3）1923年，法国物理学家德布罗意创立了物质波理论。

（4）量子力学有两种基本形式——矩阵力学和波动力学。

①矩阵力学于1925年由海森堡首先提出，后来又由波恩、约尔丹等人共同完成。

②波动力学方面，1926年薛定谔已系统地阐明运动粒子的波动理论。

③1926年薛定谔证明了矩阵力学与波动力学的等价性，指出了这两种理论在数学上是完全等价的，可以通过数学变换从一种理论转换到另一种理论。这两种理论都是以微观粒子具有波粒二象性这一实验事实为基础，通过与经典物理的类比方法建立起来的。

④波动力学与矩阵力学合在一起，统称为量子力学。量子力学还有其他表达方式，它们也都是等价的。

5. 核物理的建立和发展

（1）古代原子论：早在公元前5世纪，古希腊留基伯、德谟克里特就提出了朴素的"原子论"。"原子"一词的古希腊文（Atoms）原意就是"不可分割"。

（2）现代原子论

①1895年，德国物理学家伦琴在做阴极射线管实验时，发现了X射线。

②1897年，英国物理学家汤姆森宣布在做阴极射线管通电发光实验时，发现了电子。

③ 1919 年，卢瑟福用氦原子核轰击氮原子核打出质子，首次实现了人工核反应。

④ 1932 年，英国物理学家查德威克发现中子。

⑤ 1946 年，在法国巴黎大学居里实验室工作的中国物理学家钱三强及其夫人何泽慧通过实验发现了铀原子核的"三分裂"和"四分裂"现象。

（3）我国的两弹一星

①两弹一星最初是指原子弹、导弹和人造卫星。"两弹"中的一弹是原子弹，后来演变为原子弹和氢弹的合称；另一弹是导弹。"一星"则是人造地球卫星。

②"两弹一星"精神：1999 年 9 月 18 日，江泽民同志在表彰为研制"两弹一星"作出突出贡献的科技专家大会上发表讲话，将"两弹一星"精神概括为"热爱祖国、无私奉献，自力更生、艰苦奋斗，大力协同、勇于登攀"二十四个字。

◆教学手段和方法

探究式教学：通过提问，引导学生理解现代科学的科学方法和科学精神，帮助学生掌握相关知识，激发学生学习兴趣。

讨论法：组织学生进行小组讨论或全班讨论，分享对科学家和科学精神的看法，培养学生的思辨能力和表达能力。

◆对应思政点

1.科学精神是人类在探索自然、认识世界的过程中形成的一种精神品质，它体现了人类对真理的追求、对实证的尊重以及对创新的渴望。通过科学技术史的学习使学生认识到必须遵循科学的方法和原则，以客观、准确的数据为依据，进行实证研究和创新实践，如爱因斯坦、普朗克、薛定谔等。

2.使学生具备敢于挑战未知领域的勇气，勇于尝试新的理论和技术，以推动科技的进步；拥有探索未知领域的决心，积极接纳并应用新的理论和技术；敢于挑战传统观念，勇于尝试新的方法和手段，以实现科技的不断突破和进步，如居里夫人、道尔顿、卢瑟福等。

3.学生需要具备团队合作的精神。只有通过团队合作，才能充分发挥每个人的优势，实现资源的共享和优势的互补，从而推动科学、技术和工程领域的快速发展，如我国的"两弹一星"工程，在建设中大批优秀的科技工作者，包括许多在国外已经有杰出成就的科学家，怀着对新中国的满腔热爱，通过团队合作，义无反顾地投身到这一神圣而伟大的事业中来。

### （五）传承科技遗产，增强民族自信心

◆ 案例分析

本课第十章《明清时期的科学技术》，习近平总书记在十九届中央政治局第三十九次集体学习时的讲话指出："让更多文物和文化遗产活起来，营造传承中华文明的浓厚社会氛围。文物和文化遗产承载着中华民族的基因和血脉，是不可再生、不可替代的中华优秀文明资源。我们要积极推进文物保护利用和文化遗产保护传承，挖掘文物和文化遗产的多重价值，传播更多承载中华文化、中国精神的价值符号和文化产品。"

◆ 知识点定位

这是中国古代科学技术史部分的最后一部分，介绍了明清时期我国科学技术发展的基本情况，厘清相关内容可以继承和发扬我国优秀的传统文化，对于加强文化遗产保护传承，弘扬中华优秀传统文化有重要作用。

◆ 主要内容

1. 明代郑和下西洋需要的技术

（1）罗盘确定航向。

（2）计程法：计算航速和航程。

（3）牵星术：用牵星板观测星辰地平高度，计算船舶夜间所在的地理纬度。

（4）绘制的航海地图。

2. 明代的科技成就

（1）朱橚所著《救荒本草》，被中外学者誉为中国十五世纪初期具有科学性的植物学著作。

（2）朱载堉：十二平均律。

（3）至迟在十六世纪中叶，人痘接种术即已发明。

（4）李时珍：除《本草纲目》之外，还著有《濒湖脉学》《脉诀考证》和《奇经八脉考》等。

（5）徐光启：同利玛窦研究天文、历法、数学、地学、水利等学问。并与利玛窦等共同翻译《几何原本》《测量法义》《泰西水法》等，成为介绍西方科学的先驱。自己著述有《测量异同》《勾股义》等。崇祯六年（1633年）编成一部130多卷的

《崇祯历书》。《农政全书》是徐光启几十年心血的结晶，是一部集我国古代农业科学之大成的学术著作。

（6）宋应星的《天工开物》。

（7）中国的启蒙思想家有李贽、黄宗羲、方以智、顾炎武和王夫之等人。

◆ **教学手段和方法**

讲授法：通过讲述明清时期的科学技术，让学生直观感受相关历史。

探究式教学法：通过提问方式，结合以往所学知识引导学生探究相关问题，如假设你是郑和，远洋航行需要哪些物资和技术等，通过问题激发学生兴趣和参与度。

◆ **对应思政点**

1.古今科技遗产对于增强民族自信心与自豪感具有重要作用。这些遗产不仅是民族智慧和创造力的结晶，更是民族文化和历史的重要组成部分。通过科学技术史课程的学习，使学生更了解本民族的文化底蕴和历史传承，包括故宫、北京古观象台等科技遗产的存在，让我们倍感自豪，坚定了我们的民族自信心。

2.科技遗产也是国家软实力的体现。一个拥有丰富科技遗产的国家，不仅能够在国际上展示其文化底蕴和历史积淀，更能够吸引更多的国际关注和尊重。这种软实力的提升，有助于增强国家的国际影响力和竞争力，进而促进国家的繁荣和发展，通过深入挖掘和整理这些遗产，可以让更多的人了解和认识本民族的文化底蕴和历史传承，从而更好地激发民族自信心和自豪感，促进国家和民族的繁荣与发展。

3.铸牢中华民族共同体意识教育。增强学生对伟大祖国、中华民族、中华文化、中国共产党、中国特色社会主义的认同。思政课堂要通过多种形式的教学，引导学生树立正确的历史观、民族观、国家观、文化观，增强对"五个认同"的自觉性和坚定性。